CB055476

SOLIDARIEDADE SOCIAL TRIBUTÁRIA

ERNANI CONTIPELLI
Pós-Doutorando em Direito Constitucional Universidade Complutense de Madrid
Doutor em Direito do Estado PUC/SP
Mestre em Filosofia do Direito e do Estado PUC/SP

SOLIDARIEDADE SOCIAL TRIBUTÁRIA

Tese apresentada à banca examinadora da Pontifícia Universidade Católica de São Paulo como exigência parcial para obtenção do título de Doutor em Direito do Estado (Direito Tributário), sob orientação do Professor Doutor José Manoel de Arruda Alvim Neto.

ALMEDINA

SOLIDARIEDADE SOCIAL TRIBUTÁRIA

AUTOR
ERNANI DE PAULA CONTIPELLI

EDITOR
EDIÇÕES ALMEDINA, SA
Av. Fernão Magalhães, n.º 584, 5.º Andar
3000-174 Coimbra
Tel.: 239 851 904
Fax: 239 851 901
www.almedina.net
editora@almedina.net

ALMEDINA BRASIL, LTDA
Alameda Lorena, 670
Jardim Paulista
01424-000 São Paulo
Tel./Fax: +55 11 3885 6624 / 3562 6624
Mob: +55 11 6963 1739
brasil@almedina.com.br

PRÉ-IMPRESSÃO
G.C. – GRÁFICA DE COIMBRA, LDA.
producao@graficadecoimbra.pt

Julho, 2010

DEPÓSITO LEGAL
313471/10

Os dados e as opiniões inseridos na presente publicação
são da exclusiva responsabilidade do(s) seu(s) autor(es).

Toda a reprodução desta obra, por fotocópia ou outro qualquer
processo, sem prévia autorização escrita do Editor, é ilícita
e passível de procedimento judicial contra o infrator.

Biblioteca Nacional de Portugal – Catalogação na Publicação

CONTIPELLI, Ernani de Paula

Solidariedade social tributária
(Teses de doutoramento)
ISBN 978-972-40-4265-7

CDU 340
     17
     336

Para meu pai, Ernani (em memória), que mesmo distante do meu convívio, contínua iluminando meu caminho.

Para minha mãe, Rosa, por seu amor incondicional.

Para Cinara, por todo amor, carinho e dedicação.

Para meu orientador Professor José Manoel de Arruda Alvim Neto, pela paciência e atenção com que me orientou.

Agradecimentos:

A todas as pessoas que colaboraram para conclusão deste trabalho, em especial, aos amigos: André Guilherme Lemos Jorge, Alenilton da Silva Cardoso, Dulce Calmon de Bittencourt Pinto de Almeida, Felipe Chiarello Souza Pinto, Lauro Ishikawa, Marcelo Campos, Monica Bonetti Couto, Nelson de Paula, Plínio Augusto Lemos Jorge, Rui de Oliveira Domingos, Terezinha Oliveira Domingos, Thereza Alvim, Thiago Quintas Gomes, Thiago Matsushita, Vladmir Oliveira da Silveira, Walter Carnota, Willis Santiago Guerra Filho.

Aos maestros Francisco Fernández Segado e Jorge Miranda pelos exemplos de dedicação e competência no estudo do Direito e por participarem e apoiarem minha trajetória acadêmica.

PREFÁCIO

Tivemos a honra de receber o convite para prefaciar a obra que conferiu a Ernani Contipelli o grau de Doutor em Direito pela Pontifícia Universidade Católica de São Paulo, sob nossa orientação.

No contato com Ernani, pudemos testemunhar seu comprometimento com os propósitos da pesquisa jurídica, bem como perceber a excelência do trabalho que agora se apresenta ao público.

Ernani Contipelli graduou-se em direito pela Universidade Presbiteriana Mackenzie, em São Paulo, Brasil, e, desde então, deu continuidade a sua trajetória acadêmica, tendo obtido o título de mestre em Direito pela Pontifícia Universidade Católica de São Paulo e, posteriormente, o título de Doutor pela mesma instituição, no ano de 2009.

Ávido pesquisador, ingressou como pós-doutorando em Direito Constitucional pela Universidade Complutense de Madrid neste ano de 2010, e exerce o magistério em diversas instituições de ensino.

É autor de diversos artigos publicados em periódicos de reconhecida autoridade e participante assíduo de palestras, debates e simpósios no âmbito do direito público.

O brilhantismo de sua atuação como professor pode ser mensurado não só pelo renome e tradição das instituições em que leciona, mas também pela vasta diversidade de trabalhos de conclusão de curso sob sua orientação, nos mais variados temas de direito público.

O leitor tem diante de si o resultado da pesquisa realizada por este brilhante professor, cujo tema encontra-se afinado com os atuais paradigmas do Direito Público e do Estado Democrático de Direito.

A profundidade da análise crítica realizada em nada prejudica a clareza dos argumentos, a sistematização dos temas e a metodologia aplicadas, características que conferem maior fluência e facilidade à leitura e compreensão do texto.

O propósito da obra, tal como definido pelo autor, consiste no exame do valor da solidariedade social e de seus desdobramentos axiológicos no âmbito do sistema normativo tributário, tendo como referencial teórico a Teoria Tridimensional do Direito desenvolvida por Miguel Reale.

Trata-se, sem dúvida, de um trabalho instigante, capaz de despertar o interesse e aguçar a percepção do estudioso sobre os aspectos constitucionais que envolvem a operatividade do sistema tributário.

Parabenizamos a editora e o autor pelo lançamento dessa obra, extremamente proveitosa para a comunidade jurídica.

José Manoel de Arruda Alvim Netto

INTRODUÇÃO

A existência humana consiste em uma grande experiência valorativa. Todos os atos cognitivos e comportamentos dos seres humanos encontram-se impregnados por um sistema de valores, que se objetivam como projeções de seus espíritos sobre as realidades em que vivem, para transformá-las e ordená-las lhe atribuindo significado, sentido necessário para atendimento de seus interesses.

E determinados valores se disseminam e se sedimentam no desenrolar do processo histórico-cultural, assumindo papel de extrema relevância nos desdobramentos das problemáticas político-sociais de cada época, ao orientarem com força cogente o direcionamento das condutas individuais e coletivas das civilizações no alcance de determinados objetivos.

Diante deste quadro, a solidariedade social, inserida no âmago do complexo axiológico que envolve a pessoa humana, revela-se como valor conciliador das heterogeneidades presentes no cotidiano da vida nas sociedades contemporâneas, devidamente amparado pelos sistemas jurídicos positivos consagrados pelo modelo de Estado Democrático de Direito, para influenciar de forma decisiva sua compreensão e conformação com a realidade social que pretende tutelar.

Sendo certo que a tributação, instrumento jurídico indispensável ao cumprimento dos objetivos estabelecidos no complexo normativo constitucional para existência, manutenção e funcionamento do modelo de Estado Democrático de Direito, recebe os influxos axiológicos propugnados pelo ideal de solidariedade social para se ajustar ao teor de suas diretrizes e possibilitar a harmonização de seus conceitos estruturantes em prol da realização deste valor.

Pois bem. A proposta da presente obra tem por objeto o estudo da problemática envolvendo a solidariedade social como invariante axiológica contemporânea e suas possíveis repercussões no âmbito do sistema normativo tributário adotado pelo modelo de Estado Democrático de Direito vigente, elegendo-se como marco teórico para enfretamento do tema a

Teoria Tridimensional do Direito formulada por Miguel Reale, que, por seu enfoque eminentemente histórico-culturalista, possibilita melhor penetração no mundo regido pelos valores para compreensão da dinâmica constante da experiência jurídica.

Ressalte-se, desde logo, que a Teoria Tridimensional do Direito desenvolvida por Miguel Reale, ao abordar a realidade jurídica levando em conta o sentido que lhe é dado pelos valores que são manifestados e construídos historicamente no seio das experiências culturais de cada civilização, permite adequada apreensão do aparato axiológico que envolve a solidariedade social em correspondência com o sistema normativo tributário positivado.

O método de abordagem utilizado propõe a investigação do objeto pertinente à obra a partir de sua apresentação e decomposição de modo essencialmente progressivo, com a divisão da obra em três partes que se correspondem, se complementam e se comunicam para possibilitar o alcance das metas predeterminadas, nas quais cada etapa cumprida agrega-se a seguinte para formação de um sistema de reconhecimento da solidariedade social tributária, pautado no tridimensionalismo jurídico concreto e dinâmico pensado por Miguel Reale.

A primeira parte da obra destina-se exclusivamente à exposição dos fundamentos do culturalismo realeano, tanto da perspectiva da filosofia, centrando as considerações retratadas na relação entre ontologia e axiologia, quanto da jusfilosofia tridimensional, com o fito de apresentar seus elementos primordiais para aplicá-los nas fases subseqüentes do trabalho.

O capítulo I, intitulado "Teoria dos Valores", traz as noções básicas da filosofia de Miguel Reale, pretendendo situar os valores perante a ontologia (ou teoria dos objetos), para caracterizar sua autonomia em relação às demais classes de objetos da ordem do ser (naturais e ideais) e sua, simultânea, relação de integração com estes mesmo objetos, para formação dos objetos culturais. Seqüencialmente, estuda-se o conteúdo das características dos valores (bipolaridade, implicação recíproca, referibilidade, preferibilidade, graduação hierárquica, incomensurabilidade, objetividade, inesgotabilidade, inexorabilidade e historicidade), para, em momento posterior, serem utilizadas na delimitação do sentido axiológico da solidariedade social.

Importa esclarecer que o reconhecimento das características dos valores, além de permitir melhor compreensão desta categoria de objetos, será de extrema relevância para se aproximar das múltiplas concepções que permeiam a solidariedade social ao longo dos tempos, especialmente, no que tange ao seu desenvolvimento perante os ciclos culturais da humanidade, merecendo destaque, a historicidade, que revela a vinculação destes objetos ao plano da experiência social, para alcançarem o patamar de constantes ou invariantes axiológicas.

O capítulo II investiga a Teoria Tridimensional do Direito de Miguel Reale e sua fórmula: a norma jurídica consiste em uma integração de fatos segundo valores. Procura-se evidenciar, inicialmente, a composição tridimensional da experiência jurídica, com a apresentação das diversas teorias que pretenderam pesquisar seus elementos constitutivos de maneira isolada, para depois se voltar ao estudo da Teoria Tridimensional do Direito de Miguel Reale, apresentando e explicando seus conceitos essenciais como a operacionalização da dialética de complementaridade, o funcionamento do processo de nomogenese jurídica, a compreensão de suas concepções sobre fontes do direito, modelos jurídicos e princípios gerais de direito, que consistem em importantes canais de manifestação do aparato axiológico que envolve a solidariedade social no plano da experiência jurídica.

A segunda parte pretende estudar a solidariedade social como valor, situando-a em seu contexto histórico, para verificação de seus múltiplos significados ao longo dos tempos, e, posteriormente, se valendo dos conceitos advindos do pensamento de Miguel Reale, expostos na primeira parte, para reconhecer a amplitude da solidariedade social, especialmente, na sua caracterização como invariante axiológica.

No capítulo I, Histórico da Solidariedade Social, parte-se para a compreensão das diversas acepções da solidariedade social no decorrer da história das civilizações, desde a Antigüidade Clássica, passando pelo período da Idade Moderna, até sua primeira percepção axiológica nas dobras do Estado Social, influenciada pelas correntes do solidarismo sociológico e jurídico, representadas, respectivamente, por Emile Durkheim e Léon Duguit, os quais, por sua importância e originalidade no estudo científico da solidariedade social, recebem grande destaque no presente trabalho, inclusive, com a investigação isolada de suas bases teóricas. Ainda neste esforço de contextualização histórica, busca-se alcançar a situação contemporânea em que se encontra a solidariedade social, com a pesquisa de suas manifestações diante das exigências que lhe são impostas pelo advento da era da pós-modernidade, o que demanda a análise do modelo de Estado Democrático de Direito com foco na perspectiva culturalista de Miguel Reale.

A realização desta tarefa se compatibiliza perfeitamente com o método de abordagem proposto, pois pretende compor os conceitos introduzidos na primeira parte do trabalho com seus desdobramentos, ao ser justificada a adoção do pensamento culturalista de Miguel Reale como modelo teórico (ou dogmático) adequado ao trato da hipercomplexidade reinante na sociedade pós-moderna, especialmente, no que diz respeito ao seu historicismo axiológico, com a eleição da solidariedade social como invariante axiológica correspondente a este ciclo cultural, a qual se encontra diretamente vinculada ao valor fonte da pessoa humana, passando a influenciar a experiência jurídica em todas as suas fases de concreção.

O capítulo II, denominado Axiologia e Solidariedade Social, procura desvendar o conteúdo axiológico da solidariedade social, comprovando a sua condição de valor perante a teoria dos objetos, para, ato contínuo, analisar a amplitude de seu sentido como invariante axiológica, que se relaciona direta e reciprocamente com os demais valores essenciais da pessoa humana, comprovando sua ligação com os ideais de cooperação recíproca, dignidade social, alteridade e pleno desenvolvimento das potencialidades humanas. Neste capítulo, são trazidas, novamente, as características dos valores para aplicá-las, especificamente, no reconhecimento da solidariedade social, como tentativa de se aprofundar na melhor demarcação de seu significado, ganhando relevância o seu estudo diante da historicidade e como invariante axiológica.

Na terceira parte, a obra se afunila, sendo direcionada para o campo do sistema normativo tributário com o estudo da fórmula de integração ideológica relativa ao modelo de Estado Democrático de Direito descrita pelo complexo normativo constitucional vigente, a qual revela a solidariedade social como sua invariante axiológica, para, em seguida, verificar a amplitude de seus efeitos diante da experiência jurídica tributária, investigando sua influência no setor próprio das competências tributárias e dos princípios que lhe são correlatos, capacidade contributiva e afetação, para demonstrar as relações de complementaridade existentes entre tais categorias jurídicas.

O capítulo I, Tributação e Estado Democrático de Direito, tem início com a necessidade de composição da formula de integração ideológica do Estado, que, ao fincar suas raízes nas concepções culturalistas de Miguel Reale, comprova que tal instrumento, expressando as diretrizes firmadas por invariante axiológica, permite a verificação do modelo de Estado concernente a cada período histórico, que, na atualidade, corresponde ao Estado Democrático de Direito descrito no complexo normativo constitucional, que consagra o valor da solidariedade social como sua invariante axiológica para condicionar o âmbito de validade das etapas de concreção das normas jurídicas e de construção de significado de seus respectivos modelos, de acordo com as diretrizes firmadas pela estrutura tridimensional da experiência jurídica.

Logo, o trabalho passa a dispor sobre a relação envolvendo tributação, fórmula de integração ideológica do modelo de Estado Democrático de Direito e invariante axiológica da solidariedade social, para constatar a compreensão da atividade tributária como modalidade de dever de colaboração do membro da comunidade na consecução do programa de ação constitucional direcionado ao bem comum, que somente se valida quando guardar correspondência com seu correlato direito de exigir (ou dever) do Estado de redistribuição adequada de riquezas arrecadas.

E no capítulo II, Solidariedade Social Tributária, disserta-se sobre a influência da invariante axiológica da solidariedade social em sintonia com valores essenciais da pessoa humana nos conceitos fundamentais que estruturam o sistema normativo tributário, tratando, assim, do exercício das competências tributárias e a necessidade de sua correspondência com o direito de exigir (ou dever) do Estado de redistribuição adequada de riquezas arrecadadas, e dos princípios gerais de direito tributário, especialmente, a capacidade contributiva e sua relação com o mínimo vital e a vedação de efeitos confiscatórios, e do princípio da afetação, ambos atuando na validação da graduação do tributo.

Na conclusão, as idéias relacionadas no trabalho são integradas de modo a permitir a compreensão global da solidariedade social tributária na perspectiva da Teoria Tridimensional do Direito de Miguel Reale, partindo desde a concepção do valor originário da pessoa humana e do atributo da historicidade nos valores, que os conduzem ao patamar de invariantes axiológicas com reflexos nas fases de concreção da experiência jurídica, na composição da fórmula de integração ideológica do modelo de Estado, para identificar a solidariedade social como valor determinante do modelo de Estado Democrático de Direito, descrito no complexo normativo constitucional, e seus efeitos perante o sistema normativo tributário, com a vinculação do processo de validação do dever de colaboração de pagar o tributo ao correlato direito de exigir (ou dever) do Estado de redistribuir adequadamente as riquezas arrecadas, no exercício das competências tributárias e de sua inter-relação com os princípios da capacidade contributiva e da afetação.

PARTE I

1. TEORIA DOS VALORES

A compreensão definitiva do pensamento filosófico de Miguel Reale exige necessariamente sua conexão com a Axiologia (ou Teoria dos Valores), haja vista que nos fundamentos de sua teoria todo conhecimento formulado sobre a realidade pressupõe a valoração, a qual acaba por guiar os sentidos dos comportamentos humanos, expressando seus motivos finalísticos para participar da formação da experiência tridimensional jurídica no decorrer do processo histórico-cultural das civilizações.

Não é sem razão que o componente axiológico participa de todas as etapas de concreção da experiência jurídica, desde o processo nomogenético que culmina com o momento de produção da norma jurídica, a partir da integração dialética entre fatos e valores, selecionados por atos decisórios de poder, passando pela sua fase de interpretação destinada à construção de significado deôntico dos modelos jurídicos, até a efetiva aplicação no plano social, para efetivamente tutelar comportamentos individuais e coletivos em prol do atendimento de certas finalidades, tidos como relevantes para preservação da existência comunitária.

Para se debruçar, então, sobre o estudo da solidariedade social como valor, que influência decisivamente o desenrolar da experiência jurídica, inclusive, em relação à estrutura do sistema normativo tributário, é preciso verificar as conclusões realizadas por Miguel Reale acerca da Axiologia (ou Teoria dos Valores), expondo seus pontos principais e características, que serão de grande valia para os desdobramentos metodológicos das demais partes componentes desta obra, tarefa esta a ser empreendida no presente capítulo.

1.1. Considerações Iniciais

Não obstante, o fato de a Axiologia como parte integrante da filosofia que se dedica ao estudo dos valores ser considerada uma disciplina relativamente recente, o seu objeto é tão antigo quanto à própria existência humana. Desde o inicio das indagações filosóficas, que a idéia de valor constitui, implicitamente, um ponto de referência, sem chegar a ser propriamente um objeto de análise, ou mesmo princípio regulador deste sistema[1].

Na Antiguidade Clássica, os gregos afirmavam que *axios* significava o que tem valor, o que seria digno de ser estimado, e os filósofos preocuparam-se com a formulação de conceitos que envolviam a Axiologia, como a noção de beleza, de justiça, de bem, sem, contudo, anotarem que tais entidades consistissem a um gênero mais amplo, pertencente uma categoria de objetos que, atualmente, se denomina como valor.

Para ilustrar tais considerações, pode ser mencionada, inicialmente, a visão de Sócrates, que combatia veementemente o relativismo e subjetivismo dos Sofistas para defender o conteúdo objetivo e absoluto dos valores éticos. Platão, por sua vez, enveredou-se ainda mais pelo caminho dos valores, centrando parte de seu pensamento teórico na existência do mundo inteligível, que culminava na idéia de Bem, como expressão máxima de valores éticos e estéticos[2]. O mesmo pode ser dito sobre Aristóteles, que, ao cuidar do "cosmos das formas", assevera que a idéia de Bem pertence à própria realidade concreta.

Na filosofia moderna, foi Kant quem proporcionou grande contribuição para a filosofia dos valores, ao entender que os valores se encontram situados no domínio pessoal da consciência[3], movimentando a realidade e revelando a circunstância de que o ser e o bem coincidem.

A partir da segunda metade do século XIX, a problemática envolvendo o valor passa a ser analisada com maior rigor científico, tendo a introdução de seu conceito no campo de estudo da filosofia contemporânea, ao ser retratado por Lotze, que separa valor e coisa valiosa, para analisá-los de forma independente, ou seja, diferencia o mundo dos seres, apreendidos por meio da inteligência, do mundo dos valores, captados pelo sentir espiritual, o que possibilitou inicio do que denominamos hoje de Axiologia ou Teoria dos Valores[4].

Releva mencionar ainda os estudos axiológicos desenvolvidos por Nicolai Hartmann e Max Scheler, representantes maiores do ontologismo

---

[1] Jean-Paul Resweber, *A Filosofia dos Valores*, p. 13.
[2] Johannes Hessen, *Filosofia dos Valores*, p. 35.
[3] Ibidem.
[4] Johannes Hessen, *Filosofia dos Valores*, p. 36.

axiológico, os quais conceberam os valores como entidades absolutas ou ideais, realidades que existem em si e por si, desvinculados do sujeito ou mesmo do ato de pensar, idéia esta que, apesar da grande contribuição para o desenvolvimento da Axiologia, passou a ser combatida por Miguel Reale, que, com seu enfoque ontognoseológico, situa os valores em esfera autônoma da realidade[5], vinculada ao processo histórico, como será visto no desenrolar deste capítulo.

Assim, pode-se afirmar que, entre os grandes debates travados na filosofia ao longo da história, o dos valores foi o último a ser sistematizado, a fim de ser efetivamente compreendido como ciência. De certo modo, ainda hoje, se verifica a existência de inúmeras correntes doutrinárias e pontos de vista distintos sobre a teoria dos valores, tornando impraticável o estabelecimento de visão unitária e coesa acerca de seus elementos.

No entanto, esta situação de caos científico-doutrinário sentida pela Axiologia não retira a importância de seu estudo perante o atual contexto histórico presenciado pela humanidade, no qual se vislumbra a necessidade de afirmação de valores como a solidariedade social, para se assegurar a harmonia da vida comunitária e, por conseqüência, a própria existência humana.

A Axiologia apresenta-se, então, como parte mais nobre e importante de toda filosofia e, por isso, deve ser considerada a forma mais alta do saber humano. Sumamente importante em si mesma, o fortalecimento da Axiologia se faz presente no momento histórico contemporâneo, à medida que somente esta disciplina possui condições de lançar sólidas bases para renovação da cultura, para a elaboração de uma nova cultura de dimensões solidárias[6].

Portanto, aberto este domínio no campo da filosofia, a primeira atitude científica a ser tomada é a de determinação do lugar a que Axiologia pertence perante a realidade humana, situando-a na seara de interesse da Ontologia, para o fim de identificar seu posicionamento autônomo diante das demais categorias de objetos existentes, bem como extrair o conteúdo de seus aspectos elementares, tomando por base os fundamentos da filosofia realeana.

---

[5] Miguel Reale, *Filosofia do Direito*, p. 184.
[6] Battista Mondin, *Introdução à Filosofia: Problemas, Sistemas, Autores, Obras*, p. 159.

1.2. Ontologia e Axiologia

Inicialmente, para devida compreensão da Teoria dos Valores, devem ser registrados determinados conceitos advindos da Ontologia[7], que compreende a teoria do "ser como objeto do conhecimento", do "ser enquanto pensado", que se revela, como sua parte nuclear e que consistirá no centro das indagações adiante expostas, a denominada Teoria dos Objetos, a qual tem por finalidade determinar qual a natureza ou estrutura daquilo que é suscetível de ser colocado como objeto do conhecimento[8].

Ressalte-se que o enfoque da Gnoseologia tem como fulcro de suas indagações a condição do conhecimento em função do sujeito cognoscente, ao passo que a Ontologia trata da estrutura ou forma dos objetos cognoscíveis que se encontram dispostos no plano existencial.

No entanto, não se pode perder de vista que, na perspectiva realeana, ambas são consideradas teorias correlatas, que se implicam e se complementam, dialeticamente, sem que uma possa ser pensada sem a outra, sendo separadas apenas por abstração, de tal sorte que a perquirição gno-seológica implica a ôntica, por integrarem a Ontognoseologia, haja vista a necessária coexistência de sujeito e objeto no curso do processo de conhecimento.

Com fundamento na Ontognoseologia, em que sujeito e objeto relacionam-se interagindo reciprocamente, permite-se o estabelecimento das bases da Teoria do Conhecimento, a partir de indagações firmadas acerca do conceito de cultura, entendida nas palavras de Miguel Reale:

"como tudo aquilo que a humanidade vem constituindo através da história, no plano da religião, das ciências, das artes, das técnicas etc., bem como do que ela realizou e continua realizando no mundo da vida comum (Lebenswelt)"[9].

---

[7] A palavra Ontologia deriva do grego, sendo formada pelos termos *onto*, que significa ente, coisa, na acepção de existência, de ser, e *logos*, compreendido como estudo. Portanto, o sentido etimológico da palavra Ontologia revela sua concepção básica perante a filosofia qual seja estudo do ser enquanto objeto do conhecimento e de suas características fundamentais, a busca de sua essência, o que justificaria a coisa em si mesma: "A palavra 'ontologia' vem do grego, em que a partícula On vem do particípio que significa 'o que é', 'o ente', dando origem ao termo ontos. A indagação inicial, sugerida pela etmologia, busca investigar o que é o ente" [Alexandre da Maia, *Ontologia Jurídica: O Problema de sua Fixação Teórica (com relação ao Garantismo Jurídico)*, p. 19].

[8] Miguel Reale, *Introdução à Filosofia*, p. 135.

[9] Miguel Reale, Filosofia e Teoria Política: (ensaios), p. 05. Conseqüência desta perspectiva poderá ser constatada no presente trabalho com a introdução dos valores na

Destaque-se ainda que objeto, perante o campo de interesse filosófico da Ontologia, refere-se a tudo aquilo que pode ser inserido na condição de sujeito de um juízo lógico, ou seja, realidade a respeito da qual se afirma ou se nega algo, que se predica algo, por meio da formulação de um juízo lógico. E, assim, para se adentrar nos meandros da Teoria dos Valores, necessariamente se ingressa nas esferas de objetos cognoscíveis, os quais podem ser revelados pelo conhecimento como distintos aspectos circundantes da realidade.

Pois bem. Pela circunstância do espírito humano poder se posicionar diante da realidade sob a perspectiva do dever ser, isto é, valorando e julgando a forma como a realidade poderia ser, ainda que de fato não o seja, identifica-se a possibilidade de formulação de dois tipos de juízos[10]: juízos do ser, que versam sobre aquilo que a realidade realmente é de fato; e de juízos de valor, os quais apresentam a realidade como deveria ser, a partir da seleção de certas estimativas, de preferências estabelecidas em conexão com o mundo experimental.

Por certo, estas possibilidades de concepção da realidade, acabam por destacar a importância do papel desempenhado pela Axiologia na atribuição de sentido às ações intersubjetivas, pois, como evidenciado no parágrafo anterior, o espírito humano se abre não apenas para o plano do "ser", regido pelo princípio da causalidade, mas também ao do "dever ser", marcado por valores, o que leva a conclusão de que somente razões de natureza físico-causais revelam-se insuficientes para determinar a essência das condutas, que carecem, principalmente, de motivação teleológica, de cunho valorativo.

---

própria estrutura do conhecimento, que necessariamente se vincula aos seus conteúdos axiológicos desdobrados nos atos humanos ocorridos no curso da história.

[10] O juízo pode ser definido como ato mediante o qual se declara alguma coisa de outra, abrangendo um sujeito, que representa o ser ao qual se declara algo, um predicado, que revela a qualidade atribuída ao sujeito, afirmando ou negando algo, e um verbo, que tem por função conectar o sujeito ao predicado. Em sua manifestação mais singela, podemos representar o juízo pela fórmula "O é P", em que o predicado (P) encontra-se vinculado através de um verbo ao objeto (O). Já a proposição consiste na expressão verbal ou significativa de um juízo, como bem aduz Lourival Vilanova: "assertiva de que algo é algo, de que tal objeto tem a propriedade tal. Estruturas de linguagem expressivas de proposições são suscetíveis de valores (verdade/falsidade), empiricamente verificáveis por qualquer sujeito que se ponha em atitude cognoscente" (*As Estruturas Lógicas e o Sistema do Direito Positivo*, p. 39).

Nestes termos, pode-se compreender a afirmação de Miguel Reale, que consiste em um dos núcleos de seu posicionamento teórico perante o culturalismo em perfeita correspondência com seu ponto de vista Ontognoseológico, segundo a qual "o ser do homem é seu dever ser", de modo que o ser humano não limita sua experiência existencial ao julgo de acontecimentos meramente casuais decorrentes de fenômenos naturais; ao invés disso, constrói livremente sua própria história, valorando as múltiplas possibilidades de escolha dentro realidade em que vive.

Levando-se em consideração a assertiva anterior, que reflete a essência do espírito humano na sua atividade cognoscitiva diante do plano da experiência, podem ser estabelecidas, primeiramente, duas categorias de objetos: a da ordem do "ser", em que se encontram os objetos naturais (físicos e psíquicos) e ideais; e da ordem do "dever ser", a qual pertencem os objetos valiosos (valores)[11].

Finalmente, compete revelar a existência de outro grupo de objetos, formado pela conjugação dos planos do "ser" e do "dever ser" perante a realidade, entendidos como "aqueles que são enquanto devem ser", ou seja, categoria ontológica autônoma composta pela integração das dimensões empírica e axiológica, denominados por objetos culturais.

Nos objetos naturais, notamos o predomínio de elementos dados pela natureza, não construídos pela vontade humana, sendo explicados pelas ciências empírico-positivas com base no principio da causalidade, na medida em que ocorrem de acordo com nexos constantes, mecânicos de implicação entre antecedente e conseqüente, possibilitando sua verificação experimental, ao seguir processos metodológicos (método hipotético-dedutivo ou experimental), onde não existe um verdadeiro pressuposto de natureza teleológica ou finalística, apenas de disposição meramente casual[12].

---

[11] Ao ilustrar as possíveis perspectivas de verificação dos objetos da ordem do "ser" e do "dever ser", Miguel Reale, recorrendo a uma interessante metáfora, explica de forma clara e precisa a relação ontognoseológica que se dá entre estas categorias de objeto no plano da realidade experimental: "'ser' e 'dever ser' são como olho esquerdo e direito que, em conjunto, nos permitem 'ver' a realidade, discriminando-a em suas regiões e estruturas, explicáveis segundo dois princípios fundamentais, que são o de causalidade e o de finalidade" (*Introdução à Filosofia*, p. 142).

[12] Angeles Mateos García, *Teoria dos Valores de Miguel Reale: Fundamento de seu Tridimensionalismo Jurídico*, p. 09.

Os objetos naturais são subdivididos em: objetos físicos ou reais, os quais tratam de "ser" perceptível pelos sentidos e formados por dados concretos, cuja extensão lhe é inerente, como "coisas" e "corpos", sendo marcados pelos atributos da espacialidade e temporalidade; e objetos psíquicos, que se desenvolvem no interior da consciência humana (emoções, sensações, paixões, desejos,...), devidamente caracterizados pela temporalidade, não podem ser concebidos no espaço, pois somente duram no tempo[13].

Os objetos ideados ou ideais são seres constituídos pelo intelecto que existem enquanto pensados, encontrados apenas na mente humana e caracterizados pelo fato de não se manifestarem no espaço e no tempo, englobam, assim, entidades lógicas e matemáticas, pertencendo ao campo de ocupação próprio das ciências formais, que não dependem de operações subjetivas particulares e concretas[14].

Importante esclarecer que, segundo Miguel Reale, os objetos ideais não podem ser considerados entidades absolutas, que existem em si mesmas, desvinculadas do pensamento humano. Estes objetos são chamados ideais na medida em que considerados distintos do pensamento como processo empírico determinado, mas não são existentes em si, independentemente do ato de pensar[15].

Assim, os objetos ideais, ainda que não se manifestem no espaço e no tempo, existindo apenas no interior da consciência humana, podem ser

---

[13] O Direito, perante os tratadistas de postura naturalística, que se destacaram, principalmente, no inicio do século passado, foi concebido ou em termos puramente psicológicos, sendo reduzido a mero fenômeno da consciência, na medida em que sua existência estaria condicionada aos desejos e vontades interiores do ser humano; ou como fato de estrutura físico-natural, marcado por relações de causalidade, caracterizado *"como fenômeno não peculiar ao homem, mas comum ao mundo orgânico e até mesmo aos sólidos inorgânicos e ao mundo das figuras bidimensionais, por significar apenas um sistema de relações e de conciliação ou composição de forças"* (Miguel Reale, *Filosofia do Direito*, p. 182).

[14] Na relação entre os objetos ideais e o fenômeno jurídico, encontramos diversos juristas contemporâneos que acabaram por restringir o Direito a uma ciência eminentemente ideal, a qual tem por finalidade o estudo de normas, estas consideradas como puros juízos lógicos e entidades ideais. Alguns autores desta corrente, como Gerhart Husserl, ao cuidar da natureza ideal das normas jurídicas, afirmou que "as mesmas permaneceriam em vigor ainda que todos os seus subordinados dormissem sem despertar" (Miguel Reale, *Filosofia do Direito*, p. 186).

[15] Miguel Reale, *Introdução à Filosofia*, p. 140/141.

perfeitamente representados perante a realidade empírica, por meio de processos de abstração, o que nos leva a concluir pela necessária distinção entre sua essencialidade e as respectivas referências empíricas a estes objetos[16].

Já, os objetos valiosos, enquadrados na ordem do "dever ser", podem ser considerados uma terceira esfera de realidade cognoscível, dotada de plena autonomia em relação aos demais objetos anteriormente retratados, isto é, que não pertence nem ao plano da natureza ou muito menos das entidades tidas por racionais, conforme aponta Miguel Reale:

> *"Geralmente não se admitem senão as esferas de objetos ou de determinações da realidade, até agora vistas, ou seja, os objetos naturais e os objetos ideais, porque se incluem entre estes os que nos parecem devam constituir uma terceira esfera fundamental, sob a denominação de valores"*[17].

Ora, o plano empírico, como já foi dito, é passível de julgamento, de ser estimado como poderia ser, ainda que de fato não o seja, com a formulação de juízos de valor sobre a realidade, pois "ou vemos as coisas enquanto elas são, ou as vemos enquanto valem; e, porque valem, devem ser. Não existe uma terceira posição equivalente. Todas as demais colocações possíveis são redutíveis àquelas duas, ou por elas se ordenam"[18].

Assim, a consciência humana acessa o plano da realidade existencial para apreender o ser das coisas, atingindo sua objetividade como objeto do conhecimento, ou para compreender aquilo que é conhecido, valorando o ser para construir determinadas metas, para atender certos interesses. Neste último contexto, situam-se os valores como elementos dotados do sentido determinante da conduta, na medida em que representam fins a serem alcançados pelo ser humano.

---

[16] Ao tratar dos objetos ideais, Miguel Reale exemplifica a questão acerca de da diferenciação entre a sua essencialidade e suas respectivas referencias empíricas: *"Nós, freqüentemente, confundimos uma circunferência com a representação gráfica que dela podemos realizar. Julgamos, então, que uma circunferência se confunde com a figura traçada como mero símbolo ou expressão gráfica. A circunferência não é este ou aquele outro traçado, porque é algo que existe como entidade lógica sempre igual a si mesma, universal, não suscetível de modificação. O seu ser, portanto, é puramente ideal"* (*Introdução à Filosofia*, p. 140).

[17] *Introdução à Filosofia*, p. 141.

[18] Miguel Reale, *Filosofia do Direito*, p. 188.

Cumpre esclarecer que os objetos valiosos não se confundem com os ideais, ainda que possuam certas semelhanças, como o fato de ambos não se reportarem ao espaço nem ao tempo. Entretanto, os objetos valiosos somente podem ser concebidos em função de algo existente, requerendo um referencial concreto: as coisas objeto de valoração[19].

Demais disso, os valores, diferentemente dos objetos ideais, não admitem qualquer possibilidade de quantificação, são imensuráveis. Não se pode numerar, nem mesmo se quantificar o valioso. Às vezes são medidos por processos indiretos, empíricos e pragmáticos, como acontece, por exemplo, quando se exprimi em termos de preço a 'utilidade' de certos bens econômicos, mas são meras referencias para a vida prática, pois os valores como tais são imensuráveis, insuscetíveis de serem comparados segundo uma unidade ou denominador comum[20].

Deve-se, portanto, considerar o valor como ente autônomo, – ressalte--se – por não se referir aos objetos próprios da ordem do "ser", nem aos naturais ou ideais, mas sim à ordem do "dever ser", o que revela a existência de mecanismos próprios para desvendar a realidade por ele demarcada, possuindo suas condições peculiares de cognoscibilidade, donde resulta a configuração independente da Axiologia enquanto teoria que se dedica ao estudo dos valores[21].

Por derradeiro, encontra-se como parte pertencente do real os chamados objetos culturais, que denotam em sua composição a junção dos

---

[19] Johannes Hessen afirma que os valores *"só podem tornar-se existenciais sob a forma de qualidades, características, modos de ser. Não possuem um ser independente, mas são de certo modo 'trazidos', 'sustentados', pelos objectos nos quais se realizam; estes objectos tornam-se seu 'suporte'. As coisas são então 'portadoras' dos valores".* E ilustra suas considerações com os seguintes exemplos: *"um valor estético converte-se em existencial no quadro do pintor; o valor ético, na acção do homem virtuoso. O quadro do pintor passa então a chamar-se 'belo'; a acção do homem, a chamar-se 'boa'"* (*Filosofia dos Valores*, p. 56).

[20] Miguel Reale, *Filosofia do Direito*, p. 187.

[21] Flávio Alves Martins, *A Idéia de Experiência no Pensamento Jusfilosófico de Miguel Reale: A Cultura Contemporânea e o Novo Modelo Jurídico*, p. 59. Com mesmo teor, Angeles Mateos García: *"Dever ser implica uma estimativa da parte do sujeito que valora realidade, pontos de referência axiológicos, a liberdade como foco constitutivo de valores, o marco histórico-cultural como cenário contextual do real..., em última instância, uma nova interpretação da realidade, na qual a axiologia ocupa um lugar transcendental, desvinculando-se dos objetos ideais e passando a constituir uma ciência autônoma"* (*A Teoria dos Valores de Miguel Reale: Fundamento de seu Tridimensionalismo Jurídico*, p. 110).

planos da ordem do "ser" e do "dever ser", na medida em que são construídos por obra do ser humano que atinge a realidade pela perspectiva de um dado valor, formando o mundo da cultura, que é antes considerado elemento integrante, inconcebível sem esta correlação dialética entre ser e dever ser, marcando uma referibilidade perene do que é natural ao mundo dos valores, que, sem ela, a natureza não teria significado e os valores mesmos não seriam possíveis[22].

Em outros termos, os objetos culturais possuem natureza dupla, caracterizando-se como objetos derivados e complexos, "por serem enquanto devem ser", pois constituem realidades (ser) permeadas de valores (dever ser), que existem apenas na medida em que valem para algo. A construção dos objetos culturais envolve sempre um valor, manifestando o interesse humano no sentido axiológico que é atribuído a determinado objeto.

Os objetos culturais como modalidade de objetos derivados e compostos são formados por um significado, sentido definido para atendimento de um determinado fim (valor/ordem do "dever ser"), e um suporte, representado por um objeto ideal ou natural (ordem do "ser")[23].

Distinguem-se os objetos culturais dos ideais e naturais pelo fato destes não se encontrarem direcionados à concretização de valores, sendo marcados pelo princípio da causalidade, conforme assevera Recaséns Siches:

"As leis naturais de causalidade não possuem um significado, não têm um sentido, não respondem tampouco a um propósito, nem apontam à realização de valores. São, simplesmente, conexões neces-

---

[22] Miguel Reale, *Filosofia do Direito*, p. 189. O autor reitera em diversos escritos que o reconhecimento da autonomia dos objetos culturais se deve ao fato de considerar os valores como categoria de objetos desvinculados dos ideais, a saber: *"Não será demais acrescentar que esse reconhecimento da cultura como, objeto autônomo só adquire plenitude se é atribuída autonomia ao valor, visto por mim como expressão do dever ser (Sollen) e não do ser (Sein). Não é ele um 'objeto ideal', como os lógicos ou matemáticos, tal como erroneamente sustentava, Max Scheler e Nicolai Hartmann, mas sim algo que se põe como fim a ser realizado".* [Miguel Reale, *Filosofia e Teoria Política: (ensaios)*, p. 05].

[23] Miguel Reale apresenta como modalidade de objeto cultural o bem jurídico, citando como exemplo um cheque ou uma letra de câmbio, *"que tem suporte material, um pedaço de papel apresentando palavras e números, que nossos olhos vêem, de cuja efetividade nos certificamos. Esse pedaço de papel, com o que nele está impresso, alberga um significado jurídico".* (*Introdução à Filosofia*, p. 171).

sárias, estruturais ou mecânicas, entre fenômenos, cegas para os valores, ignorantes de finalidades e carentes de expressividade, porque a natureza física não tem intimidade a expressar"[24].

Portanto, a existência dos objetos culturais encontra-se intimamente relacionada com o significado que a permeia, o qual resta estabelecido a partir da perspectiva de um determinado valor, como, por exemplo, um quadro, que não pode ser considerado apenas tela, tinta e moldura, porque ele possui um significado, entrelaçado a um valor estético, que lhe foi atribuído pela ação humana projetada na realidade objetiva.

Os objetos culturais possuem, assim, sua existência atrelada aos valores, derivando de sua realização histórica. E, por se tratar de realidade compreendida sob determinada ótica de conteúdo axiológico, o acesso ao plano dos objetos culturais não se dá apenas pela ordem do "ser", mas também do "dever ser", que o considera sempre como objeto impregnado de valor, o que demonstra a força integrativa de tais objetos.

Desta feita, os valores se atualizam perante os objetos culturais, embora não sejam a eles reduzidos, fazendo surgir o mundo das realidades objetivadas pelo ser humano, ou mundo da cultura, de tal sorte que os verdadeiros significados dos valores, que representam as finalidades experimentais por eles manifestadas, devem ser buscados no desenrolar do processo histórico-cultural da humanidade. Os valores não possuem uma existência em si, ontológica, mas se expressam nas coisas valiosas. Trata-se de algo que se revela na experiência humana durante o caminhar da história. Os valores não são considerados uma realidade ideal que o

---

[24] *Tratado General de Filosofia del Derecho*, p. 54 – tradução livre. Sobre a relação entre o princípio da causalidade e, especificamente, o fenômeno jurídico como categoria de objeto cultural, já tivemos a oportunidade de mencionar que: *"A fonte, responsável pelo 'recorte' dos eventos contidos em nossa realidade para atribuir-lhes a condição de fatos jurídicos (quem exerce a atividade legislativa), realiza esta tarefa por meio de uma relação causa/efeito pertinente ao próprio fenômeno jurídico, a relação de imputação normativa, relação artificial criada para atender anseios da sociedade na busca da conjugação de seus interesses, pautada essencialmente na vontade do ser humano, em seus valores, para modalizar seus comportamentos, contrária, assim, às relações marcadas pela causalidade natural – a partir de uma causa sempre ocorrerá um efeito – tudo se passando de maneira mecânica, inelutável (se eu soltar um lápis de uma determinada altura, ele certamente cairá em algum lugar, por força da lei da gravidade), sendo que a vontade do ser humano não pode intervir para modificá-las de acordo com sua razão"*. (Ernani Contipelli, *Aplicação da Norma Jurídica*, p. 35).

ser humano contempla como se fosse um modelo pronto, acabado, definitivo, ou que só se possa realizar de maneira indireta, como quem faz uma cópia. Os valores são, ao contrário, algo que o ser humano realiza em sua própria experiência e que vai assumindo diferentes formas de manifestações ao longo dos tempos[25].

De acordo com o conteúdo da exposição anteriormente realizada, pode-se reproduzir o seguinte gráfico, para o fim de facilitar a compreensão e identificação estrutural da Teoria dos Objetos do Conhecimento, bem como o exato posicionamento das diferentes categorias de objetos perante a realidade, a saber:

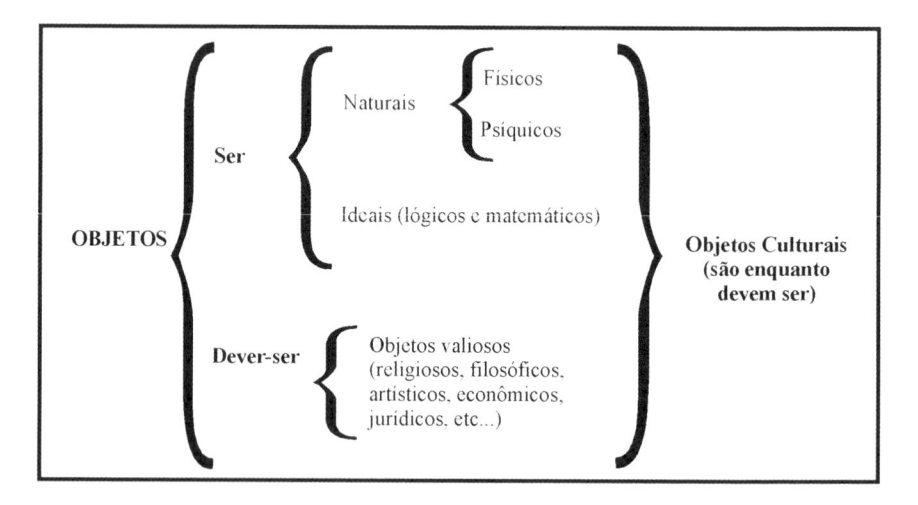

```
                           ┌ Físicos
                 ┌ Naturais ┤
            ┌ Ser┤          └ Psíquicos
            │    │
            │    └ Ideais (lógicos e matemáticos)       Objetos Culturais
OBJETOS ────┤                                           (são enquanto
            │                                           devem ser)
            │         ┌ Objetos valiosos
            └ Dever-ser┤ (religiosos, filosóficos,
                      │ artísticos, econômicos,
                      └ jurídicos, etc...)
```

---

[25] Miguel Reale, *Filosofia do Direito*, p. 208. Compreender o mundo da cultura significa pensar o ser humano como ente essencialmente histórico, fonte de todos os valores, cuja projeção de seus atos no tempo revela a possibilidade de atuação livre do espírito humano, constituindo a realidade das "intencionalidades objetivadas", em que "cada um e todos os bens culturais – desde os mais vulgares até as supremas criações da arte, da ciência e da religião – possuem natureza binada: são enquanto devem ser (realidades impregnadas de valores), e, por conseguinte, existem tão-somente na medida em que valem para algo. O valor peculiar a tais entes e, no entanto, um valor reflexo, visto pressuporem a intencionalidade axiológica do homem como agente da história" (Miguel Reale, *Teoria Tridimensional do Direito*, p. 80). No capítulo I da Segunda Parte do presente trabalho, voltada ao histórico da solidariedade social, tem-se a oportunidade de verificar as diferentes acepções deste valor ao longo dos tempos, comprovando a visão de Miguel Reale sobre a relação entre a axiologia e a experiência histórica das civilizações.

1.3. Características do Valor

As definições dadas ao conceito de valor pelas correntes filosóficas sempre se apresentaram de maneira polarizada: ou considera como atributos assinalados pelos sujeitos aos objetos, constituindo-se em meras impressões positivas ou negativas por eles suscitadas, oriundas de suas preferências psicológicas (subjetivismo axiológico)[26]; ou como qualidades ideais que não guardam relação necessária com a realidade, que dela independem (objetivismo axiológico). Esta última considera os valores como parte integrante dos objetos ideais, consagrando o chamado ontologismo axiológico[27].

Ocorre que o valor, por pertencer à ordem de categorias fundamentais dos juízos formulados pelo espírito humano perante a realidade, não admite propriamente uma definição "segundo exigências lógico-formais de gênero próximo e de diferença específica. Nesse sentido, legitimo que fosse o propósito de uma definição rigorosa, diríamos com Lotze que do valor se pode dizer apenas que vale. O seu 'ser' é o 'valer'. Da mesma que dizemos que 'ser é o que é', temos que dizer que o 'valor é o que vale'"[28].

---

[26] O subjetivismo axiológico, representado por Ehrenfels, considera o valor como fruto de preferências individuais, da desiribilidade, reduzindo este objeto ao plano psíquico, de modo que *"as coisas valem em razão de algo que em nós mesmos se põe como desejável ou apetecível, ou capaz de nos dar prazer; porque exite, em suma, como fenômeno de consciência e como 'vivência estimativa', algo que marca a razão da preferência exteriorizada"* (Miguel Reale, *Filosofia do Direito*, p. 196).

[27] O ontologismo axiológico tem como principais representantes Max Scheler e Nicolai Hartamann, os quais pretendem desvencilhar da pesquisa dos valores referencias reais, para considerá-los como objetos ideais, eternos, imutáveis, como retrata Miguel Reale: *"Segundo Scheler e Hartmann, os valores não resultam de nossos desejos, nem são projeções de nossas inclinações psíquicas ou do fato social, mas algo que se põe antes do conhecimento ou da conduta humana, embora podendo ser razão desta conduta. Os valores representam um ideal em si e de per si, com uma consistência própria, de maneira que não seriam projetados ou constituídos pelo Homem na História, mas 'descobertos' pelo homem através da História"*. (*Filosofia do Direito*, p. 203).

[28] Miguel Reale, *Filosofia do Direito*, p. 187. A compreensão adequada do valor deve ser estabelecida com relações lógico-cognitivas pertinentes a própria categoria dos objetos valiosos, como novamente ensina Miguel Reale: *"a esfera dos 'objetos valiosos', que, como as palavras mesmas estão dizendo, não são senão expressão de distintos valores, como o santo, o verdadeiro, o belo, o útil, etc., mas compreendidos em uma relação ou estrutura lógica, o que explica o emprego do adjetivo axio-lógico, indicando que não se subsumem a meras lógicas formais, mas sim lógicas de conteúdo valorativo"*. (*Cinco Temas do Culturalismo*, p. 20). No mesmo sentido, Johannes Hessen: *"O conceito*

Os valores não são, mas valem, pois não se encontram inseridos na categoria do ser e sim do dever ser, não podendo ser reduzidos a "coisas" ou muito menos a meras impressões subjetivas. Quando afirmamos, então, que algo vale não mencionamos nada a respeito do seu ser enquanto propriedades próprias de seu aspecto existencial ou essencial[29].

Logo, a problemática envolvendo os valores como categoria de objeto integrante da ordem do ser (naturais ou ideais) não tem qualquer validade, haja vista que os valores não podem ser concebidos perante a seara de estudo do ser, em tal circunstancia a única afirmação que poderíamos formular sobre eles é que são. Entretanto, reafirmamos que o campo de analise dos valores pertence ao dever ser, compreendidos em sua atualização como objetos valiosos projetados nos objetos culturais.

De qualquer forma, a partir do estudo da Axiologia e de sua contextualização autônoma perante a Ontologia (ou Teoria dos Objetos), comprovadamente, desvinculadas do plano dos objetos ideais, extraem-se determinadas características que são próprias dos valores, as quais possibilitam seu reconhecimento na realidade.

1.3.1. *Bipolaridade*

A bipolaridade, que se apresenta somente como possibilidade entre os objetos ideais, revela-se como atributo essencial aos valores, na medida em que a existência de um valor pressupõe um desvalor que o contrapõe (justo/injusto, bom/mau, belo/feio, nobre/vil)[30], em relação

---

de 'valor' não pode rigorosamente definir-se. Pertence ao número daqueles conceitos supremos, como os de 'ser', 'existência', etc., que não admitem definição. Tudo o que pode fazer-se a respeito deles é simplesmente tentar uma classificação ou mostração do seu conteúdo". (*Filosofia dos Valores*, p. 43).

[29] Gofredo Telles Júnior, ao cuidar do tema que envolve a pesquisa dos valores, assevera que sua investigação não penetra nas propriedades ontológicas dos objetos, mas sim nos significados que lhes são conferidos: *"De fato, a palavra valor, quando empregada corretamente, em seu sentido próprio, não designa a essência e a existência de cousas"*. (*Ética: Do Mundo da Célula ao Mundo dos Valores*, p. 232).

[30] Acerca da polaridade como característica dos valores, Risieri Frondizi leciona que tal atributo permite distinguir esta categoria de objeto dos pertencentes à ordem do "ser": *"Uma característica fundamental dos valores é a polaridade. Enquanto as coisas são o que são, os valores se apresentam desdobrados em um valor positivo e o correspondente valor negativo. Assim, a beleza se opõe a feiúra; ao mal, o bom; ao injusto, o justo, etc..."*. (*Que son los valores?*, p. 19 – tradução livre).

dialética de complementaridade, o que permite a apreensão do dinamismo histórico presente em suas múltiplas formas de manifestação.

Manuel Garcia Moriente, ao tratar com extrema clareza do tema que envolve a polaridade dos valores, afirma que, consistindo o valor na não--indiferença, sempre resta estabelecido um ponto de indiferença, do qual se afasta positiva ou negativamente quando se valora algo, ou seja, na medida em que se caminha nessa escala que parte da indiferença se pode encontrar o valor ou seu desvalor:

> *"Se ao ponto de indiferença o chamamos simbolicamente "0" (zero), a não-indiferença terá que consistir, necessariamente, por lei de sua estrutura essencial, num afastamento do zero, positivo ou negativo. Isto quer dizer que na entranha mesma do valer está contido que os valores tenham polaridade: um pólo positivo e um pólo negativo. Todo valor tem seu contravalor"*[31].

Deveras, as relações de conflito e implicação existentes na polaridade entre valores positivos e negativos, para ajustar meios e fins, propiciam a extração do conteúdo de seus significados, pois o alcance do sentido de um valor exige o sentido de seu respectivo desvalor.

Por exemplo, não se pode compreender o sentido do justo, sem o injusto; o sentido do bem, sem o mal, e assim por diante, o que denota a necessária relação de correspondência polarizada entre valor e desvalor, isto é, a compreensão de um valor exige remissão ao seu contrário[32], reforçando a idéia de complementaridade existente entre os objetos contidos no âmbito deste plano.

Não é demais lembrar que diferentemente dos objetos pertencentes à ordem do "ser", na qual a existência de contraposição do "não-ser" ao "ser" implicaria na sua eliminação, a relação de polarização entre valor e seu respectivo desvalor afeta tão-somente o conteúdo relativo à sua

---

[31] *Fundamentos de Filosofia: Lições Preliminares*, p. 303.

[32] Todo valor encontra-se em oposição ao seu respectivo desvalor, possibilitando, assim, a apreensão de seu sentido, conforme acentua Miguel Reale: *"a todo valor se contrapõe um desvalor, ao belo o feio, ao digno o indigno etc., de tal modo que seria impossível concretamente conceituar-se qualquer deles sem se admitir a complicação com o seu contrário"*. (*Fontes e Modelos do Direito: Para um novo Paradigma Hermenêutico*, p. 81).

positividade ou negatividade e não sua existência perante a escala de valores compreendida em certo momento histórico[33].

No campo da experiência jurídica, a bipolaridade dos valores apresenta-se de forma realçada, em virtude de sua composição axiológica, que revela a presença da tensão constante entre valores positivos e negativos, tendo em vista que o Direito tutela determinados valores, que entende ser positivos, e impede a realização de determinados atos, que se declaram negativos de valores: até certo ponto, pode-se dizer que o Direito existe porque há possibilidade de serem violados os valores que a sociedade reconhece como essenciais à convivência harmônica[34].

1.3.2. *Implicação Recíproca*

Se os valores são bipolares, dependendo inclusive da existência de seu contrário para obtenção de significado, conclui-se, então, que os valores não se realizam sem interferir, direta ou indiretamente, na realização de outros, o que revela o traço da implicação recíproca entre eles.

Em virtude da solidariedade imanente do mundo da cultura, que traduz a correlação de seus fatores, existe uma força expansiva e absorvente nos valores que faz com que o ser humano que se empenha a um valor esforce-se na objetivação de seus demais esquemas de estimativas.

Ou seja, quando se pretende objetivar um determinado valor perante a realidade existencial, certamente, os demais valores que lhe são próximos, concomitantemente, se realizarão. A correlação existente entre valores possibilita sua objetivação conjunta perante o plano dos objetos culturais que lhe servem de suporte e aos quais atribuem seus possíveis significados.

Para ilustrar tal característica, voltamos nossas atenções, novamente, para experiência jurídica na sua tarefa de concretização do valor justiça,

---

[33] Comprovando tais considerações, Johannes Hessen pondera que *"o desvalor não elimina inteiramente o valor; o primeiro é ainda, de certo modo, valor, embora negativo. Aquilo que é eliminado é simplesmente a positividade do valor, não o valor. O valor negativo vem assim a achar-se ainda dentro da ordem dos valores. É e a isto que se chama polaridade, ou estrutura polar desta ordem, a axiológica, em oposição à do ser-existência ou ontológica"*. (*Filosofia dos Valores*, p. 58).

[34] Miguel Reale, *Filosofia do Direito*, p. 189.

o qual somente pode ser adequadamente decifrado entrelaçado a outros valores, pois, em sua essência, exige que demais valores valham[35].

1.3.3. *Referibilidade*

A presença dos atributos de polaridade e implicação nos valores se deve a circunstância de representarem juízo que exige tomada de posicionamento do espírito humano perante a realidade, não se reduzindo meramente ao fato, mas pressupondo-o como condição para sua realização, na medida em que o utiliza como suporte para empregar o conteúdo de sua carga axiológica e lhe conferir conteúdos de significação.

Assim, os valores direcionam-se sempre para consecução de um determinado fim, referindo-se a um sentido e pressupondo a tomada de postura do ser humano em relação a algo e para alguém, tendo como objetivo servir como fator motivador de condutas, o que evidencia como sua característica a necessidade de sentido ou de referibilidade.

Ao penetrarem na realidade para formação dos objetos culturais, os valores lhe conferem o devido sentido, guiam seus significados, possibilitam a condução das ações humanas em prol do atendimento de certos interesses, de finalidades que lhe servem como causa de exteriorização.

Destarte, os valores são compreendidos como entidades vetoriais, porque apontam sempre para um sentido, direcionam o plano da experiência para um determinado ponto reconhecível como fim. Justamente, pelo fato de os valores possuírem um sentido é que são determinantes na motivação das condutas[36].

---

[35] Miguel Reale qualifica o valor justiça *"de valor franciscano, visto que a essência de sua validade consiste em permitir que os demais valores valham, o que pressupõe uma composição isenta e harmônica de interesses"*. (Nova Fase do Direito Moderno, p. 38). Destaque-se que o atributo da implicação recíproca se revela de extrema importância para devida compreensão do fenômeno jurídico, haja vista que esse determinado campo da experiência social encontra-se impregnado por uma série de valores inter-relacionados, que somente se objetivam em conjunto para atribuir sentido ao direcionamento das condutas humanas.

[36] Miguel Reale, *Filosofia do Direito*, p. 190. No campo do Direito, o atributo da referibilidade, ao atribuir sentido, conteúdo de significado aos valores, possibilita a interpretação dos modelos jurídicos para que exerçam suas funções na regulamentação dos comportamentos individuais e coletivos destinados a preservar a coexistência pacífica social.

1.3.4. *Preferibilidade*

O ser humano, ao ser valer de sua racionalidade e liberdade[37], transforma a realidade que o circunda, constituindo o mundo da cultura e manifestando o poder sintético-nomotético de seu espírito, com a possibilidade de realizar escolhas entre a gama de valores que lhe são apresentados, para determinar aqueles que participarão da exteriorização de suas condutas.

Afinal de contas, o ser humano, cujo "ser é seu dever ser", afirmação que remete ao conceito de pessoa valor-fonte[38], compreende e integra os fenômenos naturais com que se depara no decorrer de sua existência, para transformá-los em prol da satisfação de seus interesses, valorando a realidade e formando o plano da cultura, a partir do estabelecimento destas escalas de preferências.

Pondera-se, então, que existe possibilidade de valores porque quem diz ser humano diz liberdade de projeção espiritual, possibilidade de escolha constitutiva de bens, poder de síntese com liberdade e autoconsciência para atuar perante a realidade para inová-la segundo pretensões direcionadas ao alcance de determinadas finalidades[39].

Desdobrando a questão, tem-se que os valores sempre implicam escolhas, sendo estabelecidas relações de priorizações pelo espírito humano, para reconhecer aqueles que influenciarão na motivação de seu comportamento, de tal sorte que tal constatação revela o atributo da preferibilidade como característica própria dos valores.

---

[37] Ao tratar do rol de atributos próprios do espírito humano, Miguel Reale elege como suas propriedades principais a racionalidade e liberdade, as quais se encontram intimamente correlacionadas entre si, permitindo a exteriorização da capacidade de síntese, de criação do homem, que o coloca na condição de *"protagonista que transforma a realidade de acordo com perspectivas renovadas, constituindo, junto da natureza e em relação constante com ela, o mundo da cultura, enquanto manifestação última do exercício e liberdade"*. (Angeles Mateos García, *A Teoria dos Valores de Miguel Reale: Fundamento de seu Tridimensionalismo Jurídico*, p. 78).

[38] Segundo Miguel Reale, o problema do debate sobre o estudo da teoria dos valores deve ter como ponto de partida o próprio ser humano: *"No centro de nossa concepção axiológica situa-se a idéia do homem como ente que é e deve ser, tendo consciência dessa dignidade. É dessa autoconsciência que nasce a idéia de pessoa, segundo a qual não se é homem pelo mero fato de existir, mas pelo significado ou sentido da existência"*. (*Introdução à Filosofia*, p. 160).

[39] Miguel Reale, *Introdução à Filosofia*, p. 161.

O valor envolve, pois, uma orientação e, como tal, postula a nota da preferibilidade. É por esta que toda teoria do valor tem como conseqüência, não causal, mas lógica, uma teologia ou teoria dos fins, o que leva a crer que fim não é senão um valor enquanto racionalmente reconhecido como motivo de conduta[40].

Para ilustrar a característica da preferibilidade presente nos valores, podem-se citar os exemplos de um Magistrado, que no ato de julgamento, prefere realizar o justo aos demais valores; ou mesmo um artista, que na realização de suas obras, prefere alcançar, primariamente, o valor estético, a beleza.

A evidência preferencial possibilita, no campo da experiência concreta, a opção por certos valores em detrimento de outros[41], o que acaba por influenciar decisivamente no estabelecimento da graduação hierárquica axiológica correspondente a determinado período histórico, a qual consiste na próxima característica a ser analisada.

Por arremate, resta claro que toda ação humana, como objetivação de intencionalidades, implica em uma tomada de posição do espírito humano perante a realidade social, isto é, de uma decisão que resulta de um ato de preferência exercido com base em um sistema de valores, denotando, além da vinculação direta entre conduta e axiologia, o cerne da concepção jusfilosófica de Miguel Reale, que situa a pessoa humana como valor fonte *"ser que é e que, simultaneamente, deve ser"* para levar a questão do valor a sua origem, qual seja *"o homem é a fonte de todos os valores porque é inerente à sua essência valorar, criticar, julgar tudo aquilo que lhe é apresentado, seja no plano da ação ou no conhecimento"*[42].

---

[40] Miguel Reale, *Filosofia do Direito*, p. 191.

[41] Ainda sobre a preferibilidade, L. Cabral de Moncada, cuidando da dimensão ontológica dos valores, afirma que: *"nem todos os valores podem ser abraçados e realizados até ao fim simultaneamente pelo mesmo homem. É preciso muitas vezes escolher. Não se podem servir a dois senhores ao mesmo tempo, como se diz no Evangelho. Inclusivamente, valores há que, no seu sentido e intenção últimos exigem e reclamam necessariamente a postergação, quando não o total sacrifício, de outros. Para se entregar com total dedicação a uns, o homem tem de renunciar a outros. Estes conflitos são sobretudo freqüentemente trágicos nas relações entre os valores vitais e sociais e os valores espirituais".* (*Filosofia do Direito e do Estado: Doutrina e Crítica*, vol. 2, p. 278).

[42] Miguel Reale, *Experiência e Cultura*, p. 196. Confira-se a respeito, a abordagem exposta por Angeles Mateos García, ao tratar da concepção de Miguel Reale sobre a os efeitos dos valores no ato de se compreender as ações humanas: *"o homem é fundamen-*

1.3.5. *Graduação Hierárquica*

O valor, como categoria integrante da ordem do "dever ser", pressupõe na formulação de seus juízos preferências, que acarretam no estabelecimento de estimativas hierárquicas entre as qualidades atribuídas aos objetos pertencentes ao mundo do "ser", na medida em que tais afirmações comparam coisas e fatos em relação a outras, para a determinação de seus respectivos graus de importância, conforme acentua Goffredo Telles Junior:

"Todo valor implica uma hierarquia, uma ordem de coisas. Uma coisa de valor é sempre uma coisa situada por uma pessoa num certo ponto de uma escala hierárquica de seres – de uma escala de seres hierarquizados segundo seus próprios valores"[43].

Ora, ao se deparar com a realidade existencial para lhe aplicar valores, o ser humano necessariamente estabelece preferências, prioridades, o que revela a existência de uma ordem hierárquica entre estes valores, que não se confunde de maneira alguma com sua atividade de classificação, pois tal tarefa consiste simplesmente em agrupar objetos a partir de certas características comuns, sem contudo estabelecer entre eles os possíveis grupos de relações hierárquicas. Significa dizer que uma classificação não implica, necessariamente, uma ordem hierárquica. Por exemplo, os homens podem ser classificados em gordos e magros, altos e baixos, solteiros e casados, etc., sem que nenhum destes grupos tenha maior hierarquia em relação ao outro[44].

E, assim, pode-se entender que os valores se encontram dispostos em dimensões graduais, ordenados hierarquicamente não de forma absoluta, mas a partir do momento histórico vivenciado pelo ser humano, sendo certo que existe algo e constante no mundo das estimativas, algo que condiciona o processo histórico como categoria axiológica funda-

---

talmente um ser axiológico, o que significa que todas as suas ações, das especulativo--teóricas até as ético-práticas, sem exceção, insiste Reale, são explicadas pela consecução de algum valor". (A Teoria dos Valores de Miguel Reale: Fundamento de seu Tridimensionalismo Jurídico, p. 81).

[43] *O Direito Quântico: Ensaio sobre o Fundamento da Ordem Jurídica*, p. 230.

[44] Risieri Frondizi, *Que son los valores?*, p. 20 (tradução livre).

mental, que é o ser humano visto como valor ou fonte espiritual de toda experiência axiológica[45].

Ora, a distribuição e ordenação dos valores permitem o reconhecimento da fisionomia estruturante da sociedade correspondente a um dado período histórico, que estabelece sua respectiva tábua de valores, a qual tem por finalidade representar a forma de organização do valioso respeitando sua graduação hierárquica para influenciar no direcionamento dos comportamentos individuais e coletivos[46].

Deveras, ao longo da história encontram-se épocas que se diferenciam por determinadas formas de organização social, por conteúdos comportamentais distintos estabelecidos de acordo com sua respectiva tábua de valores, em que há a preponderância de certos valores sobre os demais[47], permitindo suas respectivas ordenações hierárquicas. Ou seja, os períodos históricos se distinguem segundo o modo com que se ordenam os valores, cuja visão total representa a maneira pela qual se concebe o universo e

---

[45] Miguel Reale, *Filosofia do Direito*, p. 191. O trecho transcrito revela a idéia fundamental da teoria filosófica de Miguel Reale, centrada no conceito de pessoa humana, como valor fonte de todos os demais valores, autoconsciente de sua dignidade, mediante a qual não se é homem pelo mero fato de existir, mas pelo significado ou sentido de sua existência, considerado como único ser capaz de inovar e valorar a realidade, para construir o mundo dos bens culturais e dar sentido a todo processo histórico da humanidade (*Introdução à Filosofia*, p. 160).

[46] Johannes Hessen, ao tratar da hierarquia dos valores, estabelece uma distinção gradual em razão da fixação de um critério de altura, ou seja, pode se encontrar valores mais altos e mais baixos, os quais podem ser reconhecidos a partir de cinco aspectos ensinados por M. Scheler para determinação da altura dos valores, a saber: duração, indivisibilidade, fundamentalidade, satisfação e grau de relatividade. E, assim, se constata a existência dos seguintes princípios gerais acerca da escala dos valores: "Os valores espirituais prevalecem sobre os sensíveis"; "Na classe dos valores espirituais é fora de dúvida que o primado pertence aos valores éticos"; e "Os mais altos de todos os valores são os valores do 'Santo', ou os valores religiosos, porquanto todos os outros se fundam neles" (*Filosofia dos Valores*, p. 102).

[47] Miguel Reale, ao lecionar sobre a relação existente entre história e hierarquia de valores, ilustra seus ensinamentos da seguinte forma: "Efetivamente, há épocas em que a sociedade parece dominada pelo valor do santo ou do religioso, de maneira que em torno desse valor se ordenam todos os demais: – as ciências do verdadeiro, assim como as ciências da conduta, somente se concebem e se admitem, então, nos limites previamente traçados por aquela exigência de ordem religiosa ou transcendente. São épocas chamadas 'teocêntricas' que põem o problema religioso no centro da existência total, como aconteceu em certos momentos da Idade Média" (*Filosofia do Direito*, p. 230).

se estima a vida em determinada fase da humanidade. Cada tábua de valores corresponde a uma concepção do universo e da vida[48].

Nesta perspectiva, pressupõe-se que o sentido da realidade deriva de certas condicionantes histórico-axiológicas, que passam a selecionar estimativas empreendidas pelo espírito humano que lhe são correlatas e compor o rol de valores determinantes do conteúdo das relações intersubjetivas em sintonia com as exigências sociais dos momentos históricos em que se objetivam.

Comprova-se, novamente, que o valor não pode ser entendido como uma mera entidade imóvel, abstrata, mas sim como algo que se constitui em razão de sua historicidade, fermento interno de seu próprio desenvolvimento, *"aquilo que não permite sua estagnação na posse definitiva ou na definitiva explicitação de uma verdade total, e que se concretiza e se objetiva pontualisando-se em cada uma das épocas históricas diversas, constituindo em cada um delas aquele conjunto de exigências que se encarnam sua própria estrutura social e comunitária, animando-a e dando-lhe vida".*[49]

Partindo da idéia de que cada momento histórico possui sua tábua de valores, podem ser encontrados valores subordinantes ou subordinados, ou, em outros termos, valores fundamentais e secundários, estruturados com vistas à satisfação de todas as exigências lógicas do espírito:

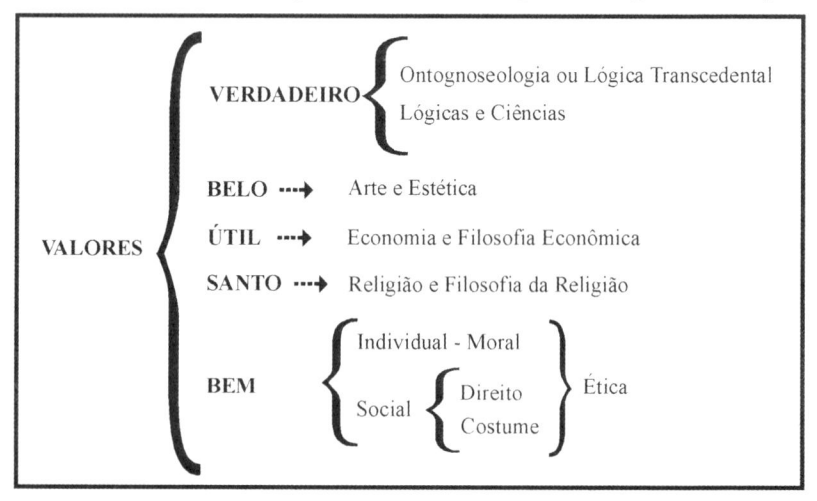

VALORES
- VERDADEIRO
  - Ontognoseologia ou Lógica Transcedental
  - Lógicas e Ciências
- BELO → Arte e Estética
- ÚTIL → Economia e Filosofia Econômica
- SANTO → Religião e Filosofia da Religião
- BEM
  - Individual – Moral
  - Social
    - Direito
    - Costume
  - } Ética

---

[48] Miguel Reale, *Filosofia do Direito*, p. 231.
[49] Renato Cirell Czerna, *O Pensamento Filosófico e Jurídico de Miguel Reale*, p. 13.

Os valores secundários são distribuídos em razão dos valores fundamentais (o verdadeiro, o belo, o útil, o santo e o bem)[50], segundo os distintos campos de realidade em que estaremos tratando, artístico, estético, ético, entre outros. Importa destacar que a concepção e classificação hierárquica dos valores podem variar de uma época histórica para outra e esta ordenação hierárquica correspondente a cada ciclo cultural origina as denominadas constelações axiológicas, as quais serão investigadas com maior profundidade no item que versa sobre a característica da historicidade.

Desdobrando o raciocínio tem-se que os valores fundamentais, por condicionarem o agrupamento e ordenação dos valores subordinados, constituem as constelações axiológicas, as quais "dominam, às vezes de maneira absorvente, comportamentos individuais e coletivos, embora, não é demais repeti-lo, todos eles gravitem em torno do valor primordial, que é o homem como pessoa, em razão do qual e pelo qual todos os valores valem"[51].

---

[50] Revelados os valores fundamentais que permeiam o processo histórico-cultural, cumpre no momento ocupar-se da analise concreta de cada um deles, ressaltando, desde logo, que não há entre os valores fundamentais uma gradação hierárquica propriamente dita: *"entre os valores fundamentais ou subordinantes não há uma hierarquia, embora ela exista entre os subordinados (concepções particulares e próprias de cada época cultural) e os subordinantes (por sua vez subordinados ao valor fundamental da pessoa, de onde todos eles emanam)".* (Angeles Mateos García, *A Teoria dos Valores de Miguel Reale: Fundamento de seu Tridimensionalismo Jurídico*, p. 65). Senão vejamos. O valor do verdadeiro trata dos estudos sobre o conhecimento, tanto em sua estrutura (lógica), quanto em sua funcionalidade (ontognoseologia). Em seguida, encontramos o valor do belo que funda as artes em geral e a estética. O terceiro valor, o útil, é o que orienta a atividade econômica, comercial, industrial ou agrícola, descrevendo o campo de trabalho da economia política, concebida como a ciência *"dos bens suscetíveis de satisfazer aos desejos e às exigências do homem em sociedade e que, por conseguinte, se destinam à troca e ao consumo".* (Miguel Reale, *Filosofia do Direito*, p. 238). Em quarto, temos o valor do santo ou do religioso, ou também chamado de valor do transcendente, que funda as religiões bem como a razão de ser da filosofia das religiões. Por ultimo, o valor do bem se refere à problemática envolvendo a Filosofia do Direito, para analisar a ética e seus graus de concretização individual (moral) e social (direito e costume). Convém mencionar que a Filosofia da existência considera o valor da vida como valor fundamental, porém, Miguel Reale afirma que a vida *"como tal não é um valor primordial, mas sim pelo sentido que encerra ou pode encerrar, como condição de realização material de todos os valores. Todos os valores, em certo sentido, referem-se à vida, sendo ela veículo de estimativas".* (*Filosofia do Direito*, p. 239).

[51] Miguel Reale, *Filosofia do Direito*, p. 237.

1.3.6. *Incomensurabilidade*

Os valores, diferentemente dos objetos ideais, não podem ser objeto de mensuração. Não se numeram não se quantificam os valores. Na medida em que são imensuráveis, não podem ser estabelecidas comparações entre valores a partir de uma unidade ou denominador comum, o que impede sua definição nos termos das exigências lógico-formais de gênero próximo e diferença específica.

Johannes Hessen, ao distinguir os juízos de valor dos juízos de realidade, esclarece, por conseqüência, a questão que envolve a nota da incomensurabilidade dos valores, ponderando que ao objeto quadro pertence uma certa propriedade estética valiosa: beleza; a determinação contida neste juízo não pode ser confundida com as outras determinações do mesmo ser, tais como: a do seu tamanho ou grandeza, da sua forma, da sua matéria, da sua cor, etc. Estes conseguem determinar-se por observação e medição, não sendo possível a utilização destes mesmos critérios na determinação do valor[52].

Portanto, os valores não são passíveis de mensuração, a não ser quando projetados em determinados objetos culturais, ou seja, em suas manifestações empíricas, quando admitem perante a experiência concreta a fixação de critérios para inferir suas possíveis medidas, visando ao atendimento de determinadas exigências oriundas da práxis social.

1.3.7. *Objetividade*

Os valores, como categoria autônoma de objeto, não podem ser considerados entidades ideais ou absolutas, que possuam existência ontológica em si mesmo, devendo sempre guardar referencia com a realidade em que se manifestam, vinculando-se, portanto, ao plano social, segundo a lição de Miguel Reale, os valores se manifestam nas coisas valiosas e se revelam perante a experiência através da história. São, então, algo que

---

[52] Johannes Hessen, *Filosofia dos Valores*, p. 49. Sobre a nota da incomensurabilidade presente nos valores, Paulo de Barros Carvalho pondera que: *"O fato de não poderem ser mensurados mostra a flagrante incompatibilidade entre o reconhecimento das estimativas e sua medição, seja qual for o padrão adotado. Entenda-se por incomensurabilidade, portanto, o sem-sentido semântico que representaria estabelecer proporções de medida aos valores"*. (*Direito Tributário, Linguagem e Método*, p. 177/178).

o ser humano realiza em sua própria experiência e que, por isso mesmo, vão assumindo, através dos tempos, expressões diversas[53].

Dessa forma, os valores possuem objetividade relativa, manifestada no mundo do "dever ser", que se concretiza ao longo da experiência histórico-cultural do ser humano para atribuir significado a suas variadas ações. Ou seja, os valores possuem objetividade de natureza histórica, fruto de projeções manifestadas pelo poder de síntese do espírito humano perante a realidade social através dos tempos, para transformar o meio em que vive em mundo cultural, ao lhe conferir significações e finalidades.

Isto não significa que a existência do valor esteja condicionada apenas a sua vinculação a um sujeito concreto ou individual, pois, ainda que sempre se refira a subjetividade, a sua razão deve ser compreendida em face da humanidade em geral, ou seja, como "sujeito universal de estimativa"[54], como interpretações sobre a realidade que dominaram cada etapa da história, o que nos remete à idéia de "civilizações" e de suas correspondentes "constelações axiológicas".

Para comprovar que os valores são dotados de realidade objetiva e não constituem meras impressões subjetivas da realidade, Manuel Garcia Morente cita o seguinte exemplo:

"se digo que tal quadro me é desagradável e doloroso, ninguém poderá negá-lo, já que ninguém pode comprovar que o sentimento subjetivo que o quadro me produz é como eu digo ou não, pois enuncio algo cuja existência na realidade é íntima e subjetiva no meu eu. Se eu afirmo, porém, que o quadro é belo ou feio, disso se discute, e se discute do mesmo modo que se discute acerca de uma tese científica, e os homens podem chegar a convencer-se uns aos outros de que o quadro é belo ou feio, não certamente por razões ou argumentos como nas teses científicas, mas por exibição de seus valores"[55].

---

[53] *Filosofia do Direito*, p. 208.

[54] Considerando o valor a partir do conceito de sujeito universal de estimativa, Miguel Reale leciona que: *"O valor, portanto, não é projeção da consciência individual, empírica e isolada, mas do espírito mesmo, em sua universalidade, enquanto se realiza e se projeta para fora, como consciência histórica, na qual se traduz a interação das consciências individuais, em um todo de superações sucessivas"*. (*Introdução à Filosofia*, p. 155).

[55] *Fundamentos de Filosofia: Lições Preliminares*, p. 299.

Ora, a objetividade relativa possibilita, então, a concretização dos valores, na medida em que se manifestam empiricamente por meio dos objetos culturais, encontrando-se sempre agregados a um suporte material para lhe conferir sentido, como bem atesta Risieri Frondizi, ao mencionar que os valores são considerados verdadeiros entes parasitários, os quais não podem viver concretamente sem se apoiar nos objetos reais que lhe sirvam de suporte[56].

1.3.8. *Inesgotabilidade e Inexorabilidade*

Valor e realidade se implicam mutuamente no transcorrer do processo histórico, por meio de uma relação dialética de complementaridade, de tal modo que entre valor e realidade não se pode dizer que há um abismo; e isto porque entre ambos existe um nexo de polaridade e de implicação, sendo que a história não teria qualquer sentido sem a presença do valor[57].

E, ao se realizar concretamente perante o desenrolar da experiência histórica, o valor não se reduz à realidade, que é por ele sempre superada, nem pode coincidir inteiramente ou definitivamente com ela[58].

Ao expor a inexorabilidade como traço característico dos valores, Paulo de Barros Carvalho pondera que os valores sempre excedem os bens em que se concretizam, exemplifica claramente o teor de sua afirmação do seguinte modo:

"Mesmo que o belo seja insistentemente atribuído a uma obra de arte, sobrará esse valor estético para muitos outros objetos do mundo. Tal transcendência é própria às estimativas, de modo que o bem em que o valor se manifesta não consegue contê-lo, aprisioná-lo, evitando sua expansão para os múltiplos setores da vida social"[59].

---

[56] *Que son los valores?*, p. 17 (tradução livre).
[57] Miguel Reale, *Filosofia do Direito*, p. 207.
[58] Ibidem.
[59] *Direito Tributário: Linguagem e Método*, p. 178. Ao distinguir os valores dos objetos ideais, Miguel Reale situa entre as notas essenciais que o vinculam ao processo histórico as características da inexauribilidade e da transcendentabilidade (ou inesgotabilidade), ilustrando-as do seguinte modo: *"a inexauribilidade (por mais, p. ex., que se realize justiça, há sempre justiça a realizar); a transcendentabilidade (uma sentença justa não é toda a justiça, pois todo valor supera suas realizações históricas particulares)"*. (*Teoria Tridimensional do Direito: Situação Atual*, p. 94).

Assim, o dado sem a atribuição de um valor não teria sentido, seria como que inexistente, do mesmo modo que um valor que não se manifestasse em determinado momento da realidade seria algo de abstrato ou de meramente ilusório, o que revela a implicação recíproca existente na relação entre realidade e valor[60].

O próprio caminhar do processo histórico-cultural renova-se no tempo, por meio das relações de natureza dialético-complementar existentes entre o dado e o construído, revelando a presença da inexorabilidade nos valores, na medida em que cada valor se atualiza em certos momentos existenciais que não exaurem suas propriedades axiológicas, antes põem a exigência de serem sempre renovadas as experiências de valores, tendo como horizonte os comportamentos dos indivíduos e das coletividades[61].

Desta feita, o valor se expressando no plano existencial perante os objetos culturais, nunca se esgotará com qualquer tentativa de realização, pois um valor que fosse reduzido inteiramente na realidade se transformaria em algo dado e perderia parte sua essência que consiste justamente em superar sempre a realidade graças à qual se revela e na qual jamais se esgota[62].

1.3.9. *Historicidade*

De acordo com os ensinamentos de Miguel Reale, a Axiologia encontra-se diretamente relacionada com a História, na medida em que os valores são considerados fruto das diferentes projeções do espírito humano sobre a realidade natural, desenvolvendo-se e manifestando-se ao longo do devir histórico-cultural das civilizações[63].

---

[60] Nos desdobramentos de sua Teoria Tridimensional do Direito, ao cuidar dos pressupostos referentes à dialética de complementaridade, a qual revela a tensão existente entre fato e valor, que tem como resultado a norma, Miguel Reale leciona que todo fato juridicamente relevante encontra-se vinculado a um valor, que lhe atribui sentido, sem a ele ser reduzido, deixando claro o conteúdo da inexauribilidade existente nas manifestações axiológicas ocorrentes na experiência jurídica: "O fato, em suma, é 'valorado' (recebe uma qualificação axiológica), mas jamais se converte em valor" (*Teoria Tridimensional do Direito: Situação Atual*, p. 95).

[61] Miguel Reale, *ob. cit.*, p. 82.

[62] Miguel Reale, *Filosofia do Direito*, p. 207.

[63] *Pluralismo e Liberdade*, p. 39. Como exemplo da projeção histórica dos valores, podemos mencionar a experiência jurídica, a qual se encontra compreendida pela expe-

Diante da perspectiva Ontognoseológica, a implicação e o relacionamento mútuo e irredutível entre sujeito cognoscente e objeto cognoscível, conduzem a idéia segundo a qual o ser humano "é enquanto deve ser", ressaltando o poder sintético-nomotético de seu espírito como ente histórico de caráter eminentemente axiológico, que preserva sua existência atrelada a um contínuo processo seletivo entre a multiplicidade de valores expressos no plano da experiência[64].

Levando-se em conta a natureza histórica do ser humano, que congrega em sua essência tanto o que "é" quanto o que "deve ser", abre-se espaço em seu espírito para formulação constante de novas escolhas, recolhidas a partir da diversidade de opções axiológicas com a qual se depara no plano existencial, visando sempre à objetivação de intencionalidades que se manifestam em suas futuras ações, para construir e sedimentar o mundo cultural.

Se a edificação do mundo da cultura se dá com a compreensão funcional/axiológica da natureza pelo espírito humano, estabelecida por meio de sínteses progressivas, que representam a própria essência ontognoseológica do conhecimento, pode-se reconhecer que o sentido atribuído a um dado valor encontra-se limitado a determinadas coordenadas de tempo e espaço, a certas condicionantes históricas, de tal sorte

---

riência histórico-cultural, na medida em que sua composição tridimensional pressupõe a implicação fato-valor-norma, que ocorre em um determinado momento histórico, em coordenadas de espaço e tempo, as quais permitem a adequada compreensão das etapas de criação e aplicação dos modelos jurídicos. Significa dizer que *"sendo a experiência jurídica uma das modalidades da experiência histórico-cultural, compreende-se que a implicação polar fato-valor se resolve num processo normativo de natureza integrante, cada norma ou conjunto de norma representando, em dado momento histórico e em função de dadas circunstâncias, a compreensão operacional compatível com a incidência de certos valores sobre fatos múltiplos que condicionam a formação dos modelos jurídicos e sua aplicação"*. (Miguel Reale, *Teoria Tridimensional do Direito: Situação Atual*, p. 74).

[64] Sobre o tema, as esclarecedoras palavras de Miguel Reale, que, ao considerar a pessoa como "valor-fonte" de todos os valores, explica que: *"Nessa linha de pensamento, que se abebera nas mais puras fontes da tradição cristã, creio que 'o ser do homem é o seu dever ser' e que por isso, é da essência do valor a sua realizabilidade. Se assim é, cumpre também reconhecer que o campo de realização dos valores – os quais seriam simples quimeras se jamais se pudessem converter em momentos da experiência humana – é representado pela História. Aliás, se o ser do homem é seu dever ser, o ser do homem é essencialmente histórico"*. (*Paradigmas da Cultura Contemporânea*, p. 103).

que a descoberta deste significado faz com que o valor passe a integrar a realidade cultural, possibilitando sua apreensão e fruição perante o contexto social.

No desenrolar do processo histórico-cultural, se verifica uma série de opções axiológicas que passam a determinar as estruturas de ação, as formas comportamentais configuradoras de uma dada época, que, não obstante estejam ligadas à subjetividade, atuam de maneira objetiva, por refletirem os modos de "ser" da sociedade em certo momento histórico.

Seguramente, pode-se afirmar que o processo cultural se discrimina segundo os diferentes ciclos históricos vivenciados pela humanidade que correspondem às civilizações[65], as quais revelam como nota característica suas respectivas escalas de valores[66].

Não é sem razão que a dinâmica norteadora da composição do processo histórico-cultural compreende uma multiplicidade de decisões derivadas de valorações ocorrentes tanto no âmbito individual quanto social, que incidem sobre o plano empírico para lhe atribuir certos conteúdos de significação, para que ganhem relevância e sejam gravados na lembrança das diferentes civilizações.

Os valores pertencem, assim, ao processo histórico-cultural da humanidade, não podendo ser concebidos como realidades absolutas ou entidades ideais, totalmente abstraídas da experiência, por serem concebidos a partir de uma seleção de estimativas exercidas sobre o plano social, dando surgimento às diferentes constelações axiológicas de cada momento da civilização.

Considerando a presença da característica da graduação hierárquica nos valores, em que se podem distinguir as suas respectivas ordenações de um momento histórico para outro, as constelações axiológicas podem ser compreendidas como a disposição escalonada dos valores fundamentais

---

[65] Sobre as "civilizações", Miguel Reale ensina que: "No desenrolar do processo histórico-cultural, constituem-se determinadas unidades polivalentes, correspondentes a ciclos axiológicos distintos, como que unidades históricas da espécie humana no seu fluxo existencial, a que chamamos de civilizações. A história da cultura não é, pois, unilinear e progressiva, como se tudo estivesse de antemão disposto para gerar aquele tipo de civilização que vivemos ou que desejaríamos viver, mas se desdobra ou se objetiva através de múltiplos ciclos, em uma pluralidade de focos irradiantes" (*Filosofia do Direito*, p. 231).

[66] Miguel Reale, *Nova Fase do Direito Moderno*, p. 45.

correspondente a cada ciclo cultural ou civilização e, portanto, fator determinante de suas estruturas comportamentais[67].

E o processo de seleção axiológica, empreendido no desenrolar do processo histórico-cultural das civilizações para composição de suas correspondentes constelações axiológicas, revela-se como fenômeno irrecusável de que na memória histórica, por assim dizer, não permanecem nem se gravam todas as opções feitas, nem o fluxo das infinitas preferências e situações cotidianas[68].

Deveras, nem tudo o que acontece pode ser considerado histórico, mas tão-somente aquilo que, em razão dos mais diversos fatores, assume relevância de significação, isto é, que adquire um papel de destaque na história, passando a integrar o complexo de valores fundamentais de certo momento histórico experimentado pela humanidade, as constelações axiológicas de cada civilização.

A exata compreensão do processo de seleção axiológico, para atribuição de relevância de significação e formação das constelações axiológicas, deve ser buscada na tríplice função do valor: a gnoseológica referente às condições subjetivas do conhecimento, mediante a qual o conhecimento da realidade se apresenta sempre valorativo, por intermédio da formulação de juízos axiológicos[69]; a ontológica relativa às condições objetivas do conhecimento, em que os valores são manifestados na parte da realidade própria dos objetos culturais, constituindo o "ser" de certos objetos[70]; e, finalmente, a deontológica, que permite o conhecimento racional dos valores como motivo necessário e indeclinável das condutas humanas[71], e, simultaneamente, sua seleção no decorrer da história.

Ora, de acordo com os ensinamentos de Miguel Reale, o fim, que corresponde ao motivo determinante das condutas individuais ou coletivas, nada mais é do que um valor identificado em sua função

---

[67] Como visto anteriormente, os valores fundamentais "representam as objetivações e aspirações axiológicas que determinaram a conduta individual e social em diferentes ciclos culturais ou civilizações, transformando-se numa herança da humanidade, embora possam mudar de conteúdo ou de concepção ao longo do tempo. Assim, cada civilização possui diferentes constelações axiológicas denotadoras da sua concepção do mundo e da vida" (Flávio Alves Martins, *A Idéia de Experiência no Pensamento Jusfilosófico de Miguel Reale: A Cultura Contemporânea e o Novo Modelo Jurídico*, p. 69).

[68] Miguel Reale, *Experiência e Cultura*, p. 215.
[69] Miguel Reale, *Pluralismo e Liberdade*, p. 87.
[70] Miguel Reale, *Verdade e Conjetura*, p. 99.
[71] Miguel Reale, *Pluralismo e Liberdade*, p. 87.

deontológica, que adquire uma determinada objetividade no plano experimental, ainda que transcenda, em virtude de sua inexorabilidade, esta mera manifestação empírica e se localize em momento anterior a qualquer comportamento possível[72].

Estas circunstâncias, que revelam a objetividade e a anterioridade do fim em relação ao comportamento empírico, possibilitam a apreensão racional dos valores, em virtude da existência de "dados estimativos" que funcionam como matéria-prima para o conhecimento axiológico e se inserem no desenrolar da história diante de qualquer realidade cultural.

Avaliando estes dados estimativos fornecidos pela intuição e somando-se os vínculos firmados entre eles, encontra-se o plano da ordenação racional, que possibilita a verificação do significado e do alcance de cada valor em si mesmo e no sistema geral das estimativas firmado no campo da experiência social, cuja estrutura e sentido permitem a distinção dos diversos ciclos histórico-culturais e de suas respectivas constelações axiológicas[73].

No entanto, ressalte-se que a apreensão histórico-cultural dos valores é sempre: relativa, pois, ainda que se pretenda que o conhecimento dos valores seja objetivo, tem como ponto de partida uma intuição emocional em busca de um entendimento global da vida; e incompleta, em razão da impossibilidade de se esgotar os conteúdos axiológicos manifestados nos diversos ciclos culturais, haja vista que os valores, dotados dos atributos da inesgotabilidade e inexorabilidade, são sempre passíveis de novas estimações, novas formas de interpretação, caracterizando-se como realidade nunca acabada, que se renova e se atualiza no tempo para alcançar a evolução humana.

Ao ser ponderado em termos de historicidade, formas de expressão de um "dever ser", o valor somente adquirem significado quando objetivado no plano existencial, pois "não teria sentido se em algum momento não chegasse a se converter em realidade, sob pena de reduzir a mera ilusão ou quimera: o devir e a historicidade, por conseguinte, são inerentes à idéia de valor, podendo-se afirmar que todo historicismo é necessariamente historicismo axiológico"[74].

---

[72] *Ibidem*.
[73] Miguel Reale, *Pluralismo e Liberdade*, p. 88.
[74] *Fontes e Modelos do Direito: Para um novo paradigma hermenêutico*, p. 80. Importa assinalar que o capítulo I da Segunda Parte do trabalho dedica-se inteiramente a verificação dos diversos sentidos atribuídos à solidariedade social no decorrer da história.

Conclui-se, assim, que os valores consistem em manifestações do espírito humano, projetadas sobre dados empíricos para direcioná-los ao atendimento de certas finalidades, permitindo a constatação da essencialidade da identificação da experiência histórica com a Axiologia, na medida em que diante do cenário histórico que o espírito humano conhece a si mesmo e, ao mesmo tempo, se realiza ao projetar valores.

1.3.9.1. *Constantes ou Invariantes Axiológicas*

Ainda na temática que envolve a historicidade dos valores, deve se colocar em pauta questão referente às constantes ou invariantes axiológicas, a qual propõe a discussão acerca da existência ou não de valores fundamentais e fundantes que guiem os homens, ou lhes sirvam de referencia, em sua faina cotidiana, sendo consideradas como "estrelas valorativas", que determinam diferentes direções no caminhar histórico-cultural da humanidade[75].

Os valores fundamentais manifestam-se como preferências reveladas nas constelações axiológicas que orientaram os comportamentos individuais e sociais durantes distintos ciclos culturais ou civilizações, o que conduz à constatação de que existem valores que "uma vez revelados à consciência popular, adquirem objetividade e força cogente, não obstante, a sua originária fonte subjetiva individual. Tais valores atuam, então, sobre os comportamentos humanos como se fossem modelos ideais, isto é, arquétipos inatos da conduta individual e coletiva"[76].

Em conformidade com o ciclo cultural pesquisado, podem ser encontradas distintas concepções sobre a forma como foram compreendidos os valores fundamentais. Cada civilização entendeu a sua maneira o verdadeiro, o belo, o bom, o útil, o santo, sendo que tais valores sempre foram fruto de preocupações constantes no transcorrer do processo histórico, o que explica o fato de cada ciclo cultural possuir suas próprias constelações axiológicas revelando distintas concepções e preferências sobre a realidade.

Desse modo, os ciclos culturais, ou civilizações, se distinguem por meio de suas respectivas ordenações hierárquicas de valores, as quais, no transcurso das gerações, permanecem gravadas no tempo, registradas na

---

[75] Miguel Reale, *Filosofia e Teoria Política: Ensaios*, p. 113.
[76] Miguel Reale, *Nova Fase do Direito Moderno*, p. 47.

consciência histórica da humanidade, caracterizando-se como verdadeiros patamares axiológicos marcados pelo atributo da estabilidade e representantes do conteúdo das intencionalidades objetivadas no devir da história.

Afirma-se, novamente, que os valores não existem em si mesmos, objetivando-se no decorrer do processo histórico, como resultado consciente da ação humana sobre a realidade, para lhe impingir determinados sentidos, sendo que, em alguns casos, certos valores, uma vez realizados no contexto cultural, passam a estruturar o conteúdo ético das condutas no meio social, independentemente da continuidade do ciclo cultural em que se revelam, fazendo emergir as denominadas constantes ou invariantes axiológicas.

Segundo a lição de Miguel Reale, as invariantes axiológicas podem ser explicadas da seguinte forma:

"a pessoa, como autoconsciência espiritual, é o valor que dá sentido a todo evolver histórico, ou seja, o valor a cuja atualização tendem os renovados esforços do homem em sua faina civilizadora. Ocorre que determinados valores uma vez elevados à consciência coletiva, tornam-se como que entidades ontológicas, adquirindo caráter permanente e definitivo. São os que denominamos invariantes axiológicas ou constantes axiológicas"[77].

Embora, observe-se a existência de um possível relativismo quando se vincula a Axiologia à História, tendo em vista a existência de valores que alternam idas e vindas ao longo do processo histórico, certos valores não deixam de existir, sedimentam-se racionalmente no tempo e se inserem no patrimônio cultural da humanidade de forma definitiva, influenciando o desenvolvimento de suas atitudes comportamentais, os quais passam a ser reconhecidos como constantes ou invariantes axiológicas, tendo como valor originário o da pessoa humana, ao redor do qual gravitam os demais valores que lhe são correlatos, como o direito à vida, a intangibilidade da subjetividade, a igualdade perante a lei (isonomia), a liberdade individual, a solidariedade social etc., que constituem os fundamentos da vida ética e que correspondem os chamados direitos fundamentais do homem[78].

---

[77] *Introdução à Filosofia*, p. 162.
[78] Miguel Reale, *Introdução à Filosofia*, p. 162. Importa destacar ainda que o único valor absoluto é a pessoa humana, valor fontes de todos os outros valores, ou seja, que

Neste contexto, importa considerar ainda que, em decorrência de exigências ocasionadas no mundo social, Miguel Reale revela como um dos últimos valores a emergirem no âmbito do processo histórico-cultural da humanidade corresponde ao ecológico, o qual se encontra diretamente relacionado com a invariante axiológica da solidariedade social[79].

Ao ser considerada a possibilidade de surgirem outras invariantes axiológicas, tem-se mais uma vez a idéia de que tais valores não são totalmente absolutos, não se tratam de entidades ideais, pois, ainda que se manifestem em sua persistência objetivada no tempo, são passíveis de sofrer mutações, principalmente, de cunho semântico perante o desdobramento do processo histórico-cultural, para se adaptar às novas pautas de valores, que acarretam na revelação de outras invariantes axiológicas, assim como às exigências sociais próprias de cada civilização.

De qualquer forma, reafirme-se que a Axiologia realeana, pressupondo a existência de invariantes axiológicas, se contrapõe a qualquer tentativa de imposição de um relativismo axiológico na compreensão histórico-cultural dos valores, sem descambar, contudo, para o idealismo absoluto dos valores próprio do ontologismo axiológico[80].

---

se caracteriza como condição para existência dos demais, inclusive, as próprias invariantes axiológicas, que, como dito anteriormente, são marcados pela historicidade suscetíveis de variação semântica em coordenadas de espaço e tempo: *"A pessoa passa a representar um valor radical, unidade espiritual instituidora de um processo no qual e pelo qual as coisas possuem validade"*. (Miguel Reale, *Filosofia do Direito*, p. 214). Nestes termos, a objetividade das invariantes axiológicas passa a ser *"fundada sobre a historicidade radical do ser do homem, o qual dá origem e legitimidade às demais invariantes axiológicas, que não se inferem dedutivamente e in abstracto da idéia de pessoa humana, mas sim, concretamente, no processo histórico"*. (Miguel Reale, *Paradigmas da Cultura Contemporânea*, p. 107).

[79] Miguel Reale, *Introdução à Filosofia do Direito*, p. 162. O valor ecológico fundamenta-se na solidariedade social, na medida em que se protege o meio ambiente tanto pelo que a natureza é de per si como pelo que significa para o valor da vida humana, exigindo para tanto não somente a existência de laços de cooperação recíproca entre os indivíduos, mas também sua pauta centrada na idéia de alteridade, o que envolve o aparato axiológico da solidariedade social, como será verificado no Capítulo II da Segunda Parte do trabalho.

[80] A Teoria dos Valores de Miguel Reale, ao se colocar perante o processo histórico, procura escapar de um possível relativismo axiológico, sem recair na idealização absoluta dos valores (ontologismo axiológico), para tanto recorre ao conceito de invariantes axiológicas, com inspiração nas invariantes biológicas de Jaques Monod: *"há um paralelismo entre a experiência da biosfera e a história, no que se refere ao advento, às vezes*

Ademais, destaque-se o íntimo relacionamento entre invariantes axiológicas e experiência jurídica[81], haja vista que os valores fundamentais contidos no plano do "dever ser" ao se objetivarem no contexto histórico, consagram as invariantes axiológicas, que possibilitam a convivência recíproca entre membros de uma mesma comunidade, ao estabelecer os padrões éticos dirigentes de cada ciclo cultural mediante o estabelecimento de um sistema ordenado de normas jurídicas.

A experiência jurídica desenvolve-se, assim, perante o desenrolar histórico da vida humana, em razão das múltiplas condicionantes axiológicas que atuam perante os fatos representados por comportamentos que se desdobram no mundo social, que marcados por alterações cotidianas, "fundam-se na complementaridade dialética entre subjetividade, como fonte inexaurível de valores, e objetividade, como inexaurível possibilidade de determinações da experiência, cabendo ao Direito não só salvaguardar e tutelar os bens já adquiridos, como, acima de tudo, preservar e garantir o homem mesmo como livre criador de novos bens, em quaisquer que possam ser os ordenamentos político-jurídicos da convivência social"[82].

Desse modo, são sedimentados valores que se tornam essenciais à própria convivência humana, os quais, por representarem a modalidade de conduta aceita no meio social de cada civilização, passam a participar ativamente do processo de composição das normas jurídicas, retratando a correspondência entre as manifestações das invariantes axiológicas e os quadrantes comportamentais delimitados pelo mundo do Direito.

---

inesperado (Monod fala até em acaso), de invariantes biológicas umas e axiológicas as outras, as quais se impõem ao consenso universal, isto é, à estimativa e à aceitação de toda gente, do homem comum e do homem da ciência, até o ponto de parecem inatas, mas, no que tange ao mundo da cultura, são transcendentais". (Paradigmas da Cultura Contemporânea, p. 106/107).

[81] A estreita relação existente entre Direito e axiologia é colocada por Angeles Mateos García da seguinte forma: *"Direito e experiência jurídica estão em íntima relação com os valores que o homem objetivou ao longo do processo histórico-cultural da sua existência, caracterizando-se, ainda, por preservar esses valores face à sua vulneração ou incumprimento. Por isso existe, sem dúvida alguma, uma conexão essencial entre Direito e axiologia".* (A Teoria dos Valores de Miguel Reale: Fundamento de seu Tridimensionalismo Jurídico, p. 124).

[82] Miguel Reale, *Teoria Tridimensional do Direito*, p. 83.

2. TEORIA TRIDIMENSIONAL DO DIREITO

No capítulo I, restou compreendido que o ser humano, em virtude do poder de síntese do seu espírito, possui a prerrogativa de observar a realidade em que vive sob ótica de juízos de valor ("dever ser"), ou seja, estabelecendo estimativas, manifestando suas preferências, o que lhe permite transformar os dados dispersos no plano da experiência (objetos da ordem do "ser") em elementos construídos voltados a realização de certos objetivos para delimitação do campo dos denominados objetos culturais.

Assim, os objetos culturais nada mais são do que elementos da realidade social alterados pela ação humana e dotados de significado para buscar a concretização das finalidades que determinam a razão de sua existência, no caso, o sentido contido nos valores que orientaram sua formação, autorizando afirmar que todo objeto cultural tem sua existência e compreensão atrelada a um significado, a um valor.

Por decorrência lógica, os valores, que se objetivam e se atualizam no decurso do processo histórico da humanidade perante o mundo dos objetos culturais, devem ser devidamente compreendidos em sua essência, ao orientarem o sentido dos comportamentos humanos no alcance efetivo das finalidades para as quais estão voltados.

Com a experiência jurídica, espécie de objeto cultural, produzido por manifestação de vontade do ser humano em coordenadas historicamente contextualizadas, a situação não é diferente, o que leva à conclusão de que não há como compreender o Direito desvinculado das finalidades, dos propósitos que motivam sua existência.

E para se compreender as finalidades que envolvem a criação, aplicação e desenvolvimento das normas jurídicas, que se voltam ao direcionamento dos comportamentos humanos no plano da realidade social, deve-se captar o significado dos valores presentes em sua composição segundo as peculiaridades de suas condições de cognoscibilidade.

Ocorre que, para realizar a tarefa de compreensão dos valores que se encontram gravados no mundo jurídico, não basta apenas verificação isolada de tal elemento e de suas características, deve-se ir além e analisar o conteúdo de suas relações de implicação recíproca, que se desdobram nos demais momentos que participam da composição da experiência jurídica e que possibilitam sua visão integral, quais sejam o fato e a norma.

Neste contexto, importa revelar a configuração dinâmica e concreta do processo de nomogênese jurídica, no qual os diversos valores existentes na realidade passam a condicionar uma série de fatos, orientando comportamentos, que, ao adquirirem relevância perante o contexto social, a ponto de sentirem a necessidade de serem tutelados, são capturados, por um ato decisório de poder, pelo fenômeno jurídico para estruturar a composição de suas normas.

Portanto, a experiência jurídica, como modalidade de objeto cultural e, conseqüentemente, produto da ação humana, encontra o conteúdo de sua fórmula tridimensional: integração entre fato e valor para formação de normas, em que o trânsito entre o plano da realidade social para o das regras jurídicas, necessariamente, transpassa pelo mundo dos valores, para a atribuição de significação. Tais assuntos serão tratados com maior profundidade no presente capítulo.

2.1. Termo "Direito": Perspectiva Histórica

De acordo com os ensinamentos de Miguel Reale, a norma jurídica consiste numa integração de fatos segundo valores, de tal sorte que a experiência jurídica não pode ser compreendida em sua totalidade apenas como fato, ou como norma pura, mas sim como apreciação de fatos selecionados, a partir de uma ordem de valores, para composição de normas jurídicas, o que denota sua estrutura tridimensional, visualizada como elemento normativo, que disciplina comportamentos individuais e coletivos, pressupondo sempre situação de fato, referida a valores[83].

Ocorre que a compreensão do Direito nem sempre se deu a partir de sua estrutura tridimensional, encontrando, ao longo da história, concepções setorizadas, as quais não se encontram aptas a alcançar plenamente a devida compreensão da experiência jurídica, em razão da prevalência de um de seus elementos sobre os demais.

Ao entender que o direito deve ser concebido como relação entre fato, valor e norma, isto é, na integralidade de sua estrutura tridimensional, Miguel Reale afirma que qualquer estudo que estabeleça preferências a um campo em detrimento dos demais conduzirá a teoria ao reducionismo, como se deu no pensamento de determinados juristas e jusfilósofos,

---

[83] Miguel Reale, *Filosofia do Direito*, p. 511.

que foram tentados a compreender o fenômeno jurídico à luz de um ou de dois dos elementos anteriormente mencionados[84].

Portanto, antes mesmo de se proceder a analise das principais teorias que, posteriormente, possibilitaram o reconhecimento do caráter tridimensional concreto e dinâmico do fenômeno jurídico desenvolvido por Miguel Reale, se faz necessário o estudo do termo Direito em sua perspectiva histórica, o que reforça os argumentos no sentido de compreender plenamente a relação existente entre os elementos presentes em sua composição: fato, valor e norma.

Ora, a palavra "Direito", em virtude de sua íntima ligação com as exigências da vida humana, adquiriu uma multiplicidade de sentidos[85], que ganharam contornos específicos ao longo da história, resultando na prevalência de determinada acepção em detrimento de outra, de acordo com o momento temporal analisado, as quais merecem ser estudadas para revelar a verdadeira consistência da realidade jurídica[86].

Primeiramente, compete revelar que o emprego usual da palavra "Direito", que se impõe, de imediato, no espírito do homem moderno,

---

[84] Miguel Reale, *Idem*. Entre as teorias setorizadas tem-se o empirismo jurídico, que reduz o Direito a análise dos fatos pertinentes a dimensão da experiência sensorial, em que pode ser exemplo o sociologismo de Leon Duguit. Por sua vez, o normativismo, que encontra em Kelsen, com a Teoria Pura do Direito, seu grande representante, pretende que o Direito seja visualizado somente como norma. E, finalmente, o moralismo, onde se inserem as Escolas de Direito Natural, que, na busca dos fundamentos do Direito, acabavam por reduzi-lo ao valor justiça. Confira-se, os ensinamentos de João Maurício Adeodato acerca das mais relevantes escolas científicas que estudaram o direito de forma unilateral, sem contemplá-lo em sua integralidade: *"essas três dimensões do direito fato, valor e norma, já foram respectivamente consideradas pelas diversas escolas como objeto privilegiado da pesquisa científica do direito: o culto à norma pelas teorias normativistas, cuja precursora foi a Escola da Exegese, que chega a reduzir o direito à lei escrita; em uma reação a esse apego à idéia de norma, a Escola do Direito Livre toma sobretudo o fato social como fonte da realidade jurídica; e a filosofia dos valores, com sua concepção de cultura, tem o valor como sentido do direito e exacerba sua importância em detrimento das demais dimensões"*. (*Ética e Retórica: Para uma Teoria da Dogmática Jurídica*, p. 83/84).

[85] Diferentemente das ciências físicas ou naturais, em que as palavras possuem sentido claro e unívoco, por força do princípio da causalidade, nas ciências sociais ou humanas, marcadas pelo princípio da finalidade e, portanto, impregnada por valores, as palavras guardam uma multiplicidade de significados no plano da experiência social, o que aumenta gradativamente quando se empregam termos de utilização cotidiana, que tratam das necessidades da vida, como ocorre com o emprego do vocábulo "Direito".

[86] Miguel Reale, *Filosofia do Direito*, p. 498.

confunde-se com o conceito de lei, entendida como norma jurídica positiva, elemento pertencente a um sistema de regras e comandos determinantes do comportamento humano, ou mesmo como pauta consuetudinária do agir no meio social[87].

Já quando a palavra "Direito" se insere em coordenadas de espaço e tempo relativos ao desenrolar da vida social, este vocábulo passa a ser utilizado com o sentido de fato ou fenômeno social, estando atrelado a um conjunto de possibilidades que resultarão sempre em determinados resultados, o que evidencia sua vertente de cunho sociológico.

No entanto, saliente-se que o "Direito" se apresentou inicialmente na história humana em termos de sentimento de Justiça, como valor, como ideal, manifestando forte conotação axiológica que implicava a idéia de obrigatoriedade, de comando, tanto assim que este ideal se divinizou; e a Justiça foi predicado atribuído à própria divindade, o que, inclusive, retrata a impossibilidade de sua compreensão racional durante tal período, que somente será alcançado em etapa posterior da história das civilizações[88].

Desse modo, o ser humano, em tempos primitivos, não conferia a si mesmo o desenvolvimento das relações sociais e naturais, as quais ficariam a cargo de preceitos supostamente advindos de entidades divinas, mitológicas e o descumprimento dos rituais religiosos que eram consagrados por estas civilizações equivaleriam à violação do que se considerava "Direito" expressão do justo[89].

Em seguida, ao se afastar das concepções divinas de seus fundamentos, o Direito passa a ser concebido como norma, como *lex*, em virtude da herança marcante do Direito Romano, que, ao tomá-lo como regra, permitindo a verificação da experiência concreta do justo em condicionantes espaço-temporais, possibilita seu estudo como ordem normativa, ou seja, como ciência denominada Jurisprudência[90].

---

[87] Miguel Reale, *ob. cit.*, 499.

[88] Miguel Reale, *Filosofia do Direito*, p. 503.

[89] Sobre esta concepção mitológica do Direito, Miguel Reale assevera que: *"o Direito, de envolta com as demais expressões do viver coletivo, foi antes vivido como um fato, e, ao mesmo tempo, como um fado a que o homem atribuía a força inexorável e misteriosa dos enlaces cósmicos, talvez inspirado inicialmente, como sugere Cassirer, pela visão dos astros, cuja 'ordem' terá sido a primeira a ser arrancada do caos das impressões dos desejos e das vontades arbitrárias".* (*Filosofia do Direito*, p. 500).

[90] Miguel Reale, *Filosofia do Direito*, p. 508. E o autor, com muita propriedade, demonstra que os jurisconsultos do Direito Romano não separavam as normas de suas

E, por último, na terceira dimensão, o ser humano identifica o Direito como forma de expressão de sua vontade, caracterizando-o como relação havida entre fatos, eventos de conteúdo meramente histórico-social. Esta investigação metodológica do Direito como fato começa a ser especificamente estudada na época moderna, mas sua a pesquisa como fenômeno configurável objetivamente com estruturas autônomas, somente adquire consistência científica nos trabalhos sociológicos e históricos desenvolvidos durante os séculos XIX e XX[91].

A partir desta breve síntese histórica, pode-se notar que as acepções obtidas pelo termo "Direito" ao longo dos tempos permitem a apreensão de seus aspectos constitutivos: o valor como percepção inicial; a norma como elemento concreto do valor, materializado para influenciar o conteúdo das ações perante o mundo social; e o fato como situação comportamental, dado empírico a ser tutelado.

Assim, onde quer que se encontre a experiência jurídica sempre haverá a manifestação destes três elementos: fato, valor e norma, o que conduz à conclusão de que a palavra "Direito" pode ser apreciada, por abstração, em tríplice sentido, isto é, segundo suas três perspectivas dominantes[92].

---

condicionantes fáticas e muito menos de suas exigências ideais, centrando o teor de suas indagações na *"regula júris, ou seja, a medida de ligação ou a medida do enlace que a Justiça permite e exige, de tal modo que a Justiça e o Direito se tornam inseparáveis, considerando que seja como um todo o conjunto da experiência jurídica"*. (*Filosofia do Direito*, p. 508).

[91] Miguel Reale, *Filosofia do Direito*, p. 506.

[92] Miguel Reale, *Filosofia do Direito*, p. 509. E o mestre paulista prossegue aduzindo que o Direito, diante de sua estrutura tridimensional, pode ser estudado com mera prevalência de sentido da seguinte forma, dentro do respectivo campo de pesquisa, a saber: *"1) o Direito como valor do justo, estudado pela Filosofia do Direito na parte denominada Deontologia Jurídica, ou, no plano empírico e pragmático, pela Política do Direito; 2) o Direito como norma ordenadora da conduta, objeto da Ciência do Direito ou Jurisprudência; e da Filosofia do Direito no plano epistemológico; 3) o Direito como fato social e histórico, objeto da História, da Sociologia e da Etnologia do Direito; e da Filosofia do Direito, na parte da Culturologia Jurídica"*. (*Filosofia do Direito*, p. 509). Ainda sobre as propriedades da tridimensionalidade, L. Cabral de Moncada assinala a relação entre fato, valor e norma em comparação com as teorias clássicas sobre as fontes do Direito: *"Se essa teoria assume porventura maior importância no campo do direito do que nos outros, isso só pode explicar-se pelo fato de ela se vir aí a identificar com a clássica teoria tripartida das fontes de direito. Como se sabe, estas foram também sempre consideradas, na escola, fundamental três: o costume, a lei e a jurisprudência.*

Pode-se afirmar, então, que a experiência jurídica apenas poderá ser interpretada plena e adequadamente com a compreensão do processo de correlação recíproca e continua existente entre os três elementos que a integram: fato, valor e norma, o que denota a composição dinâmica de sua estrutura tridimensional, conforme retratado na teoria formulada por Miguel Reale.

2.2. Tridimensionalidade: Elementos Constitutivos

A análise dos dados históricos realizada no tópico anterior confirma que a experiência jurídica se manifesta com a relação dialética entre fato, valor e norma, elementos estes que constituem suas dimensões essenciais, pois:

"onde quer que haja um fenômeno jurídico, há, sempre e necessariamente, um fato subjacente (fato econômico, geográfico, demográfico, de ordem técnica etc.); um valor, que confere determinada significação a esse fato, inclinando ou determinando a ação dos homens no sentido de atingir ou preservar certa finalidade ou objetivo; e, finalmente, uma regra ou norma, que representa a relação ou medida que integra um daqueles elementos ao outro, o fato ao valor"[93].

Desta feita, a constituição do Direito, situada na região ôntica dos objetos culturais[94], somente se dá com a participação dialética

---

De fato, se analisarmos algo detidamente o significado dos conceitos de costume, lei e jurisprudência, não tardaremos em reconhecer: 1) que o primeiro nada mais significa do que precisamente o mesmo que certa conduta ou comportamento dos homens da vida social, nas suas relações entre si, embora nomeada por aquilo que os romanos chamavam um tacitus consensus populi (isto é, um fato); 2) que a segunda também outra coisa não significará senão o pensamento de certo dever-ser, definido e formulado pelo legislador (isto é, uma norma ou conjunto de normas); 3) que, finalmente, a terceiranada mais significará do que aplicação prática, concreta, de numerosos critérios de valoração, extraídos da lei ou do espírito objetivo de uma cultura, à própria conduta e aos costumes dos homens, para a realização entre eles duma idéia de justiça (isto é, um valor). É preciso nunca esquecer que cada uma delas está nas outras. Todas, de fato, não passam de três aspectos ou lados duma mesma realidade". (Filosofia do Direito e do Estado, p. 115/117).

[93] Miguel Reale, *Lições Preliminares de Direito*, p. 65.
[94] Advirta-se, novamente, que o Direito, pertencente à categoria dos objetos culturais, somente pode ser concebido como fruto da ação humana, encontrando sempre um

estabelecida entre valorações referidas a situações de fatos ocorridos na realidade social e devidamente integrados ao plano do mundo normativo, revelando o conteúdo de sua estrutura tridimensional.

Neste contexto, o fato caracteriza-se como evento dotado de substrato empírico/histórico, o qual se desdobra perante a realidade social e que, por conter tema de relevante interesse para o ser humano (econômico, político, social, entre outros), recebe um vínculo que lhe atribui determinado sentido jurídico, passando a ser tratado pelo ordenamento normativo.

Ao tecer comentários sobre a Teoria Tridimensional do Direito de Miguel Reale, Pablo Lopez Blanco entende precisamente que o fato "é tudo aquilo que na vida do direito corresponde ao 'já' dado pelo meio social e que valorativamente se integra à unidade ordenadora da norma jurídica, resultando da dialética de somente três fatores o direito como 'fato-histórico-social'"[95].

Sem a ocorrência de um acontecimento ou evento a ser axiologicamente considerado não há fundamento para se estabelecer uma ligação entre o plano empírico e normativo, de tal sorte que o Direito tem como ponto de partida o fato, sem, contudo, a ele se reduzir. De qualquer modo, deve-se compreender que "todo fato juridicamente relevante, já se acha imantado a um valor, só é pensável em sua referência axiológica, muito embora nele exista, é claro algo de próprio, irredutível ao valor"[96].

Não se pode confundir fato com fato jurídico, vez que este, considerado axiologicamente relevante no meio social, passa a compor o conteúdo das hipóteses normativas, ao qual se atribui uma dada conseqüência, para quando verificada concretamente a ocorrência deste mesmo fato, surgir correspondente relação jurídica, para direcionar o sentido dos comportamentos humanos.

---

suporte, que lhe serve de mecanismo de objetivação, e um significado, traduzido por um valor, o qual determina o fim a ser alcançado, a própria razão de ser da conduta humana.

[95] *La Ontologia Jurídica de Miguel Reale*, p. 37 – tradução livre. No mesmo sentido, Recaséns Siches, ressalta a estrutura tridimensional do direito, fixando suas ponderações no aspecto fático: *"O Direito é um fato, uma obra humana, estimulada pela consciência das necessidades da vida social; obra produzida pela forma normativa; e que em sua função para satisfazer essas necessidades, intenta fazê-lo de acordo com a realização de certos valores específicos"*. (*Introducción al Estudio del Derecho*, p. 40 – tradução livre).

[96] *Teoria Tridimensional do Direito*, p. 95.

Por seu turno, a norma jurídica define, por meio de estrutura lógico-proposicional, os modelos de organização ou de conduta social a serem obedecidos pelos membros de certa comunidade, configurando o momento de interligação dialética entre os demais elementos constitutivos da experiência jurídica, fatos e valores, conforme a explicação dada por Miguel Reale:

> *"o momento lógico expresso pela proposição hipotética, ou forma da regra jurídica, é inseparável de sua base fática e de seus objetivos axiológicos: fato, valor e forma lógica compõem-se, em suma, de maneira complementar, dando-nos, em sua plenitude, a estrutura lógico-fático-axiológica da norma de direito"*[97].

Percebe-se, assim, que a estrutura lógico-proposicional presente na norma jurídica como juízo hipotético-condicional (dever ser) não pode se dissociar de seu substrato fático nem tampouco de suas finalidades axiológicas, haja vista que sua formulação conterá sempre a previsão de um fato (hipótese/antecedente) vinculado a um resultado (conseqüente/prescritor) que procura objetivar um valor ou obstar a ocorrência de um desvalor.

Desse modo, o elemento meramente lógico não está autorizado a esgotar a questão que envolve o modelo normativo, pois se encontra fundamentado sempre em um valor que lhe é implícito, demonstrando categoricamente que a norma jurídica, como dimensão essencial do Direito, guarda em sua estrutura composição tridimensional: lógico-fático-axiológica[98].

---

[97] Miguel Reale, *Lições Preliminares de Direito*, p. 103. Lourival Vilanova, em consonância com as considerações formuladas, leciona sobre a estrutura lógico-proposicional da norma jurídica, situando precisamente seu ponto de contato com a tridimensionalidade: *"O que a norma ou o Direito Positivo podem fazer é selecionar hipóteses e selecionar as teses ou conseqüências. È questão fora da lógica, optar pelo antecedente A' ou A" ou A'", bem como escolher para conseqüência C' ou C" ou C'". Tudo depende de atos de valoração, sociologicamente situados e axiologicamente orientados"*. (*As Estruturas Lógicas e o Sistema do Direito Positivo*, p. 58).

[98] Acerca do tema, com a clareza que lhe é peculiar, Miguel Reale exemplifica a integração entre a lógica e a axiologia: *"quando o art. 121 do Código Penal determina: 'Matar alguém: Pena – reclusão de seis a vinte anos', não se enuncia um simples juízo lógico de natureza hipotética (se alguém matar deverá ser punido com reclusão de seis a vinte anos) porque nesse juízo está implícito o valor da vida, expresso no imperativo 'não matar' que se subsume na hipoteticidade da norma jurídica, como seu fundamento moral"*. (*Lições Preliminares de Direito*, p. 102).

Na estrutura lógico-formal da norma jurídica existe a previsão de um fato associado a uma conseqüência, que instaura uma relação jurídica, para prescrever direitos e deveres correlatos às partes envolvidas, visando ao alcance de determinado objetivo, de um fim: concretizar algo tido por valioso ou impedir a ocorrência de valores entendidos como negativos.

Portanto, o valor constitui a própria dimensão moral da experiência jurídica, dimensão esta que permeia o sentido, o significado da realidade social com uma tomada de posição do espírito (positiva ou negativa) a ser objetivada pelo ser humano[99], influenciando, direcionando e legitimando comportamentos para alcance de certas finalidades em determinadas coordenadas histórico-culturais.

No caso do Direito, a dimensão axiológica se manifesta nos elementos normativos, buscando atingir interesses fundamentais para permitir a convivência harmônica entre os membros de certa comunidade, como ordem, segurança, liberdade, igualdade, solidariedade e justiça, entre outras finalidades essenciais à preservação e manutenção da sociedade que se renovam e se implicam continuamente perante o desenrolar do processo histórico-cultural das civilizações, configurando verdadeiras invariantes axiológicas que circundam o valor fonte da pessoa humana[100].

---

[99] Ao tratar da dimensão axiológica da experiência jurídica na obra de Miguel Reale, Alzira Correia Müller assinala que: *"A ação humana implica em valoração, portanto em dever-ser. O dever-ser 'exprime sempre um imperativo...uma norma que pode ou não ser seguida, mas que, seguida, realiza um valor, e, desobedecida, nega um valor. O mundo do dever-ser é o da lei em sentido ético, ou seja, da norma estabelecida em razão de um fim e dirigida à liberdade do homem".* (*Fundamentação da Experiência em Miguel Reale*, p. 78). Desse modo, os valores representam a própria condição para ação humana e tendem a se objetivar por meio de um processo de normalização, na medida em que tenham sido racionalmente eleitos pela comunidade como fins para determinação do comportamento, visando à convivência harmônica entre seus membros.

[100] Não é demais consignar que, em virtude do Direito pertencer ao mundo da cultura, comportando dimensão axiológica, o seu conhecimento se dá como objeto de compreensão: *"a via de acesso às realidades valiosas, aos bens da cultura como 'intencionalidades objetivadas', é-nos dada pelos juízos de valor. O espírito humano, em suma, para realizar-se como valor originário (o valor-fonte, tantas vezes por nós lembrado) dá vida a realidades valiosas; põe e legítima o dever de realizá-las, no conjunto e seqüência do processo histórico; assim como fornece os meios adequados à sua compreensão".* (Miguel Reale, *Filosofia do Direito*, p. 544). Demais disso, no decorrer do trabalho, especialmente, no capítulo II da Segunda Parte poderá ser verificada a relação entre os valores fundamentais do ordenamento jurídico, que configuram invariantes axiológicas, com a solidariedade social.

Destarte, a experiência jurídica engloba fatos impregnados por valores, os quais lhes atribuem significado necessário para determinar o direcionamento dos comportamentos humanos para obtenção de certas finalidades que se consideram essenciais para vida em comunidade, com a mediação integradora exercida pelas normas jurídicas.

Desdobrando a idéia contida na afirmação anterior, tem-se que a experiência jurídica não pode ser contemplada apenas em sua estrutura meramente factual, como pretendem os sociólogos; não é apenas norma, conforme a visão propugnada pelos normativistas; e nem como puro valor, segundo as aspirações intentadas por idealistas ou moralistas. A unidade e integralidade do Direito somente podem ser adequadamente compreendidas a partir de sua perspectiva tridimensional, que engloba em seu objeto de estudo a totalidade dos elementos pertinentes ao caminhar histórico-cultural da experiência jurídica: fato, valor e norma.

Concepções unilaterais são insuficientes para apreender a dimensão global da experiência jurídica, que correlaciona todos os elementos anteriormente mencionados, que consagra a formulação segundo a qual o Direito apresenta-se como fato social moldurado por uma norma jurídica, estabelecida em sintonia com uma escala de valores compreendidos como fundamentais em determinado ciclo cultural.

De qualquer modo, as concepções introduzidas pela doutrinas reducionistas[101] permitiram, em etapa ulterior, a verificação dos vínculos que unem as dimensões da experiência jurídica, na medida em que trouxeram à tona a questão que envolve a necessidade de visualização correlacionada e dinâmica entre fato-valor-norma, dando surgimento às correntes teóricas denominadas tridimensionais (genérica e específica).

2.3. Teorias Tridimensionais (Genérica e Específica)

A tridimensionalidade genérica identifica os elementos componentes do fenômeno jurídico de forma abstrata e isolada, possibilitando o

---

[101] As tentativas de setorização do fenômeno jurídico originaram as concepções unilaterais, as quais não consideravam o Direito como estrutura tridimensional, entendendo que o mesmo caracterizava-se por *"três vertentes distintas de pesquisa, a saber: a Sociologia Jurídica, que estudava o Direito como fato social; a axiologia ou o Direito Natural, isto é, o direito como valor ideal; e a Ciência do Direito como estudo normativo da experiência jurídica"*. (*Variações sobre a estrutura do direito*, OESP, 31 dez. 2005).

estudo apartado de cada um deles: o fato social, como ramo de interesse da sociologia jurídica, vinculado ao método indutivo e tendo como nota dominante a eficácia do Direito; a norma jurídica, objeto pertinente a esfera de pesquisa da Jurisprudência ou Ciência do Direito, impregnada pelo dogmatismo e centrada no debate sobre a vigência; e o valor, inserido na seara de indagações da Filosofia do Direito, que seria, assim, reduzida ao campo próprio da Axiologia Jurídica, em que se procura discutir essencialmente os fundamentos da experiência jurídica.

A tarefa efetuada pelo jusfilósofo adepto da corrente tridimensional genérica compreenderia tão-somente a realização de uma 'síntese final' entre o produto final dos resultados obtidos distintamente nos respectivos campos de investigação do fenômeno jurídico, ou seja, procura combinar os três pontos de vista unilaterais e, mais precisamente, as conseqüências decorrentes de estudos levados a cabo separadamente, segundo aqueles diferentes pontos de vista[102].

Cite-se, como representantes da corrente tridimensional genérica do direito: Emil Lask[103] e Gustav Radbruch[104], os quais concebiam o Direito

---

[102] Miguel Reale, *Filosofia do Direito*, p. 514.

[103] Emil Lask insere o Direito no mundo da cultura, entendendo que seu estudo poderia ser realizado sob três perspectivas, onde extraímos as características de seu tridimensionalismo genérico: *"como realidade impregnada de significações normativas objetivas (objeto da Jurisprudência ou Ciência do Direito, segundo o método jurídico--dogmático) como um fato social (objeto da sociologia jurídica, segundo o método sócio--teorético), ou ainda como valores ou significações, abstração feita da realidade a que aderem e que eles orientam (objeto da Filosofia do Direito, segundo o método crítico axiológico)"*. (Miguel Reale, *Filosofia do Direito*, p. 516).

[104] Assim como os demais representantes da corrente tridimensional, Gustav Radbruch cuida do fenômeno jurídico no ambiente culturalista, ressaltando que existem *"três maneiras por que podemos encarar o Direito. A atitude da Ciência do Direito é a que refere as realidades jurídicas a valores, considerando o Direito como fato cultural; a atitude da Filosofia do Direito é valorativa (bewertend), visto como considera o Direito como um valor de cultura; havendo uma terceira atitude superadora dos valores (wertüberwindend) que considera o Direito na sua essência, ou como não dotado de essência: é a atitude ou tema da Filosofia religiosa do Direito"*. (Miguel Reale, *Filosofia do Direito*, p. 521). Outra consideração importante sobre a obra de Radbruch, que é destacada por Miguel Reale, diz respeito ao problema da validade do Direito segundo as teorias jurídica, sociológica e filosófica e suas respectivas antinomias: *"O jurista, por exemplo, que fundasse a validade de uma norma tão-somente em critérios técnico-formais, jamais poderia negar com bom fundamento a validez dos imperativos baixados por um paranóico que por acaso viesse a ser rei. Aquele que fizesse repousar o Direito em razões históricas ou sociológicas (teoria da força, do reconhecimento etc.) ver-se-ia*

como fenômeno cultural, devendo ser estudado sob tríplice perspectiva (fato-valor-norma), em que cada um de seus elementos, analisados de forma separada e abstrata, corresponderia a um campo distinto do conhecimento jurídico, de modo que "a Ciência integral do Direito seria obtida graças à integração dos três estudos (Lask), ou em virtude da simples justaposição de três perspectivas entre si irreconciliáveis e antinômicas (Radbruch)"[105].

Embora a tridimensionalidade genérica tenha repudiado as idéias formuladas pelas teorias monistas ou reducionistas, ao afastar a necessária interdependência existente entre sua tríade constituinte "fato-valor--norma", acaba por estancar em três ramos distintos e autônomos o reconhecimento da experiência jurídica, destituindo-a de sua plena unidade, o que deturpa sensivelmente a compreensão integral dos fundamentos do Direito com a divisão de seus estudos em pontos distintos entre o filósofo do direito (a quem caberia o valor), o jurista (que cuida da norma) e o sociólogo (responsável pelo fato).

A preocupação primária da tridimensionalidade genérica revela-se na busca e constatação dos três elementos componentes do Direito, atentando-se apenas para uma síntese descritiva de sua atuação em diferentes searas do conhecimento da realidade jurídica, sem demonstrar qualquer interesse no estabelecimento dos nexos existentes entre eles, para integrá-los em uma unidade completa de sentido, de modo a abarcar os propósitos do fenômeno jurídico em todos os seus momentos de concreção.

Por outro lado, a tridimensionalidade específica não limita o conteúdo de sua pesquisa a mera identificação dos elementos pertencentes à experiência jurídica, procura ir além para constatar e determinar os liames existentes entre eles que possibilitem uma visão coesa e integral do Direito, pretendendo lhe desvendar de forma totalitária sua essência e estrutura.

obrigado a avaliar o grau de obrigatoriedade do Direito pelo grau de sua real eficácia, falho de critério para resolver em caso de conflito de duas 'ordens jurídicas'; e, finalmente, quem identificasse o Direito e o Justo, deveria rejeitar toda lei positiva contrária a seus anseios de justiça, o que nos levaria ao caos, pois não há meios científicos de determinação objetiva desse valor supremo do Direito". (Filosofia do Direito, p. 522). Dessa forma, o problema da validade estaria diretamente relacionado com os valores contidos na própria idéia do Direito: justiça, certeza jurídica (segurança e paz social) e fim, que, ao longo da história, se mostraram permeados de contradições insuperáveis, impassíveis de solucionar as questões suscitadas pelo desenrolar da vida jurídica, o que leva a concluir pela tendência relativista ou cética do pensamento de Radbruch.

[105] Miguel Reale, *Teoria Tridimensional do Direito*, p. 26.

Somente com a compreensão da interdependência recíproca existente entre os elementos constitutivos do fenômeno jurídico, fazendo com que o Direito seja entendido simultaneamente como fato social axiologicamente considerado no plano normativo, que se desenvolve o conteúdo do tridimensionalismo, o que pode ser constatado com a leitura dos escritos construídos pela teoria tridimensional específica[106], inicialmente, nas obras de Wilhelm Sauer[107] e Miguel Reale e, posteriormente, com Jerome Hall[108] e Recaséns Siches[109].

---

[106] Antonio Bento Betioli disserta sobre as origens da tridimensionalidade específica: *"Foi por volta de 1940 que surgiram as primeiras tentativas, com Wilhelm Sauer na Alemanha e Miguel Reale no Brasil, de demonstrar que fato, valor e norma devem ser considerados como sendo componentes 'essenciais' da experiência jurídica. Conseqüência disso é que eles estão indissoluvelmente unidos entre si, não sendo possível apresentá-los cada um abstraído dos demais (como ocorria com a compreensão tridimensional genérica)"*. (*Introdução ao Direito: Lições de Propedêutica Jurídica Tridimensional*, p. 81).

[107] Em posição oposta a de Miguel Reale, que considera a tridimensionalidade apenas com referência ao mundo da cultura, desenvolvido no transcurso da história, Wilhelm Sauer entende que *"tanto o mundo da natureza como o da cultura são apresentados com estruturas trivalentes, no âmbito de uma concepção que já foi acertadamente qualificada de 'panteísmo crítico', e cuja singularidade consiste em apresentar a realidade toda como uma combinação de 'mônadas de valor', as quais dariam sentido aos fatos, expressos em esquemas formais ou normativos"*. (Miguel Reale, *Filosofia do Direito*, p. 540). Dessa forma, a tridimensionalidade pregada por Wilhelm Sauer apresenta-se em dimensão estática, sem demonstrar a integração dos elementos que compõem o fenômeno jurídico, afastando-o de sua concepção histórica.

[108] Jerome Hall se propôs a elaborar uma Jurisprudência Integrativa, na qual reconhece a existência da composição tridimensional do Direito (valor, fato e idéia ou forma), mas, ainda que tenha observado seus elementos componentes em sua estrutura estática e em seu processo dinâmico, enfatiza o fato social, fazendo com que seu pensamento seja refém da Sociologia Jurídica.

[109] Ao compreender o Direito por sua atuação concreta, Recaséns Siches, ainda que com algumas ressalvas, engloba em seu pensamento filosófico a teoria tridimensional de Miguel Reale, afirmando que: *"Em termos gerais, aceito a concepção que Miguel Reale ensina sobre a tridimensionalidade do Direito. Reconheço que Reale tenha sido quem conseguiu um melhor amadurecimento do tema, desenvolvendo-o com exemplar rigor. Em conjunto, eu tenho incorporado o principal do pensamento de Reale sobre esta questão a minha própria filosofia"*. (*Estudos em Homenagem a Miguel Reale: Algumas notas sobre el sentimiento jurídico*, p. 193). Em outra passagem de sua obra, Recasens Siches reafirma a tridimensionalidade do Direito: *"Na realidade do Direito se dá, recíproca e indissoluvelmente travadas entre si três dimensões: fato, norma e valor. O Direito é um fato, uma obra humana, estimulada pela consciência de algumas necessidades da vida social; obra produzida pela forma normativa; e que em sua função para satisfazer essas*

Verifica-se, a partir da analise dos estudos desenvolvidos pelos autores mencionados, que o tridimensionalismo específico apresenta diversas formas de ramificação, revelando inclusive a presença de elementos contrastantes. Miguel Reale descreve, sinteticamente, os principais pontos contidos nas teorias tridimensionais específicas desenvolvidas pelos autores anteriormente mencionados, ressaltando parte de suas divergências: "Tal concepção cessa de apreciar fato, valor e norma como elementos separáveis da experiência jurídica e passa a concebê-los, ou como perspectivas (Sauer e Hall) ou como fatores e momentos (Reale e Recaséns) inilimináveis do direito: é o que denomino 'tridimensionalidade específica', sendo que a de Sauer apresenta mais caráter estático ou descritivo; a segunda se reveste de acentuado cunho sociológico, enquanto a minha teoria procura correlacionar dialeticamente os três elementos em uma unidade integrante, e Recaséns Siches a insere no contexto de sua concepção do *logos del razonable*"[110].

De qualquer modo, resta claro que as múltiplas formulações tridimensionais específicas relatadas têm como ponto de interseção a circunstância de conceberem a relação indissociável entre os elementos fato-valor-norma na composição da experiência jurídica, não importando neste aspecto se entendidos como objeto de analise da sociologia, filosofia ou mesmo da ciência positiva do Direito[111].

A tridimensionalidade especifica exige que os elementos componentes do Direito impliquem-se mutuamente, não podendo se abstrair um em relação aos outros, como pretende a tridimensionalidade genérica. Para o tridimensionalismo específico, os elementos fato-valor-norma não se separam na constituição da experiência jurídica, por serem dimensões essenciais de sua composição, que se exigem e se relacionam reciprocamente[112].

---

necessidades, intenta fazê-la de acordo com a realização de alguns valores específicos". (*Introducción al Estudio de Derecho*, p. 40 – tradução livre).

[110] *Teoria Tridimensional do Direito*, p. 48/49.

[111] Tais considerações são confirmadas por Miguel Reale: *"Vê-se, pois, que mesmo o tridimensionalismo específico oferece múltiplas e até mesmo contratantes formulações, de tal sorte que uma doutrina não pode se distinguir das demais pelo simples afirmar-se de uma tricotomia essencial. Inegáveis são, todavia, os pontos de contato entre essas concepções, pelos menos quanto ao propósito de não perder jamais de vista os três elementos ou fatores de que se compõem essencialmente toda e qualquer experiência jurídica, seja ela objeto de estudo por parte do jurista, do sociólogo do direito ou do jusfilósofo"*. (*Teoria Tridimensional do Direito*, p. 49).

[112] Com a maestria que lhe é peculiar, Miguel Reale ilustra claramente a concepção da experiência jurídica tida pela corrente do tridimensionalismo específico: *"o Direito é*

Deveras, a Teoria Tridimensional desenvolvida por Miguel Reale concebe a composição do Direito como sendo uma estrutura que relaciona fatos e valores em uma integração normativa, a partir de um processo dialético unitário, demonstrando a concreção e o dinamismo existentes no reconhecimento da atuação da experiência jurídica[113], como será estudado no tópico a seguir.

Porém, antes mesmo do ingresso no estudo dos conceitos pertencentes à Teoria Tridimensional do Direito de Miguel Reale, pode ser verificado abaixo o esquema encontrado em obra clássica deste autor, "Filosofia do Direito", que consiste em um breve resumo visual da pesquisa até então empreendida acerca das teorias tridimensionais.

ESQUEMA DAS TEORIAS TRIDIMENSIONAIS

Elementos constitutivos	Nota dominante	Concepções unilaterais	
Fato ⇒	Eficácia ⇒	Sociologismo jurídico	
Valor ⇒	⇓ Fundamento ⇒	Moralismo Jurídico ⇒	Tridimensionalidade genérica
Norma ⇒	⇓ Vigência ⇒	Normativismo abstrato	
	⇓ Tridimensionalidade específica		

---

um bolo com sabor necessariamente trino, sendo sempre factual, axiológico e normativo, e não um bolo em fatias, cada uma delas com propriedades próprias". (Variações sobre a Estrutura do Direito, OESP, 31 dez. 2005).

[113] A respeito da teoria tridimensional de Miguel Reale, Luiz Luisi comenta que: *"Para ele, a realidade jurídica não dividida em três aspectos, mas constitui uma única realidade capaz de ser considerada de três ângulos diversos. Fato, valor e norma são, para o jurista e pensador brasileiro, tão-somente três dimensões da mesma realidade, e a apreciação de qualquer dessas dimensões implica necessariamente, sob o ponto-de--vista transcedental, na consideração das demais, posto que estes três aspectos do cosmos jurídico não se encontram desvinculados, mas se implicam e condicionam na unidade da realidade que constituem". (Estudos em Homenagem a Miguel Reale: Filosofia Jurídica de Miguel Reale, p. 238).*

2.4. Tridimensionalismo de Miguel Reale

O grande traço distintivo da corrente tridimensional do Direito formulada por Miguel Reale[114], em relação às demais teorias tridimensionais (genérica e específica), encontra-se centrado no seu caráter concreto e dinâmico, uma vez que o vinculo de interdependência recíproca de seus elementos constitutivos (fato, valor e norma), presentes em qualquer momento da experiência jurídica, se dá sempre de maneira funcional e dialética, em razão da relação de "implicação-polaridade" existente entre fato e valor, de cuja tensão resulta a solução normativa que supera e integra os limites circunstanciais de espaço e tempo (concreção histórica do processo jurídico, numa dialética de complementaridade)[115].

No transcorrer do processo histórico-cultural das civilizações, enquanto as exigências axiológicas manifestam-se no campo da experiência de múltiplas formas, comportando enorme diversidade de sentidos, as circunstâncias fáticas são alteradas com maior ou menor grau de intensidade e extensão em correspondência com o espaço social em que o Direito é vivenciado.

Entre esta gama de ocorrências fáticas e o emaranhado de condicionantes axiológicas dispostos no ambiente cultural presencia-se uma constante tensão dialética, reclamando a pacificação jurídica de tais conflitos, momento este representado pela solução resultante da norma. Constata-se

---

[114] Miguel Reale passou a reconhecer a estrutura tridimensional do Direito em sua juventude, a partir de teorias formuladas pelos juristas italianos, tais como Icilio Vanni e Del Vecchio, os quais dividiam a Filosofia do Direito em três partes. Em sua tese de concurso à cátedra de Filosofia do Direito da USP, denominada "Fundamentos do Direito", Miguel Reale já entendia que o Direito não era apenas norma, como pretendia Kelsen e os demais normativistas; nem apenas fato, como queriam marxistas e economista; não é só valor, conforme as teorias ligadas ao Direito Natural, pois, para ele, o fenômeno jurídico deveria ser concebido simultaneamente como norma, fato e valor. Nas suas obras "Direito como Experiência" e "Teoria Tridimensional do Direito", Miguel Reale passa a aprimorar sua teoria, com a utilização de conceitos oriundos do pensamento fenomenológico de Husserl e o desenvolvimento das linhas gerais de sua dialética de complementaridade, elemento fundamental para compreensão da Teoria Tridimensional do Direito. Com tal pensamento, Miguel Reale passa a apresentar uma teoria em que os elementos constitutivos da experiência jurídica (fato-valor-norma) se correlacionam e se integram em um processo de cunho dialético manifestado no curso da história e distinto da concepção estática pregada pela tridimensionalidade genérica.

[115] Miguel Reale, *Teoria Tridimensional do Direito: Situação Atual*, p. 57.

[116] Maria Helena Diniz, *Compendio de Introdução à Ciência do Direito*, p. 141.

que fato e valor, como partes integrantes da experiência jurídica, encontram-se em permanente relação de atração polar, vez que fato tende a realizar o valor, mediante o equilíbrio dado pelo momento normativo[116].

Dessa forma, a idéia de norma jurídica esta diretamente ligada a de composição ou mesmo de paralisação temporária da tensão que relaciona e contrapõe um complexo de fatos a certas condicionantes valorativas, em um dado momento histórico-cultural, como bem salienta Tércio Sampaio Ferrraz Júnior, ao deduzir que:

> *"se o direito é posto prevalentemente como norma, esta não pode deixar de ser considerada com uma solução ou composição tensional que, no âmbito de certa conjuntura histórico-social, é possível atingir-se entre 'exigências axiológicas' e um 'dado complexo de fatos', isto é, 'todas as condições, circunstâncias e realidades já existentes no ato em que a norma surge'"*[117].

Verifica-se que fato e valor se encontram em constante processo de tensão polar, na medida em que os valores dispostos no campo da experiência social buscam objetivar-se nos fatos por intermédio das ações humanas, tendo a norma jurídica como finalidade selecionar e reunir parcela dos mencionados elementos em sua composição estrutural, para prospectá-los ao futuro como modelos operacionais de condutas possíveis perante certa comunidade.

Neste processo de interação concreto e dinâmico, fato, valor e norma se implicam e se exigem mutuamente, por meio de um processo dialético, onde a referência conjunta e recíproca entre tais dimensões da experiência jurídica permite a plena extração de sentido do Direito, para alcançar adequadamente os comportamentos no meio social que pretende tutelar.

Desde o momento de criação da norma jurídica até a sua etapa de aplicação, se confere a integração contínua e dialética de fatos segundo uma ordem de valores concebida historicamente, de tal modo que a experiência jurídica se apresenta sempre marcada pelo dinamismo de sua estrutura tridimensional[118].

---

[117] *Direito Constitucional: Liberdade de Fumar, Privacidade, Estado, Direitos Humanos e Outros Ensaios*, p. 525.

[118] A relação concreta e dinâmica dos elementos componentes da estrutura tridimensional do direito é retratada por Miguel Reale: *"o termo 'tridimensional' só pode*

Assim, as relações de irredutibilidade (polaridade) e a exigência recíproca (implicação) entre fato e valor, ao revelarem a tensão dialética existente entre tais dimensões, encontram seu produto final no equacionamento que lhes é atribuído pela norma, caracterizando o momento de realização da experiência jurídica.

Por derradeiro, pode-se asseverar que o tridimensionalismo concreto e dinâmico de Miguel Reale, enraizado nas idéias da corrente do culturalismo jurídico, permite ao cientista do Direito uma visão peculiar e integral para compreensão deste fenômeno, por meio da composição em unidade funcional e dialética de seus três elementos constitutivos: fato, norma e valor[119], encampando, assim, os problemas que envolvem a validade, eficácia e vigência[120].

---

ser compreendido rigorosamente como traduzindo um processo dialético, no qual o elemento normativo integra em si e supera a correlação fático-axiológica, podendo a norma, por sua vez, converter-se em fato, em um ulterior momento do processo, mas somente com referência e em função de uma nova integração normativa determinada por novas exigências axiológicas e novas intercorrencias fáticas". (Miguel Reale, *Teoria Tridimensional do Direito*, p. 77). Assim, o estudo do fenômeno jurídico deve considerar a correlação existente entre seus três elementos (fato-valor-norma), evitando, assim, possíveis setorizações que prejudiquem sua visão integral, seja ele objeto de analise pelo jurista, pelo jusfilósofo ou pelo sociólogo, mudando apenas o enfoque do tema, ou seja, *"que o jurista examina a norma jurídica em função do fato e do valor; o sociólogo, o fato social em função dos dois outros fatores; e o filósofo do Direito, o valor tendo em vista o fato e a norma".* (Miguel Reale, *Filosofia e Teoria Política: Ensaios*, p. 49).

[119] No dizer de Tércio Sampaio Ferraz Júnior, Miguel Reale *"propõe para a ciência jurídica, nos termos do culturalismo, uma metodologia própria, de caráter dialético, capaz de dar ao teórico do direito os instrumentos de analise integral do fenômeno jurídico, visto como unidade sintética de três dimensões básicas: a normativa, a fática e a valorativa".* (*A Ciência do Direito*, p. 38). Ainda sobre a teoria tridimensional elaborada por Miguel Reale, os comentários de Luís Alberto Warat e Albano Marcos Bastos Pêpe: *"As correntes do direito natural, do positivismo jurídico e do realismo jurídico poderiam ser vistas como propostas filosóficas reducionistas, na medida em que cada uma delas privilegia uma das funções da Filosofia do Direito em detrimento das demais. Assim, o jusnaturalismo mostra preocupações predominantemente deontológicas, o positivismo jurídico preocupações ontológicas e o realismo jurídico preocupações fenomenológicas. Existem, contudo, algumas tentativas de integrar as três funções, como revelada por um dos maiores expoentes brasileiros da Filosofia do Direito, o professor Miguel Reale, que, em sua teoria tridimensional, tenta desenvolver uma teoria integrada das normas, dos fatos e dos valores".* (*Filosofia do Direito: Uma Introdução Crítica*, p. 45).

[120] Nos termos da Teoria Tridimensional do Direito de Miguel Reale, a norma jurídica, devidamente estruturada, deve preencher ainda seus requisitos de validez, os quais correspondem aos planos da experiência jurídica: normativo, em que se discute a

Analisado em linhas gerais os pressupostos básicos da Teoria Tridimensional do Direito de Miguel Reale, investiga-se a partir de agora os conceitos essenciais para sua devida compreensão, especialmente, o conteúdo da dialética de complementaridade e o desenvolvimento da nomogênese jurídica, com o estudo complementar das fontes do direito, dos modelos jurídicos e dos princípios gerais do direito, categorias estas de extrema valia para a pesquisa do valor solidariedade social, observado na estrutura tridimensional do sistema normativo tributário vigente.

2.4.1. *Dialética de Complementaridade*

Partindo da perspectiva ontognoseológica da experiência jurídica, pode-se apreender o caráter dialético complementar da Teoria Tridimensional do Direito desenvolvida por Miguel Reale, na medida em que no plano do conhecimento existe uma correlação transcendental subjetivo-objetivo, que não autoriza a redução do sujeito ao objeto, ou mesmo do fato ao valor ou vice-versa, mas sim uma constante relação de complementaridade, de correlação permanente e progressiva entre estes termos, os quais não se podem compreender separados uns dos outros, sendo ao mesmo tempo irredutíveis uns aos outros, para obter em unidades concretas a plenitude de seus significados e, simultaneamente, permitir a abertura contínua para novas possibilidades de síntese diante da realidade[121].

Convém alertar que a dialética de complementaridade proposta por Miguel Reale não pode ser confundida com a dialética hegeliana ou

---

validade formal ou técnico-jurídica (vigência); fático, relativo à validade social (eficácia ou efetividade); e o axiológico, seara pertinente a validade ética (fundamento). Para atender aos pressupostos de validade formal, a norma jurídica deve ser emanada pelo órgão competente, obedecendo a todos os ritos do procedimento previsto pelo sistema positivado para sua criação. Já, o plano da eficácia, de conteúdo essencialmente empírico, busca os efeitos sociais produzidos pela norma jurídica em seu cumprimento, para verificar sua correspondência com os interesses da coletividade. E, na validade ética, perquirir-se o fundamento da norma jurídica, o valor ou fim por ela objetivado. Sintetizando as idéias anteriores, Miguel Reale diz que: *"a validade está simultaneamente na vigência, ou obrigatoriedade formal dos preceitos jurídicos; na eficácia, ou efetiva correspondência dos comportamentos sociais ao seu conteúdo, e no fundamento, ou valores capazes de legitimar a experiência jurídica numa sociedade de homens livres"*. (*Lições Preliminares de Direito*, p. 116).

[121] Miguel Reale, *Teoria Tridimensional do Direito*, p. 73.

marxista dos opostos[122], que tratam de elementos contrários que se contrapõem e se conciliam progressivamente em um termo geral, por intermédio de uma estrutura tríplice constituída por teses, antíteses e sínteses, com o seguinte mecanismo funcional: a partir da contraposição entre tese e antítese surge como elemento de superação a síntese[123].

De outro lado, na dialética de complementaridade realeana, diferentemente do modelo hegeliano ou marxista, se exclui a possibilidade de composição entre elementos contraditórios, para, a partir do estabelecimento de sínteses abertas, compreender o processo histórico-cultural como correlação contínua entre fatores opostos que mutuamente se implicam e se complementam, mantendo-se distintos, sem se reduzir um ao outro para possibilitar a realização de novas sínteses.

No dizer do próprio Miguel Reale:

"somente a dialética de complementaridade, com vigência crescente no pensamento contemporâneo, logra explicar a correlação existente entre fenômenos que se sucedem no tempo, em função de elementos e valores que ora contrapostamente se polarizam, ora mutuamente se implicam, ora se ligam segundo certos esquemas ou perspectivas conjunturais, em função de variáveis circunstancias de lugar e de tempo"[124].

O transporte do modelo dialético de complementaridade para o plano jurídico, que se insere nas modalidades de experiência histórico-cultural

---

[122] Acerca da dialética hegeliana, Miguel Reale afirma que: *"Na história da dialética sobressai o modelo de Hegel, segundo o qual tudo o que existe não é senão expressão do processo dialético da Idéia, termo este empregado pelo filósofo em sentido ao mesmo tempo lógico e axiológico (segundo ele, Ser e Dever Ser se identificam) para indicar o fundamento transcendental do existente. Por outro lado, o grande pensador apresenta o desenvolvimento da Idéia como uma série sucessiva de conciliações entre opostos, tanto de contrários como contraditórios, os quais se compõem em identidade, ponto de partida para o superamento de novas contradições que não se sabe como possam emergir do que já se tornara idêntico"*. (Fontes e Modelos do Direito: Para um novo paradigma hermenêutico, p. 79/80).

[123] Ainda sobre o tema que envolve a distinção entre a dialética hegeliana ou marxista, Miguel Reale diz que: *"Na dialética de complementaridade, dá-se a implicação dos opostos na medida em que desoculta e se revela a aparência da contradição, sem que com este desocultamento os termos cessem de ser contrários, cada qual idêntico a si mesmo e ambos em mútua e necessária correlação"*. (Teoria Tridimensional do Direito, 72).

[124] *Fontes e Modelos do Direito: Para um novo paradigma hermenêutico*, p. 80.

das civilizações[125], permite a compreensão de sua estrutura tridimensional, na qual se tem a norma como elemento integrante, unidade concreta que resulta da correlação de implicação polar entre fato e valor.

Desdobrando a afirmação anterior, vê-se que a estrutura tridimensional da experiência jurídica deve ser visualizada dinamicamente, concebendo-se o movimento dialético de implicação-polaridade entre fato e valor, que, a partir da oposição existente em tal relação de exigência mutua e de irredutibilidade recíproca, obtém-se ao final a determinação do modelo normativo (concreção histórica da experiência jurídica por meio da dialética de complementaridade)[126].

A natureza dialética presente nos elementos constitutivos da experiência jurídica desenrola-se no âmbito do processo histórico-cultural das civilizações, tomando por base "contrastes ou oposições que ocorrem entre aquilo que já se conquistou e aquilo que se deseja conquistar, entre 'o que se tem' e 'o que se quer ter', entre a realidade e o ideal, o fato e o valor"[127], para denotar, novamente, o enfoque ontognoseológico constante em toda experiência existencial humana.

---

[125] A compreensão do Direito, como modalidade de experiência histórico-cultural, implica no reconhecimento de sua realidade essencialmente dialética, a qual, segundo Miguel Reale: *"não é concebível senão como processos, cujos elementos ou momentos constitutivos são fato, valor e norma, a que dou o nome de 'dimensão' em sentido, evidentemente, filosófico, e não físico-matemático"*. (*Teoria Tridimensional do Direito*, p. 75). Em idêntico sentido, Antonio Paim: *"O método histórico-axiológico é dialético. O espírito atua constituindo valores positivos e negativos, em tensão perene, sem que jamais um elemento se resolva no oposto. Os fatos culturais têm o caráter de polaridade e implicação. A captação de seu sentido exige processo de igual natureza"*. (*História das Idéias Filosóficas no Brasil*, p. 426).

[126] O aspecto dinâmico e convergente de integração dos elementos constitutivos da experiência jurídica permite o estabelecimento de três ordens de dialética, definidas de acordo com o sentido dominante no processo, a saber:

fato → valor → norma
norma → valor → fato
norma → fato → valor

Na primeira hipótese, tem-se a busca da interpretação e aplicação da norma, em que se situa a Ciência do Direito, na tentativa de atingir a norma. Em seguida, tem-se o conhecimento do Direito como fato social, ou seja, partindo da norma para o valor e ao fato, seara que concerne à Sociologia do Direito. E, por ultimo, o objeto de estudo da Filosofia do Direito, que vai do fato à norma para alcançar o valor.

[127] Miguel Reale, *Horizontes do Direito e da História*, p. 311.

2.4.2. *Nomogênese Jurídica*

Compreendida a experiência jurídica nos quadrantes do processo histórico-cultural das civilizações, não há como escapar à afirmação de que somente o ser humano é o único ente que "é enquanto deve ser", que possui poder de síntese como forma de expressão da liberdade de seu espírito aberto para ações futuras, o qual atua perante a realidade empírica, transformando-a em função de certos propósitos[128], praticando atos valiosos para si e para os outros, tendo em vista a circunstancia de viver necessariamente em comunidade, em conjunto com seus semelhantes, estabelecendo relações que possibilitem a coexistência harmônica.

E, ao manifestar seu poder de síntese perante a realidade dada, construindo o mundo das intencionalidades objetivadas, com a formação de bens culturais, o ser humano se vale para proteção dos bens que já objetivou e dos bens que pretende objetivar, os quais são necessários, não apenas do ponto de vista utilitário e pragmático, mas também para atendimento de certos fins éticos, obedecendo às exigências espirituais da harmonia, onde se pode situar a experiência jurídica, graças a qual se procura superar as eventuais particularizações conflitantes das condutas humanas[129].

Desse modo, entende-se que se faz necessário condicionar as ações humanas para o alcance de determinadas finalidades, por meio da configuração de certos modelos jurídicos, afastando possíveis relativizações axiológicas que impliquem em situações de conflito e preservando, subjetivamente, não somente o poder de liberdade e de síntese do ser humano, compreendido aqui em termos de pessoa humana como valor fonte que fundamenta a ordem jurídica[130], mas também, em caráter

---

[128] A relação entre fenômeno jurídico e a finalidade buscada na ação humana é retratada por Miguel Reale da seguinte forma: *"Não é possível que se realize, por exemplo, um contrato, sem que algo mova os homens à ação. Quem contrata é impelido pela satisfação de um valor ou de um interesse, por um objetivo a atingir, por um fim qualquer que constitui o ato, dando-lhe vida e significado como razão de seu dever ser"*. (*Filosofia do Direito*, p. 544).

[129] *Teoria Tridimensional do Direito*, p. 84/85.

[130] Ao comentar a relevância do valor da pessoa humana para estruturação da ordem jurídica, Celso Lafer leciona que: *"o processo de objetivação histórica que, de acordo com Miguel Reale, levou a uma conquista axiológica: a do reconhecimento do valor da pessoa humana enquanto 'valor-fonte' de todos os valores sociais e, destarte, o fundamento último da ordem jurídica, tal como formulado seja pela tradição do jusnaturalismo*

objetivo, a realidade jurídica em si, a partir de manifestações congruentes com seus próprios critérios de validez.

Nesse passo, se valendo de seu poder espiritual de síntese, o ser humano, por meio de um ato decisório de Poder, interfere com a manifestação de sua vontade na ordenação de meios e fins, tendentes a seleção racional de ações contidas no plano da experiência social em função de certas condicionantes axiológicas para obter o correspondente momento normativo da conduta.

Em outros termos, o processo de concepção da normatividade jurídica, permeado por ato decisório de Poder, revela-se, ao mesmo tempo, axiológico e teleológico, determinando a estruturação do aparato formal que possibilita ao ser humano, perante o contexto social em que se encontra imerso, a escolha entre a ação direcionada à preservação de um valor considerado positivo ou voltada para repulsa de um valor tido como negativo.

Como desdobramento contínuo do raciocínio, tem-se que as normas jurídicas são recolhidas racionalmente na realidade do plano social, no campo da experiência existencial humana por decisão de autoridade municiada de garantia específica (legislativo, judicante, ou o poder difuso na sociedade ou da autonomia da vontade), para determinar os fatos a serem tutelados e os respectivos valores (positivos, que se pretende consagrar, e negativos, que devem ser impedidos).

Ora, o processo nomogenético de composição das normas jurídicas encontra-se envolto por uma série de circunstancias entrelaçadas que provocam um complexo de valorações no desenrolar da experiência histórico-cultural de certa comunidade, as quais atuam decisivamente na determinação da decisão de Poder que seleciona os substratos fáticos componentes das hipóteses normativas e estabelece suas respectivas conseqüências jurídicas.

Existe, assim, um complexo de fins e valorações, de motivos ideológicos (diversidade de pontos de vista programáticos ou doutrinários, assim como divergência ou conflito de interesses de indivíduos, grupos e classes sociais) que atuam decisivamente no condicionamento da decisão do legislador ou de autoridade devidamente reconhecida, cuja opção

---

moderno, seja pela deontologia, no âmbito do paradigma da Filosofia do Direito". (*A Reconstrução dos Direitos Humanos: Um Diálogo com o Pensamento de Hannah Arendt*, p. 118).

final assinala o momento em que uma destas proposições se converte em norma jurídica, encontrando-se devidamente amparada pelo sistema de Direito[131].

Portanto, entre a diversidade de condicionantes axiológicas que se desdobram perante os fatos contidos no mundo da experiência social humana, reproduz-se uma série possível de proposições normativas, que servem de opção para a criação da norma jurídica, que se dá por intermédio do processo de seletivo a ser empreendido em atos decisórios do Poder.

Nos ensinamentos de Miguel Reale, o processo nomogenético da norma jurídica deve ser comparado à "imagem de um raio luminoso", no qual se verificam diversos impulsos e exigências axiológicas que, ao se projetarem sobre o "prisma" relacionado aos componentes de fatos (sociais, econômicos, políticos, técnicos, entre outros), se "refratam" em um leque de normas possíveis e, em razão da interferência do Poder, alcança-se apenas uma norma para ser inserida na realidade pertencente ao plano jurídico[132].

Outra vez, comprova-se que a origem da norma jurídica se desenvolve, então, na relação dialética de complementaridade existente entre fato e valor, representando a etapa final deste processo, mediante o qual o fato é axiologicamente recortado do plano social, ao ser selecionado por um ato de Poder, para compor o arcabouço estrutural do mundo jurídico, influenciando o direcionamento das condutas humanas ao alcance de metas a serem atingidas no campo da realidade social para preservação da vida comum, o que leva a concepção de normas jurídicas em termos de modelos operacionais, que, não configurando esquemas ideais, a normatividade abstrata que eles expressam se articula em 'fatos' e 'valores', aferidos entre dados presentes na experiência – seletividade –, tendo por objetivo a determinação de um tipo de comportamento possível e também necessário à sobrevivência do sistema[133].

Em suma, tem-se que o processo de gênese da norma jurídica compreende o direito como experiência, pois encontra valores a serem consagrados, que, ao se projetarem em determinados fatos da vida social,

---

[131] Miguel Reale, *Filosofia do Direito*, p. 553.
[132] *Ibidem*.
[133] Tércio Sampaio Ferraz Júnior, *Direito Constitucional: Liberdade de Fumar, Privacidade, Estado, Direitos Humanos e Outros Ensaios*, p. 525.

estabelecem um complexo de proposições normativas possíveis, entre as quais apenas uma será eleita pela interferência de ato de decisão do Poder, para ser convertida em norma jurídica.

2.4.2.1. Dialeticidade e Nomogênese Jurídica

O fenômeno jurídico, ao se encontrar imerso nos desdobramentos da vida humana[134], ou seja, no processo existencial do individuo e da própria comunidade, que representam a maneira pela qual interagimos com o plano da realidade, se caracterizando por múltiplas contingências e complexidades, que atingem de modo impactante história, valores e demais fatores que influenciam e alteram diretamente o caminhar das civilizações em suas experiências sociais, apresenta-se marcado pelo atributo da mutabilidade.

Alcançada a síntese atribuída pela solução normativa, por meio da composição dialética complementar da tensão que relaciona e contrapõe fatos a valores, e vice-versa, resta configurado momento de estabilidade, do equilíbrio social permitido pela própria experiência jurídica para coexistência harmônica, que, em virtude das intempéries da vida humana, na qual pretende atuar, acaba sendo sempre relativo e instável.

Concebida, então, a norma jurídica, a relatividade e instabilidade pertinente a seu equilíbrio social faz com se sujeite a possíveis modificações de cunho semântico provenientes de suas dimensões fáticas (vinculados a circunstancias de caráter cientifico ou tecnológico ou mesmo situações espontâneas) ou axiológicas (experimentada na tabua de valores atuantes em dado momento histórico-cultural), até que seja necessária sua revogação.

Estas possíveis alterações da experiência jurídica, que se operam no plano dos valores ou dos fatos, são exercidas, por excelência, no âmbito de interpretação e aplicação das normas jurídicas, sem que, em tais casos, lhes sejam impostas quaisquer mudanças gramaticais ou literais, que concernem ao campo de estruturação formal do sistema normativo.

---

[134] Sobre a relação entre a experiência jurídica e a vida social, Miguel Reale aduz que: *"quando um complexo de valores existenciais incide sobre determinadas situações de fato, dando origem a modelos normativos, estes, apesar de sua forma imanente, não se desvinculam do 'mundo da vida' que condiciona sempre a experiência jurídica"*. (*Direito Natural/Direito Positivo*, p. 56).

Com tais afirmações, depara-se com o objeto de interesse da semântica jurídica que deve ser compreendida como teoria relativa ao estudo das modificações exercidas nos conteúdos significativos, no sentido das normas de direito decorrentes de exigência fático-axiológicas, as quais independem da inalterabilidade dos enunciados formais[135].

O processo normativo concreto, que culmina com a possibilidade de modificações semânticas derivadas das tarefas de interpretação e aplicação da norma jurídica, pode ser representado da seguinte forma:

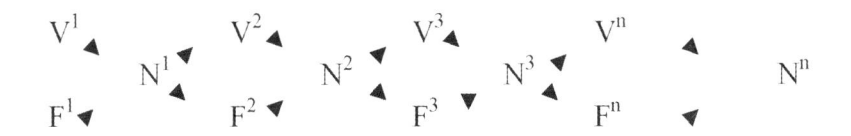

$$V^1 \quad V^2 \quad V^3 \quad V^n$$
$$N^1 \quad N^2 \quad N^3 \quad N^n$$
$$F^1 \quad F^2 \quad F^3 \quad F^n$$

Desse modo, entende-se que a norma jurídica guarda determinado campo de elasticidade semântica, essencial para que o Direito cumpra adequadamente suas finalidades, alcançando, inclusive, as transformações ocorridas no plano da experiência social, ao permitir, com o transcorrer do tempo, o advento, em relação ao seu conteúdo, de novas possibilidades de interpretações.

Alerte-se que as interpretações de conteúdo expansivo (ou elástico) do significado da norma jurídica encontram suas fronteiras no ato que culmina na sua substituição. Transpassar o limite de compatibilidade da elasticidade semântica equivale ao momento de revogação da norma jurídica pela perda de sua correspondência com os interesses decorrentes da experiência social e, assim, abrir espaço para o nascimento de nova "solução normativa", ou seja, quando chega a um certo momento em que a elasticidade não resiste e se rompe, a norma deve ser substituída[136].

Diante das considerações anteriores, constata-se, novamente, a estrutura tridimensional constitutiva da experiência jurídica, na medida em que fatos e valores, ao se dialetizarem de modo complementar, atuam decisivamente na composição da norma jurídica, possibilitando, por meio de relações concretas de interpretações e aplicações, modificações em seu conteúdo semântico.

---

[135] Miguel Reale, *Direito Natural/Direito Positivo*, p. 56.
[136] *Teoria Tridimensional do Direito: Situação Atual*, p. 127.

2.4.2.2. Fontes de Direito

As fontes do direito compreendem os processos ou meios em virtude dos quais as normas jurídicas efetivamente se objetivam perante o plano da experiência jurídica, para adquirirem legitimamente obrigatoriedade (vigência e eficácia)[137], a fim de tutelar determinadas categorias de comportamentos possíveis ou disporem sobre âmbitos de competências[138].

Nestes termos, não tem razão de ser a distinção efetuada entre fontes formal e material do direito, a qual tem causado uma série de equívocos para o desenvolvimento da Ciência Jurídica, cabendo a esta tão-somente o estudar o que foi de fato processado e formalizado pelo ordenamento jurídico, isto é, positivado numa lei, num costume, numa sentença, ou num contrato, que são as quatro fontes por excelência do Direito[139].

Desta feita, o tema que envolve as fontes de direito circunscreve-se apenas ao seu aspecto formal, ou seja, os modos pelos quais o direito se manifesta diante do plano da experiência social (legislação, costume, jurisprudência, negócios jurídicos), devendo ser retirado de seu campo de pesquisa os fatores que interferem na formação do conteúdo das normas jurídicas (fonte material[140]), tais como os motivos éticos, políticos, econômicos, sociológicos, entre outros tantos que condicionam seu aparecimento.

---

[137] Miguel Reale entende que uma fonte de direito *"representa sempre uma estrutura normativa que processa e formaliza, conferindo-lhes validade objetiva, determinadas diretrizes de conduta (em se tratando de relações privadas) ou determinadas esferas de competência, em se tratando sobretudo de Direito Público"*. (*Fontes e Modelos do Direito: Para um novo paradigma hermenêutico*, p. 02).

[138] Releva destacar que, em relação ao seu conteúdo, as fontes de direito estão autorizada a produzir normas jurídicas de competência ou de comportamento. As normas de competência referem-se à estruturação e funcionamento do Estado, distribuindo poder entre suas distintas entidades, bem como determinando o processo de instituição, alteração e aplicação de outras normas. Por outro lado, as normas de comportamento têm como finalidade imediata regrar classes de comportamentos possíveis de membros ou grupos inseridos na comunidade.

[139] Miguel Reale, *Fontes e Modelos do Direito: Para um novo paradigma hermenêutico*, p. 12.

[140] A doutrina tem entendido por fonte material o estudo filosófico de elementos lógicos, éticos ou mesmo factuais que contribuem para tomada de decisão pelo poder no momento de positivação das reais fontes do direito: *"o que se costuma indicar com a expressão 'fonte material' não é outra coisa senão o estudo filosófico ou sociológico dos motivos éticos ou dos fatos econômicos que condicionam o aparecimento e as transformações das regras de direito"*. (Miguel Reale, *Lições Preliminares de Direito*, p. 140).

Dentro de tal perspectiva, em que se considera o conceito de fonte de direito como modo de produção de regras obrigatórias, o poder surge como seu elemento essencial e consubstancial, na medida em que o processo nomogenético do Direito depende de um centro propulsor de poder para, perante um conjunto de fatos e valores, selecionar, por atos decisórios, aqueles que passarão a compor a estrutura das normas jurídicas[141].

Outra conseqüência desta relação entre fontes de direito e poder, pode ser constatada na existência de um *numeru clausus* de fontes do direito, as quais são estabelecidas em consonância com as formas de manifestação do poder de decisão no plano da experiência, ou seja, as fontes de direito se diversificam em tantas modalidades ou tipos quantas são as formas do poder de decidir contidas na realidade social[142].

Ademais, insta salientar que prevalecia o entendimento segundo o qual as fontes de direito possuiriam caráter retrospectivo, por se confundir com o próprio poder do qual se originavam as normas, de tal sorte que a lei, por ser manifestação emanada pelo Poder Legislativo, deveria ser interpretada de acordo com a intenção do legislador, de maneira tal que o conteúdo da fonte ficava vinculado ao seu processo de instauração, prevalecendo a intenção ou o objetivo do enunciante (*voluntas legislatoris*) sobre o que era enunciado objetivamente como conteúdo da fonte mesma[143].

---

[141] Miguel Reale, *Fontes e Modelos do Direito: Para um novo paradigma hermenêutico*, p. 12.

[142] Miguel Reale, *Ob. Cit.*, p. 12. Miguel Reale descreve as fontes de direito existentes em correspondência com as manifestações de poder relata do seguinte modo: *"a legal, resultante do poder estatal de legislar editando leis e seus corolários normativos; a consuetudinária, expressão do poder social inerente à vida coletiva e revelada através de sucessivas e constantes formas de comportamento; a jurisdicional, que se vincula ao Poder Judiciário, expressando-se através de sentenças de vários graus e extensão; e, finalmente, a fonte negocial, ligada ao poder que tem a vontade humana de instaurar vínculos reguladores do pactuado com outrem"*. (*Fontes e Modelos do Direito: Para um novo paradigma hermenêutico*, p. 12.).

[143] Miguel Reale, *Fontes e Modelos do Direito: Para um novo paradigma hermenêutico*, p. 24. A primeira teoria sobre o estudo das fontes do direito foi desenvolvida por Savigny, responsável por sua concepção retrospectiva, consagrando a interpretação da norma jurídica conforme a vontade do legislador, como afirma Tércio Sampaio Ferraz, ao sintetizar o teor de tal pensamento: *"a concepção de que o texto de lei era expressão de mens legislatoris leva Savigny a afirmar que interpretar é compreender o pensamento do legislador manifestado no texto da lei. De outro lado, porém, enfatiza ele a existência fundante dos 'institutos de direito' (Rechtsinstitute) que expressam 'relações vitais' responsáveis pelo sistema jurídico como um todo orgânico, um conjunto vivo em*

Ocorre que a fonte de direito deve a ser compreendida de forma prospectiva, tendo em vista que seu conteúdo volta-se para atos futuros de aplicação das estruturas jurídico-normativas, terminantemente, ligados aos imperativos da liberdade e, portanto, desvinculados da *voluntas legislatoris*, ainda que não se deva perder de vista os valores retrospectivos, que devidamente recolhidos em sintonia com condicionantes histórico-sociais determinaram sua instituição.

Considerar a fonte de direito, inserta em sua concepção prospectiva como fator de constituição da experiência jurídica direcionada para previsão de uma categoria de eventuais atos futuros, significa destacar sua imanente capacidade de inovação, ou seja, de inserir novas disposições de conteúdo obrigatório a um sistema jurídico preexistente, para atender seus pressupostos de abertura e flexibilidade, que devem se compatibilizar com os ideais de segurança e certeza, correspondendo, assim, às exigências decorrentes do campo da experiência social[144].

2.4.2.3. *Modelos Jurídicos*

A atuação das fontes de direito, com os seus atributos de coercibilidade derivados da interferência decisiva dos atos de poder, possibilita a modelagem jurídica da experiência social ao longo do processo histórico-cultural, que se renova, continuamente, em direção ao futuro, por meio da composição dialética complementar entre condicionantes axiológicas e ocorrências fáticas.

Deveras, o desenvolvimento das fontes de direito perante o disciplinamento da realidade social vivenciada pelas civilizações não pode menosprezar os dados naturais e sim buscar o verdadeiro teor das ma-

---

constante movimento. Daí a idéia de que seria a convicção comum do povo (Volksgeist) o elemento primordial para interpretação das normas". (Introdução ao Estudo do Direito, p. 265).

[144] Miguel Reale é preciso ao ensinar que: *"a teoria das fontes não pode ser fixada a partir de uma visão retrospectiva baseada em valores de antemão definitivamente assentes – o que leva a privilegiar modelos jurídicos cerrados –, devendo-se, ao contrário, procurar compor em unidade dialética e sincrônica os imperativos de ordem, da liberdade, da certeza e da segurança, como valores-meio na realização do valor-fim por excelência que é o da Justiça". (Fontes e Modelos do Direito: Para um novo paradigma hermenêutico*, p. 28).

nifestações concretas da experiência existencial humana, para permitir o advento de uma ampla gama de modelos normativos condizentes com as diferentes estruturas sociais e históricas a serem tuteladas[145].

No entender de Miguel Reale, os modelos jurídicos correspondem a estruturas normativas, construídas para serem dotadas de repertório deôntico completo, com o qual se prevê uma classe de comportamentos possíveis, estabelecendo-se, concomitantemente, sanções penais ou premiais para garantia do que foi normativamente prescrito[146].

Importa lembrar que as estruturas sociais possuem disposição categoricamente axiológica, na medida em que representam uma ordenação de elementos interdependentes para consecução de propósitos, para serem atingidas certas finalidades. E quando uma estrutura se propõe a atribuir sentido a determinados aspectos presentes na experiência social, para adquirir valor de paradigma, especialmente, em relação às modalidades de ação humana, perante as quais se coloca como padrão ou razão de comportamentos futuros, passa a assumir características de estrutura normativa, ou seja, de modelo social (político, jurídico, etc.)[147].

Considerados como estruturas fático-axiológico-normativas, direcionados a fixação de padrões de comportamentos possíveis, os modelos jurídicos se correspondem com o plano da realidade concreta, achando-se "imersos na práxis social, na *Lebenswelt*, assim, como desta não se libertam também os legisladores (*lato sensu*), os advogados e os juízes, isto é, os que elaboram os modelos jurídicos e os que com eles operam"[148].

Nesse passo, os modelos jurídicos são obtidos a partir do próprio processo nomogenético da experiência jurídica, segundo o qual fatos e valores se integram dialeticamente para obter a estabilidade, equaciona-

---

[145] Sobre a relação entre a realidade social e os modelos jurídicos, Miguel Reale compreende que *"as estruturas normativas, que constituem o Direito Objetivo, não são meras formas lógicas vazias, mas formas de uma experiência concreta, cujas linhas dominantes ou essenciais foram abstraídas da realidade social para operar como instrumento de disciplina social, isto é, como 'modelos jurídicos'"*. (*Lições Preliminares de Direito*, p. 187/188). Basta lembrar que os valores dispostos no plano da experiência social possibilitam a atribuição de força cogente a certos fatos, quando interagem para ditar o caminho a ser seguido na construção do fenômeno jurídico, de modo que o Direito deve ser moldado levando-se em consideração as ocorrências havidas no desenrolar da realidade concreta e a ordenação axiológica que nela se encontra presente.

[146] Miguel Reale, *Horizontes do Direito e da História*, p. 312.

[147] Miguel Reale, *Teoria Tridimensional do Direito: Situação Atual*, p. 108.

[148] Miguel Reale, *Nova Fase do Direito Moderno*, p. 165.

mento social representado por um ato decisório de poder, consubstanciado na solução normativa alcançada em um determinado momento histórico.

Isto não significa dizer que as normas jurídicas confundem-se com os modelos jurídicos, pois estes representam especificações ou tipificações das normas jurídicas. Um modelo jurídico pode "coincidir, às vezes, com uma única norma de direito, quando esta já surge como estrutura, denotando e conotando, em sua formulação, uma pluridiversidade de elementos entre si interligados e uma unidade lógica de sentido, mas geralmente, o modelo jurídico resulta de uma pluralidade de normas entre si articuladas compondo um todo irredutível às suas partes componentes"[149].

Certamente, pode-se encontrar em um modelo jurídico uma congregação de diferentes espécies normativas (princípios gerais de direito, leis infraconstitucionais, normas jurisdicionais etc.) para integrá-las em uma unidade lógica de significado e lhe conferir, assim, sentido deôntico completo, o que possibilita ao intérprete a apreensão dinâmica do conteúdo prescritivo das normas em sintonia com os objetivos axiológicos por elas propostos[150].

Entende-se, então, que a experiência jurídica configura-se como processo de realização e seleção de modelos normativos de organização e de comportamentos, que preservam seu conteúdo funcional e unitário para possibilitar o regramento, desde suas manifestações básicas até as mais complexas, havidas na esfera da ordem estatal e na, conseqüente, determinação de hipóteses concernentes aos direitos subjetivos.

Outro ponto de destaque refere-se a prospectividade dos modelos jurídicos, visto que, por consistirem em estruturas relacionadas a possíveis comportamentos futuros, representam, simbolicamente, os resultados a serem obtidos em um encadeamento lógico de medidas e prescrições, ordenando racionalmente meios segundo fins a serem atingidos.

O caráter prospectivo dos modelos jurídicos, assim como das fontes de direito, possibilita o acompanhamento das mutações ocorridas histo-

---

[149] *Fontes e Modelos do Direito: para um novo paradigma hermenêutico*, p. 29/30.

[150] Com extrema clareza, Tércio Sampaio Ferraz Júnior explica a composição dos modelos jurídicos a partir do agrupamento de normas: *"Existem, neste sentido, campos do comportamento humano sobre os quais incide um grupo de norma, de diferentes tipos; estas constituem um todo conexo em função do campo de incidência, o que nos permite falar, por exemplo, da família, do contrato, da sucessão, da sociedade mercantil como núcleos aglutinadores de normas às vezes extraídas de diferentes códigos e ramos do direito, mas que compõem certa unidade de regulamentação"*. (A Ciência do Direito, p. 63).

ricamente nos quadros de valores fundamentais das civilizações, vez que, por representarem previsão de determinado comportamento futuro, que se considera necessário toda vez que vier a acontecer, visam à realização deste ato, exigido em razão do bem comum, cujo valor objetivo e atualizado prevalece sobre a intenção originária do órgão que o instaurou (*voluntas legislatoris*)[151].

Por certo, a capacidade prospectiva dos modelos jurídicos revela-se na dinamicidade de sua construção que considera a norma de direito com a totalidade dos demais fatores integrantes do ordenamento envolvidos na compreensão de suas finalidades, abrindo seu direcionamento para o futuro e possibilitando sempre o encontro de novas soluções jurídicas, bem como a própria revisão das soluções tradicionais, para adequá-las às demandas fático-sociais e eventuais mutações sentidas nas escalas axiológicas.

Na teoria dos modelos de Direito, podem ser encontrados os de conteúdo essencialmente teórico, providos de força meramente indicativa ou persuasiva, onde se situam os modelos conhecidos por dogmáticos ou hermenêuticos; e os modelos de caráter eminentemente prescritivo e obrigatório, denominados modelos jurídicos propriamente ditos (*stricto sensu*).

MODELOS DO DIREITO
(estruturas normativas da experiência jurídica)
{
a) **modelos jurídicos**
(dotados de força prescritiva)

b) **modelos dogmáticos**
(dotados de força indicativa ou persuasiva)
}

A obrigatoriedade constitui, então, o traço distintivo entre os modelos dogmáticos (ou hermenêuticos) e os modelos jurídicos propriamente ditos, pois nestes ocorrem previsão prescritiva de um modo de organização do poder ou de tutela comportamental, restando predeterminadas as conseqüências advindas de sua observância ou não.

---

[151] Miguel Reale, *Estudos de Filosofia e Ciência do Direito*, p. 54/55.

Os modelos dogmáticos ou hermenêuticos, que concernem aos estudos desempenhados pela Ciência Jurídica (doutrina), têm por finalidade a simples descrição do que os modelos jurídicos significam, isoladamente ou sistematicamente no todo do ordenamento, operando, assim, como uma forma de metalinguagem[152], que abre espaço para o processo interpretativo das normas jurídicas, com vistas ao estabelecimento de seus limites funcionais diante das contingências sociais.

Desse modo, os modelos dogmáticos ou hermenêuticos não são provenientes de um ato decisório do Poder, sendo desprovidos de garantias prescritivas, por terem conteúdo meramente indicativo ou persuasivo, não podendo ser considerados como espécies de fontes do direito. Inclui-se, em tais considerações, a doutrina, o que – ressalte-se – não lhe retira a importância, já que tem como tarefa tornar clara a significação dada pelas fontes de direito aos modelos jurídicos.

Por sua vez, os modelos jurídicos propriamente ditos, dotados do atributo da prescritibilidade e, logicamente, emanados por um ato de decisão do poder correspondente a uma das espécies de fontes de direito, compreendem estruturas normativas permeadas por fatos e valores, moldurando em seus esquemas a concretude da vida social, para que a experiência jurídica possa cumprir suas finalidades básicas, consistentes na organização do poder e no direcionamento de condutas tidas por relevante para a existência comunitária.

E, levando-se em consideração a necessária atuação do poder, expresso nas fontes de direito, na configuração dos modelos jurídicos propriamente ditos ou prescritivos, podem ser encontradas as seguintes espécies: a) os modelos legais, obtidos por meio da ação de órgãos estatais, que possuem função legiferante, no caso, exercida em caráter típico compete ao Poder

---

[152] Miguel Reale, *Teoria Tridimensional do Direito*, p. 112. O objeto da Ciência do Direito volta-se ao estudo dos modelos jurídicos, que, de acordo com o magistério de Paulo de Barros Carvalho, consiste no "contexto normativo que tem por escopo ordenar o procedimento dos seres humanos, na vida comunitária". E o autor prossegue na caracterização das funções da Ciência do Direto: *"O cientista do Direito vai debruçar-se sobre o universo das normas jurídicas, observando-as, investigando-as, interpretando-as e descrevendo-as segundo determinada metodologia. Como Ciência que é, o produto de seu trabalho terá caráter descritivo, utilizando uma linguagem apta para transmitir conhecimentos, comunicar informações, dando conta de como são as normas, de que modo se relacionam, que tipo de estrutura constroem e, sobretudo, como regulam a conduta intersubjetiva. Mas, ao transmitir conhecimentos sobre a realidade jurídica o cientista emprega linguagem e compõem uma camada lingüística que é, em suma, o discurso da Ciência do Direito".* (*Curso de Direito Tributário*, p. 03).

Legislativo, dando origem às normas positivas em leis, códigos, resoluções etc.; b) os modelos jurisdicionais, provenientes da atuação típica do Poder Judiciário, do ato de julgar voltado para solução de eventuais conflitos de interesse havidos no meio social; c) os modelos consuetudinários, concebidos pela pratica reiterada de determinados comportamentos, reconhecidos como legitimo por atos anônimos de decidir, manifestados pelo poder social difuso existente na comunidade; e, finalmente, d) os modelos negociais, que possuem sua existência atrelada ao plano da autonomia das vontades, do livre arbítrio, na medida em que se manifestam na esfera de interesses privados, especialmente, através da celebração de contratos[153].

Por fim, releva inserir a teoria dos modelos jurídicos nas peculiaridades sentidas no atual momento histórico, marcado pelo advento da era da pós-modernidade, na qual a multiplicidade e heterogeneidade de valores existentes na sociedade em mudança exigem a configuração de certos meios e processos de ação, a fim de que as normas legais não sejam logo superadas pela velocidade das transformações sociais ou tecnológicas, tornando-se obsoletas, ao ponto de não alcançar a tutela adequada de comportamentos individuais e coletivos e, por conseqüência, garantir a harmonia da vida em comunidade[154].

Assim, verifica-se a necessidade de adoção de novos critérios classificatórios na concepção dos modelos jurídicos, impondo realizar a distinção entre modelos jurídicos fechados, que possuem sua temática agregada a atos particularmente caracterizados, prezando pela clareza e certeza de seus regramentos; e modelos jurídicos abertos, que regulam matérias em conformidade com classe ou gênero de comportamentos, possibilitando a elasticidade, a flexibilização de seus regramentos para surtir efeitos sobre uma grande quantidade de fatos sociais.

Os modelos jurídicos fechados revelam-se apropriados para o trato de comportamentos em que haja maior risco de ofensa a direitos fundamentais, exatamente, onde as transformações históricas fáticas e axiológicas são sentidas com enorme rapidez, sendo mais prudente recorrer a regras certas, dotadas de repertório deôntico determinado, ou seja, normas previamente estabelecidas com a devida certeza, no fundo e na forma[155].

---

[153] Miguel Reale, *Filosofia do Direito*, p. 554.
[154] Miguel Reale, *Estudos de Filosofia e Ciência do Direito*, p. 54.
[155] Miguel Reale, *Estudos de Filosofia e Ciência do Direito*, p. 55. Sobre a utilização dos modelos jurídicos fechados, Miguel Reale aduz que: *"No campo do Direito*

Já a concepção de modelos jurídicos abertos, ou também denominados de *Standards*, que resulta de uma visão panorâmica dos eventos sociais[156], permitindo uma compreensão da experiência jurídica mais próxima da social que se pretende ser tutelada, por comportarem maior elasticidade semântica, maior plasticidade em suas prescrições, se ajusta com mais facilidade às condicionantes históricas contemporâneas, pois, com a contínua aceleração das mudanças axiológicas e fático-sociais impostas pela pós-modernidade, a técnica legislativa tende a alargar as possibilidades de aplicação destes *Standards*.

Isto não significa dizer que a tipicidade do fato, própria dos modelos jurídicos fechados, seja incompatível com a sociedade em mudança na era pós-moderna, vez que tal modelo possui seu campo de atuação delimitado e que deve se compatibilizar com os modelos jurídicos abertos. O que se pretende consignar é que cada uma destas concepções de modelos jurídicos devem agir em sintonia para regrar determinados setores da vida social.

Modelos jurídicos abertos (ou *Standards*) e fechados (ou cerrados) se compõem e se complementam na construção de sentido do sistema normativo, cada um deles destinando-se a regrar com maior proximidade distintas faixas da atividade social, sem apriorismos ditando a eleição, a preferência de uns e de outros: a escolha do tipo de modelo jurídico, compreendido em termos de estrutura, brota do bojo das experiências histórico-culturais das civilizações, em razão da integração dialética de determinadas ocorrências fáticas e certas condicionantes axiológicas[157].

Penal, por exemplo, é lógico que prevaleçam modelos cerrados, prevendo-se, com clareza e certeza, os tipos de comportamento que podem legitimar a aplicação de determinado tipo de sanção". (*Estudos de Filosofia e Ciência do Direito*, p. 55).

[156] Miguel Reale, *Ob. cit.*, p. 55.

[157] Miguel Reale, *Estudos de Filosofia e Ciência do Direito*, p. 64. De qualquer modo, Miguel Reale defende que, no atual contexto histórico, há uma preferência pela escolha de modelos jurídicos abertos, aptos a alcançar com maior eficácia as contingências sociais: "A técnica do Direito vai cada vez mais se orientando no sentido de dar preferência àquilo que chamamos os 'modelos abertos', preferindo soluções normativas que comportem maior plasticidade na sua adaptação à experiência corrente. Não mais norma rígida a norma rígida como que prefigurando os casos de figuras normativas capazes de guiar aqueles que as vão aplicar num contexto de casos não previstos" (*Estudos de Filosofia e Ciência do Direito*, p. 62).

2.4.3. *Princípios Gerais de Direito*

A palavra "princípios" experimenta concretamente uma pluralidade de sentidos, em virtude de sua notável presença na vida cotidiana, significando, comumente, a origem, o ponto de partida para realização de indagações ou mesmo as razões éticas determinantes das condutas humanas. Já quando inserto na base das especulações de cunho filosófico, os princípios expressam os axiomas, os postulados fundamentais em que se fundam determinada ciência para validação de seus enunciados.

Basicamente, pode-se dizer que o termo "princípio" comporta uma acepção de natureza moral e outra de conteúdo lógico. Miguel Reale explica que a inclinação moral de "princípio" se dá quando dizemos que um indivíduo é homem de princípios, em que se emprega o vocábulo na sua acepção ética, para dizer que se trata de um homem de virtudes, de boa formação e que sempre se conduz fundado em razões morais[158]. Por outro lado, em sua concepção lógica, "princípio" deve ser compreendido como "verdades fundantes", que funcionam como pressuposto de validade para formulação de juízos lógicos acerca de determinado campo do saber da experiência concreta, possibilitando a sustentação deste sistema de conhecimento, ao atribuir consistência lógica e certeza a seus enunciados[159].

Considerados, então, em sua acepção lógica, os princípios podem ser conduzidos às seguintes categorias: a) universais ou omnivalentes, que são comuns a todos ramos do saber científico, como os de identidade

---

[158] *Filosofia do Direito*, p. 59.

[159] Para aprofundar a compreensão da acepção lógica de "princípios", deve-se lembrar que toda ciência pressupõem a formulação e a combinação coerente entre juízos, os quais estão sujeitos a um teste de validade a ser levados as últimas conseqüências pela evidência. A partir do momento em que não há mais a possibilidade de reduzirmos juízos a seus fundamentos por força da evidência, que impõe a certeza a busca empreendida pelo espírito, pode-se considerar atingido o campo próprio dos princípios. E, para esclarecer a relação entre os princípios e determinado domínio científico, Miguel Reale, com muita propriedade, faz a seguinte analogia: *"Um edifício tem sempre suas vigas mestras, suas colunas primeiras, que são o ponto de referencia e, ao mesmo tempo, elementos que dão unidade ao todo. Uma ciência é como um grande edifício que possui também colunas mestras. A tais elementos básicos, que servem de apoio lógico ao edifício científico, é que chamamos de princípios, havendo entre eles diferenças de destinação e de índices, na estrutura geral do conhecimento humano".* (*Filosofia do Direito*, p. 61). Desse modo, resta clara, novamente, a afirmação de que os princípios representam os alicerces de um dado sistema de conhecimento, servindo como base para formulação de seus enunciados.

("o ser é idêntico a si mesmo), de razão suficiente ("nada existe sem sua causa") e da não-contradição ("o ser não pode ser e não ser ao mesmo tempo"); b) regionais ou plurivalentes, os quais são aplicados a diversos setores da ciência, mas não sendo extensivo a sua totalidade, como é o caso do princípio da causalidade no âmbito das ciências naturais, e o da finalidade, perante as ciências culturais; e c) univalentes ou monovalentes, que possuem seu âmbito de validade restrito a seara de interesse de uma única ciência, como ocorre com os princípios gerais de direito[160].

Voltando as atenções para o plano particular da experiência jurídica. No entender de Miguel Reale, tem-se que os princípios gerais de direito consistem em enunciações normativas de valor genérico, que, ao irradiarem seus efeitos, condicionam e orientam a compreensão adequada do ordenamento jurídico, quer para sua aplicação e integração, quer para a elaboração de novas normas[161].

Os princípios gerais de direito correspondem, assim, a vetores que direcionam a atuação dos elementos componentes do ordenamento jurídico[162], funcionando como "base" deste sistema, para lhe preservar sua

---

[160] Importa destacar que o fato de os princípios gerais de direito serem enquadrados na categoria de princípios monovalentes, validos apenas para o mundo do Direito, não quer dizer que no campo da experiência jurídica não exista a atuação de princípios plurivalentes, que influenciam não apenas a ciência jurídica, mas todas as ciências sociais, bem como princípios omnivalentes, que irradiam seus efeitos por todas as formas do saber.

[161] *Lições Preliminares de Direito*, p. 304.

[162] Na visão de Miguel Reale, o ordenamento jurídico pode ser definido como sendo *"o sistema de normas jurídicas in acto, compreendendo as fontes de direito e todos os seus conteúdos e projeções: é, pois, o sistema das normas em sua concreta realização, abrangendo tanto as regras explícitas como as elaboradas para suprir as lacunas do sistema, bem como as que cobrem os claros deixados ao poder discricionário dos indivíduos (normas negociais)".* (*Lições Preliminares ao Estudo de Direito*, p. 190). Assim, o ordenamento jurídico engloba o complexo de normas vigentes derivadas das quatro modalidades de fontes do direito (legislativa, jurisdicional, consuetudinária e negocial). Destaque-se, então, que o ordenamento jurídico não é composto apenas por um sistema de leis, mas sim de normas jurídicas, que abrangem as legais, judiciais, costumeiras e negociais. Não se pode esquecer a discussão que toca a plenitude do ordenamento jurídico, que, em função de sua essencialidade para a convivência social, não pode deixar sem solução os conflitos havidos no plano da experiência social com os quais se depara, para colocar em risco ordem e segurança. Portanto, por força da plenitude, o ordenamento jurídico deve conferir respostas às questões sociais que lhe são colocadas, preenchendo possíveis lacunas e evidenciando sua auto-suficiência. Neste terreno, encontram-se um dos campos mais férteis de atuação dos princípios gerais de direito.

estrutura e coesão, com atribuição de critérios lógicos de significação, que possibilitam a fundamentação válida das tarefas de criação, aplicação e interpretação de normas, bem como de construção de significado deôntico de seus respectivos modelos.

Desta feita, a interpretação e aplicação dos modelos jurídicos deve se pautar no conteúdo dos princípios gerais de direito, os quais, por constituírem parcela estruturante da experiência jurídica, exigem que os demais elementos se compatibilizem com suas diretrizes, para salvaguardar a unidade lógica do sistema normativo de Direito. Ao passo que os eventuais modelos jurídicos que confrontarem com o conteúdo enunciativo dos princípios gerais de direito devem ser retirados do ordenamento pelos meios previstos para tanto, sob pena de contaminação da totalidade do sistema.

Neste ponto, releva esclarecer que os princípios gerais de direito apresentam diversidade em sua graduação ou extensão, pois enquanto alguns cobrem a totalidade do campo da experiência jurídica universal; outros se referem aos ordenamentos jurídicos pertencentes, por assim dizer, à mesma 'família-cultural'; existindo ainda aqueles que são próprios do Direito pátrio[163].

Demais disso, existem princípios gerais de direito que influenciam com maior grau de intensidade determinadas searas do ordenamento jurídico, estando diretamente voltados para determinação dos nortes a serem seguidos no processo de criação, aplicação e interpretação de modelos jurídicos em diferentes faixas normativas desenhadas pela experiência jurídica, ao conferir-lhes seus devidos fundamento de validade[164].

Saliente-se ainda que a força cogente conferida a certos princípios gerais de direito origina-se através de sua devida inserção no plano da experiência jurídica, como parte componente do ordenamento positivo, na medida em que se convertem em verdadeiros modelos jurídicos, o que

---

[163] Miguel Reale, *Lições Preliminares de Direito*, p. 316/317.

[164] Nos capítulos subseqüentes, poderá ser constatada operacionalização do valor solidariedade social perante o ordenamento jurídico, que, por ser considerada sua invariante axiológica determinante, prevista no complexo normativo constitucional, se expressa por meio de princípios gerais de direito, que surtem efeitos em todos os setores da incidência normativa. Especificamente, no sistema normativo tributário, encontram-se os princípios da capacidade contributiva e da afetação como manifestações do valor solidariedade social, que atuam, inclusive, na validação do exercício das competências tributárias.

se dá por meio de atividade exercida pelas fontes de Direito, seja ela fruto de um processo legislativo, de uma atividade jurisdicional, de usos e costumes ou mesmo da pratica de certos atos negociais.

Ainda, assim, deve-se reconhecer que a existência de certos princípios gerais não está totalmente atrelada ao fato de se apresentarem como modelos jurídicos, vertidos ao sistema de Direito pelo processo de positivação imprimido por uma de suas fontes, haja vista que possuem eficácia independentemente de se encontrarem objetivados, de constarem ou não em textos legais, sendo imediatamente representados por enunciações axiológicas fundamentais para a determinação dos padrões éticos correspondentes ao momento histórico vivenciado em dada civilização.

Portanto, a origem e o fundamento de certos princípios gerais de direito[165] derivam essencialmente das constantes ou invariantes axiológicas, as quais, como estudado anteriormente, representam valores, que uma vez revelados no plano da consciência histórica das civilizações, apresentam-se como invariantes éticas inamovíveis, condicionando o sentido das condutas humanas, entre os quais se destaca como valor primordial o originário da pessoa humana, que no atual modelo de Estado Democrático de Direito, desdobra-se fundamentalmente na dimensão axiológica que lhe é conferida pelo valor da solidariedade social.

De qualquer modo, esta concepção transcendental do Direito Natural, admitido em função da experiência histórica, possibilita a compreensão das constantes ou invariantes axiológicas como legitimadoras da existência de princípios gerais de direito comuns a todos os ordenamentos jurídicos e que, em razão de circunstancias de ordem pratica, dá origem a outros princípios retirados do contexto histórico-social e que podem corresponder a interesses de diferentes sistemas normativos positivados.

---

[165] Segundo a lição de Miguel Reale (*Lições Preliminares de Direito*), a origem e o fundamento dos "princípios gerais de direito" podem ser explicados de acordo com ensinamentos de três correntes doutrinarias principais: a) princípios do direito pátrio, de conteúdo positivista, entendem que os princípios gerais de direito tem sua validade vinculada ao sistema de normas vigentes em cada nação, constando implicitamente das leis positivadas, onde são extraídos por um processo de indução e abstração; b) direito comparado, os quais pregam que os princípios gerais de direito independem de tempo e lugar, sendo revelados como elementos comuns nos sistemas positivados; e c) direito natural, que concebem os princípios gerais de direito como pressupostos de ordem lógica ou axiológica, não sendo legitimados apenas em função de normas positivadas, mas antes pela razão como expressão da natureza das coisas.

Pode-se estabelecer, então, uma distinção entre princípios gerais de direito: imediatos, que se manifestam como expressão direta dos valores essenciais da pessoa humana; e mediatos ou derivados, os quais são objetivados no transcorrer da história perante a civilização em geral ou particularmente nos interesses de cada nação, conforme explicação dada por Miguel Reale:

> *"Os primeiros expressam, de maneira direta, os valores essenciais e conaturais a qualquer forma de convivência ordenada: são considerados, por conseguinte, imediatos, em relação às constantes axiológicas de que promanam. Já, os princípios mediatos, que se harmonizam com os primeiros, e que a eles se subordinam, ou representam exigências jurídicas características de todo um ciclo histórico – tal como o Direito Comparado no-lo revela –, ou então traduzem formas de compreensão que fundamentam o ordenamento jurídico de cada povo"*[166].

Por derradeiro, deve ser analisado o tema que envolve os possíveis conflitos entre princípios. Quando houver eventual conflito entre principio inerente ao Direito Comparado e principio jurídico pertencente ao Direito Pátrio, este deverá prevalecer, tendo em vista a impossibilidade de, no caso, ser contrariado os pressupostos do ordenamento nacional. Na hipótese de conflito entre princípios de Direito Natural e os de Direito Positivo, a questão deve ser resolvida por meio de processos interpretativos e quando tal recurso se torna impraticável a solução deve privilegiar os termos da lei positivada, como bem esclarece Miguel Reale:

> *"A experiência histórica do Direito demonstra-nos que a Justiça é o valor mais alto, mas pode não ser o mais urgente, inclusive porque, quando se preserva a ordem e a paz, também se preservam as condições para a reconquista do justo"*[167].

Resta claro que nestes aparentes conflitos entre os princípios de Direito Natural e os de Direito Positivo, com a necessidade de composição entre ordem, paz, justiça, igualdade, liberdade e solidariedade, entre outros valores estruturais do sistema jurídico, os recursos hermenêuticos

---

[166] *Lições Preliminares de Direito*, p. 314.
[167] *Ob. cit.*, p. 318.

a serem utilizados na busca da solução devem se pautar no sentido determinado pelas invariantes axiológicas reinantes no correspondente ciclo cultural, que, logicamente, se encontram iluminadas pelo valor fonte da pessoa humana, para conciliar experiência jurídica e realidade histórico--social.

PARTE II

1. HISTÓRICO DA SOLIDARIEDADE SOCIAL

Antes de ingressar na delimitação propriamente dita da dimensão axiológica da solidariedade social, cabe a oportunidade dada por este capítulo para abordar a amplitude de tal valor a partir de sua reconstrução histórica, sendo constatado o conteúdo de sua evolução semântico-cultural através dos tempos e compreendido com maior profundidade o teor de seus possíveis significados, desde a antigüidade clássica, em que se embrenhava nos conceitos de caridade e justiça, passando pela Idade Moderna, na qual é pesquisada, diante do modelo de Estado Liberal, como espécie de dever moral fraterno, por conta da incondicional vigência do valor liberdade, até sua percepção axiológica inicial como modalidade de dever jurídico, ainda que fortemente confundida com a idéia de igualdade contida nas raízes do Estado Social, especialmente, em razão da influência determinante das correntes do solidarismo sociológico e jurídico, representadas, respectivamente, por Emile Durkheim e Léon Duguit, para, finalmente, ser alcançada a concepção contemporânea de solidariedade social, com a identificação das dificuldades sentidas para sua objetivação no plano social, a partir do advento da política econômica neoliberal e as exigências da pós-modernidade, o que demanda a formulação do modelo de Estado Democrático de Direito, período este em que alcança as feições necessárias para ser concebida como invariante axiológica.

Isto sem perder o foco de que a perspectiva ontognoseológica do pensamento culturalista realeano entende o valor como elemento que dá sentido as ações humanas se consolidando perante a memória histórica por meio das seleções de estimativas ocorrentes no seio de cada etapa da civilização humana, o que possibilita a sua apreensão como dado concreto da realidade social, especialmente, no que diz respeito às propriedades peculiares ao fenômeno jurídico, que se desenvolve tridimensionalmente como um processo de síntese dialética ou integração normativa de fatos segundo valores em experiências históricas particulares ou globais.

O próprio Miguel Reale demonstra a necessidade de investigação da História para melhor entender a experiência jurídica e suas condicionantes axiológicas, ao afirmar categoricamente que o Direito não é um presente, uma dádiva, algo de gracioso que o homem tenha recebido em determinado momento da História, mas, ao contrário, o fruto maduro de sua experiência multimilenar. É como experiência histórica que se explica e se modela a experiência jurídica, revelando-se como fenômeno universal essencialmente ligado à atividade perene do espírito[168].

Há de se ressaltar ainda que, em etapa posterior do presente trabalho, as informações trazidas neste tópico sobre contextualização histórica serão essenciais para a compreensão da solidariedade social como constante ou invariante axiológica, imediatamente, vinculada ao valor originário da pessoa humana, permitindo o desvendar do sentido de sua natureza manifestada nos quadrantes da experiência jurídica, especialmente, em relação ao sistema normativo tributário.

1.1. Contextualização Histórica Preliminar

Inicialmente, convém ressaltar que não há um consenso em relação às raízes históricas do valor solidariedade. Existem entendimentos que vinculam suas origens ao estoicismo[169] e ao cristianismo primitivo, a partir da noção de união entre os seres humanos, ajuda recíproca, associação,

---

[168] Miguel Reale, *Introdução à Filosofia*, p. 167.

[169] O estoicismo consiste em uma corrente filosófica de origem grega, que se desenvolveu em Atenas e tem na figura de Zenão de Cício seu maior representante. A filosofia estóica desenvolve um conceito de ética benevolente, baseado na harmonia e no equilíbrio com a natureza, princípios estes que ordenam o mundo organicamente e que devem reger as ações humanas, apresentando uma postura determinista: *"A natureza, para moral estóica, é sem dúvida também regra de conduta: a moral estóica ensina a seguir o dado natural, porque ele é obra do logos. Devemos nos dobrar ao destino, às instituições existentes, obedecer às 'inclinações' que a natureza pôs em nós, aceitar o real que é ele mesmo racional"*. (Michel Villey, *A Formação do Pensamento Jurídico Moderno*, p. 468). A justiça estóica pressupõe a participação social e o estreitamento dos laços entre indivíduos, defendendo o altruísmo e a sociabilidade com feições nitidamente solidaristas, conforme retratado por Cícero na seguinte passagem: *"segundo os estóicos, tudo o que é produzido para uso dos homens, e como os homens nasceram para os homens, a fim de poderem se ajudar uns aos outros, devemos (...) com nossas artes assim como com nosso trabalho e com nossa fortuna estreitar a associação dos homens entre si"*. (*Dos Deveres*, p. 115).

ou mesmo, irmandade. No dizer de Ingo Wolfgang Sarlet, tais correntes concebiam a solidariedade com as teses da unidade da humanidade e da igualdade de todos os homens em dignidade (para os cristãos, perante Deus)[170].

No entanto, pode-se dizer que os primeiros registros consistentes sobre a solidariedade estão historicamente relacionados com as idéias de justiça distributiva pregadas por Aristóteles[171], segundo a qual devem ser distribuídos proporcionalmente entre os membros da comunidade os encargos comuns, sendo observada a capacidade de absorção do indivíduo, e os benefícios sociais, de acordo com as necessidades apresentadas, ou seja, a justiça distributiva[172] pretende repartir bens e ônus sociais, em conformidade com critérios objetivos de méritos e responsabilidades, de modo a atingir a equação: quem pode mais deve mais, quem pode menos recebe mais, revelando idéia mais próxima de igualdade do que propriamente de solidariedade, ainda que guarde alguma referência ao sentido deste valor centrada no sentimento de comunhão de interesses.

Posteriormente, em Roma, os juristas se valiam do termo solidariedade para representar o enlace obrigacional mediante o qual cada um dos devedores se responsabilizava pelo cumprimento da totalidade da obrigação e, por outro lado, cada um dos credores pelo recebimento por inteiro da prestação, cuidando da denominada responsabilidade *in solidum* ou solidária.

Aqui se pode deparar também com as posições formuladas pelo pensador romano Cícero, que, adepto da corrente filosófica estóica, se

---

[170] Ingo Wolfgang Sarlet, *A Eficácia dos Direitos Fundamentais*, p. 40.

[171] Conforme o pensamento de Aristóteles, a justiça pode ser dividida em geral (ou universal), que cuida da adequação da conduta humana com a lei moral, abrangendo todas as virtudes; e em particular, referente às relações intersubjetivas. Esta, por sua vez, se subdivide em comutativa, distributiva e legal. A justiça comutativa tem por finalidade alcançar a igualdade nas relações envolvendo particulares, com o equilíbrio das prestações avençadas em contratos. A justiça distributiva pretende repartir entre particulares os bens que se encontram no âmbito patrimonial comum.

[172] Ao tratar da concepção clássica de justiça distributiva, Norberto Bobbio afirma que: *"A justiça distributiva é aquela na qual se inspira a autoridade pública na distribuição de honras ou de obrigações: sua pretensão é que cada um seja dado o que lhe cabe com base em critérios que podem mudar segundo a diversidade das situações objetivas, ou segundo os pontos de vista: os critérios mais comuns são 'a cada um segundo mérito', 'a cada um segundo a necessidade', 'a cada um segundo o trabalho'"*. (*Estado, Governo, Sociedade: Para uma Teoria Geral da Política*, p. 19/20).

debruça sobre as discussões envolvendo a relação entre beneficência e justiça, para alcançar o tema da solidariedade, ao entender que a beneficência complementa a justiça – somente quando a justiça é acompanhada pela beneficência pode haver solidariedade humana verdadeira – mas ela não permite nenhuma forma de satisfação de necessidades humanas que seja excluída pela justiça[173].

No período correspondente a Idade Média, a solidariedade encontra-se excessivamente influenciada pelo pensamento religioso, em função da submissão do poder político aos ditames da Igreja Católica[174], com a justificação teológica da ordem estatal e conseqüente prevalência do sistema normativo instituído pelo Direito Canônico.

Verifica-se, então, forte inspiração da idéia de solidariedade nos conceitos éticos do cristianismo ("amarás teu próximo como a ti mesmo", Evangelho segundo Mateus 22, 34-40), sendo fartamente empregada por nomes como São Pedro e São Tomás de Aquino[175], que, ao compreender este valor em termos de benemerência, lhe emprestaram os sentidos de caridade e de piedade, propugnando por sua inserção nos fundamentos das relações sociais[176].

Diversos acontecimentos históricos, tais como a queda de Constantinopla, o desenvolvimento da economia, a reforma protestante e as grandes navegações, conduziram a civilização ao fim da Idade Média e ao surgimento da Idade Moderna, alterando a concepção teocêntrica do universo

---

[173] Samuel Fleischaker, *Uma Breve História da Justiça Distributiva*, p. 33.

[174] Os poderes da religião católica atingiram a sociedade medieval, gerando efeitos inclusive na legitimação do Estado e do Direito, como revelado por Claudio de Cicco, ao tecer breves comentários sobre o pensamento de Santo Agostinho: *"não se deve buscar uma legitimidade absoluta para o poder humano, pois, submetido ao tempo, ao curso da história, o homem aceita como providencialmente querido ou permitido por Deus este ou aquele sistema de governo, sem discutir"*. (*História do Pensamento Jurídico e da Filosofia do Direito*, p. 87).

[175] O valor solidariedade alcança papel de destaque perante as correntes filosóficas medievais, destacando-se Santo Tomás de Aquino, que, ao tratar das atribuições do Estado, estabelece como sua função primordial a realização do bem comum, conforme retrata Oliveiros Litrento: *"em Santo Tomás de Aquino somente pode ser justificada a forma de governo que se exerça legitimamente para o bem do povo e não das minorias privilegiadas. Sendo o bem comum substituído pelo interesse pessoal dos governantes há, qualquer que seja, uma forma impura ou degenerada de governo. A tirania antiga ou ditadura contemporânea são formas más e impuras de governo, corruptas, admitindo-se assim, o direito de resistência desde que, segundo Santo Tomás, se torne insuportável a tirania"*. (*Curso de Filosofia do Direito*, p. 117).

até então reinante, onde Deus ocupava o centro, para consagrar uma visão antropocêntrica ou humanista, a qual considera o ser humano o centro de todas as coisas, o que possibilita a constatação de um retorno às tradições consagradas pela Antiguidade Clássica, sendo que este movimento ficou conhecido na história da humanidade como Renascimento[176].

Neste período intermediário entre Idade Média e Idade Moderna, onde há transição do pensamento dogmático teológico para a fundamentação racional da ordem política[178], com o resgate das concepções filosóficas greco-romanas, a solidariedade, em certo ponto, se robustece, pois o ser humano com a livre manifestação de sua vontade pretende alcançar o bem para si e partilhá-lo com seus semelhantes, para estabelecer as bases da convivência harmônica na vida em comunidade.

Ocorre que, em seguida, são firmados os fundamentos do ingresso na Idade Moderna, em que são definitivamente rompidos os laços com o

---

[176] Gustavo Moulin Ribeiro, *Legitimação dos Direitos Humanos: A Cidadania Jurídica e a Concretização da Justiça*, p. 330.

[177] Sobre as características do humanismo renascentista: *"o Renascimento tem sido visto como detentor de uma identidade própria, desenvolvendo uma concepção específica de filosofia e do estilo de filosofar que, se rompe com a escolástica medieval, por outro lado não se confunde inteiramente com a filosofia moderna (séc. XVII). Talvez o traço mais característico desse período seja o humanismo que chega inclusive a ter influencia determinante no pensamento moderno"*. (Danilo Marcondes, *Iniciação à História da Filosofia*, p. 141).

[178] Durante a fase de transição entre o direito natural clássico e o moderno (séculos XVI e XVII), representado pela tentativa de fuga às influências teológicas, com a evolução do pensamento racionalista, destaca-se a escola de Salamanca, representada por Francisco de Vitória, que centra suas discussões na questão que envolve a liberdade natural e a guerra justa, sendo considerado o fundador do moderno direito internacional, e Francisco Suarez, cuja obra permite a identificação das concepções modernas de Estado. Importa mencionar ainda Hugo Grócio, fundador do jusnaturalismo moderno, considera a razão humana como critério adequado para fundamentação da ordem jurídica, ao entender a ordem política e jurídica devem ser extraídas de princípios lógicos, segundo critérios matemáticos de demonstração para adquirir validade universal. Em seu legado, ressalta a natureza social humana (*appetitus societatis*) e insere este enlace de solidariedade como princípio fundamental do direito natural: *"Entre as coisas inerentes ao homem está o desejo de sociabilidade, ou seja, de comunhão, não de qualquer uma, mas tranqüila e ordenada, segundo a condição de seu entendimento, com os que pertençam a sua espécie (...). Esta conservação da sociedade, indicada precariamente por nós, própria do entendimento humano, é a fonte de seu direito ao qual pertence a abstenção do que é alheio bem como, se de outrem tivermos algo ou tirado algum proveito, a restituição, a obrigação de cumprir o prometido, a reparação do dano causado culposamente e o merecer a punição"*. (Hugo Grócio, *De Jure Belli ac Pacis*, 1625).

pensamento medieval e com a centralização do poder nas mãos da religião (Estado Temporal) e/ou da nobreza (Estado Absolutista), a partir da ascensão da burguesia, da consagração dos ideais pregados pelo liberalismo político e o fortalecimento do denominado Estado Nacional, com a disseminação das teorias contratualistas[179] apresentada por pensadores como Hobbes[180], Locke[181], entre outros.

---

[179] As teorias contratualistas pretendem justificar a instituição do ordenamento jurídico a partir da reunião de vontades independentes, colocando o individuo como a fonte de todo o poder. Miguel Reale releva que: *"a história do contratualismo é a história mesma da cultura jurídica individualista burguesa. Representando, de inicio, uma simples justificação, muitas vezes implícita, da origem da autoridade do Governo (pactum subjectionis), a idéia de contrato social veio se transformando aos poucos, na explicação originária da própria sociedade e do Estado (pactum unionis civilis), à medida que o individualismo se afirmava como tendência peculiar da época"*. (*Horizontes do Direito e da História*, p. 128/129). Nas teorias contratuais, o Estado tem seu fundamento estabelecido em uma convenção entre os homens, buscando seu poder no consentimento recíproco dos integrantes de se submeterem a suas prescrições, o que revela o surgimento da nota marcante do denominado "Estado de Direito", que consagra o primado da legalidade.

[180] Thomas Hobbes, herdeiro da concepção nominalista inglesa, considera o mundo como complexo de seres individuais que fixam entre si regras de convivência, estabelecendo um pacto de subordinação ao poder soberano, com o abandono de armas e de direito naturais, em prol da manutenção da paz. Acerca do tema, são as ponderações de Simone Goyard-Fabre: *"o individuo aparece, graças à hipótese de trabalho do 'estado da natureza' como estado antepolítico e antejurídico como o ser que não tem outra preocupação além da sua própria vida (ou sobrevivência) e que, no caso, é auto-suficiente. A partir dessa premissa individualista, a existência do Poder no Estado apresenta portanto um único problema: o da passagem de uma multidão de átomos individuais associais e apolíticos, para a unidade ordenada da sociedade 'civil' ou 'política'. Para resolver esse problema, Hobbes propõe uma teoria do contrato social"*. (*Os Princípios Filosóficos do Direito Político Moderno*, p. 79). Deveras, o direito surge com o contrato social para preservar a paz, retirando os homens da insegurança dominante no estado de natureza sinônimo de estado de guerra, e não para obtenção da justiça, o que afasta a idéia de uma solidariedade inerente ao ser humano, para, ao contrário, acentuar o caráter individualista do convívio social, que se presta não mais para a harmonia, mas apenas para o atendimento de interesses pessoais, o que fundamenta o Estado-Leviatã (Absoluto).

[181] John Locke é marcado na história da filosofia como criador da corrente denominada de individualismo possessivo, em que institui suas concepções liberais sobre direito e Estado. Para Locke, diferentemente de Hobbes, no "estado natural" os homens vivem em paz, gozando de liberdade e igualdade (direitos naturais), ainda que sofram certas necessidades, as quais somente são supridas no "estado social". Neste sistema, a racionalidade revela-se como elemento primordial para a compreensão da passagem do estado natural para o estado social, pois o homem somente presta obediência às leis estipulada pela sociedade civil, por estar convencido de suas razões tendentes a garantir

No início da Idade Moderna, constata-se predominância do individualismo em detrimento ao coletivismo e, assim, certo enfraquecimento do sentimento de solidariedade, pois, além de ser retirada do campo de interesses políticos preocupações concernentes a esfera do social, as bases da Escola de Direito Natural (jusnaturalismo), corrente doutrinária dominante à época, que privilegia a segurança e certeza do direito ao invés da busca de seu sentimento de justiça social[182].

Durante tal momento histórico, pode-se citar a Revolução Francesa como representação maior dos ideais liberais propostos pela burguesia do século XVIII, com a institucionalização do Estado não-intervencionista, voltado apenas para garantia das liberdades individuais e da igualdade perante a lei centrada essencialmente na defesa do direito de propriedade, como forma de reação ao Estado Absolutista.

Ainda, assim, não se pode esquecer que entre os ideais propostos por tal movimento revolucionário encontra-se a fraternidade[183], donde se retoma, com algumas reservas, uma das formas de expressão da solida-

---

e conservar seus direitos naturais, entre os quais se insere a propriedade: *"Porque os homens são (...) todos livres por natureza, iguais e independentes, ninguém pode ser tirado dessa condição e sujeitado ao poder político de um outro sem o próprio consenso. O único modo pelo qual uma pessoa se despe da sua liberdade natural e se investe dos vínculos da sociedade civil consiste no acordo com outros homens para juntar-se e unir--se numa comunidade, para viver em união com comodidade, segurança e paz, na posse segura das próprias propriedades e com uma garantia maior contra quem não pertence à mesma"*. (John Locke, *Segundo Tratado sobre o Governo Civil*).

[182] José Reinaldo de Lima Lopes expõe com precisão o individualismo que prevalece nas origens da concepção jusnaturalista: *"o jusnaturalismo floresce também num meio individualista. Há uma nova antropologia em gestação: opondo-se ao homem animal político de tradição aristotélica, e ao conceito organicista de sociedade da civilização corporativa da Baixa Idade Média, o individualismo impõe-se a pouco e pouco. A sociedade passa gradativamente a ser encarada como soma de indivíduos isolados que se organizam por formas de contrato social. O novo direito será, pois, contratualista. Os homens não têm interesses convergentes: ao contrário, naturalmente são egoístas e se opõem. Esta idéia de homem passa a ser a base da reflexão política e jurídica. O papel do direito e da autoridade transforma-se: a paz, não a justiça, é a primeira tarefa do soberano. O comunitarismo clássico e a natural sociabilidade dos homens já não são mais os pressupostos da filosofia política e jurídica. Assim, a nova ética cada vez mais abandona a pesquisa de fins substantivos gerais, comuns e universais: de uma ética das virtudes (clássica) progressivamente se muda para uma ética dos deveres, do cumprimento de regras, de obediência a procedimentos"*. (*O Direito na História: Lições Introdutórias*, p. 162).

riedade, caracterizada pelas noções de caridade e de filantropia, ou seja, pelo dever moral de prestar auxílio aos necessitados, especialmente, com a consagração do direito ao socorro público na Constituição Francesa de 1793, sem, contudo, ser evidenciada a plena efetivação do sentimento de solidariedade proposto no desenrolar do agir social.

No Estado Liberal, identifica-se a total separação entre público e o privado, haja vista a necessidade de afastar das atividades econômicas, como a propriedade privada e a autonomia da vontade, e da esfera de liberdades individuais, como a de expressão e a vida privada, possíveis interferências indevidas do Estado, para proteger o indivíduo contra arbitrariedades próprias do absolutismo e salvaguardar os interesses mercantilistas da burguesia, como bem esclarece Paulo Bonavides:

"Na doutrina do liberalismo, o Estado foi sempre o fantasma que atemorizou o indivíduo. O poder, de que não pode prescindir o ordenamento estatal, aparece, de início, na moderna teoria constitucional como maior inimigo da liberdade"[184].

No plano jurídico, os reflexos do liberalismo são sentidos com o início da "era das codificações", que visava suprimir ao máximo a discricionariedade dos magistrados em suas decisões, os quais deveriam se restringir a tarefa de aplicação da lei ao caso concreto, e pregar a exaustividade do ordenamento jurídico, que estaria apto a regrar todos os atos da vida civil, de modo a atender os ideais de certeza e segurança jurídica que possibilitavam a afirmação da burguesia no poder, convindo citar o Código Napoleônico (1804) e o Código Civil Alemão (1896).

---

[183] A solidariedade, diante deste momento histórico, a retratada da seguinte forma por Nelson Rosenvald: *"A Revolução Francesa partiu de três célebres pressupostos: liberdade, igualdade e fraternidade. Todavia, a burguesia ascendente logo cuidou de homenagear os dois primeiros signos da trilogia, relegando ao terceiro. Com efeito, o indivíduo precisava afirmar-se e prosperar; para tanto, a sua vontade e autodeterminação lhe permitiriam a liberdade de contratar e a igualdade formal para aquisição da propriedade. Assim, o Código Civil de 1804 referendou a propriedade e os contratos como valores fundamentais da época liberal, desvinculando o titular de direitos patrimoniais de qualquer dever perante a sociedade que o rodeia. Quanto à solidariedade, culminou por ser reduzida a uma noção de caridade ou liberalidade. O indivíduo autônomo poderia, conscientemente, optar pelo dever moral de auxiliar o próximo, em caráter filantrópico".* (Dignidade Humana e Boa-fé no Código Civil, p. 171).

[184] *Do Estado Liberal ao Estado Social*, p. 40

Isto sem contar o advento do constitucionalismo, que, partindo das concepções de limitação do poder do Estado e, conseqüente, garantia de liberdades individuais, acaba por consagrar em um corpo de leis compiladas em documentos escritos os postulados essenciais para organização racional da sociedade, como os da separação dos poderes e da declaração de direitos fundamentais[185], que afastam definitivamente a idéia de legitimação divina do poder própria do medievalismo, para revelar seu fundamento a partir da vontade geral, originando as primeiras Constituições propriamente jurídicas.

Registre-se que o constitucionalismo e seu ideário liberal permitiram a tomada inicial de consciência dos direitos humanos pelas civilizações, influenciado em seu significado ético pela invariante axiológica diretora deste ciclo cultural, qual seja a do valor liberdade.

Concebem-se, assim, os denominados direitos humanos de primeira geração, marcados pela idéia de proteção da esfera privada contra possíveis arbitrariedades do Estado, que segundo Paulo Bonavides:

"são os direitos da liberdade, os primeiros a constarem do instrumento normativo constitucional, a saber, os direitos civis e políticos, que em grande parte correspondem, por um prisma histórico, àquela fase inaugural do constitucionalismo do Ocidente"[186].

Importa anotar ainda que, neste período histórico, entre Constituição e Código Civil vigorava o modelo de incomunicabilidade, ou seja, tais institutos jurídicos apenas se relacionavam em seus critérios formais, regendo distintos interesses da vida social. Enquanto a Constituição tratava das relações envolvendo a estruturação do Estado, para garantir valores como liberdade, segurança e propriedade, o Código Civil se restringia às disposições próprias das relações entre entes privados, cuidando principalmente das relações econômicas e comerciais envolvendo parti-

---

[185] Manoel Gonçalves Ferreira Filho pondera que: *"Segundo a concepção liberal de constituição, esta é a parte essencial de uma determinada organização estatal – a que visa a garantir a liberdade, por meio de um estatuto do Poder. Por um estatuto, quer dizer, obviamente, por meio de organização jurídica que não só estruture, mas também limite o Poder no Estado. Exatamente essa concepção é que difunde o constitucionalismo. É ela que se concretiza com as revoluções liberais, as quais todas levam ao estabelecimento de constituições".* (Estado de Direito e Constituição, p. 74).

[186] *Curso de Direito Constitucional*, p. 563.

culares[187], o que de certo modo afasta ainda mais a solidariedade da esfera de manifestação autônoma de vontades.

Portanto, do ponto de vista essencialmente jurídico, em que se concebem as codificações e o constitucionalismo e a preservação da invariante axiológica liberdade, o modelo de Estado proposto pelo liberalismo expressa a fórmula de integração ideológica do denominado "Estado de Direito", que Alberto Nogueira caracteriza, basicamente, por quatro elementos:

> *"o império da lei, como expressão da vontade geral, divisão de poderes, legalidade da administração (atuação segundo a lei e suficiente controle judicial) e direitos e liberdades fundamentais (garantia jurídico-formal e efetiva realização material)"*[188].

A partir da segunda metade do século XIX, o liberalismo passa a ser enfaticamente contestado, por seu individualismo exacerbado, especialmente, em sua vertente econômica, o capitalismo[189], que, ao conduzir o

---

[187] O modelo de incomunicabilidade entre Constituição e Código Civil é retratado por Judith Martins-Costa: *"Constituição e Código Civil andavam paralelos, como mundos que não se tocavam senão sob o aspecto formal, em razão do princípio da hierarquia das leis e dos cânones que guiam a vigência da lei no tempo e no espaço. Afora esses pontos de contato formais, os dois principais estatutos normativos da vida cives pouco se relacionavam: configuravam campos diversos (um, o estatuto do Estado e do homem político, outro, o estatuto da sociedade civil e do cidadão-proprietário); seus objetivos eram diversos como diversas eram matérias que continham; conformavam dois mundos apartados, e apartados eram também valorativamente, à Constituição cabendo tratar do interesses do Estado, ao Código Civil, cuidar dos interesses do indivíduo".* (*Constituição, Direitos Fundamentais e Direito Privado: Os Direitos Fundamentais e a Opção Culturalista do Novo Código Civil*, p. 65/66).

[188] *Teoria dos Princípios Constitucionais Tributários: A Nova Matriz da Cidadania Democrática na Pós-Modernidade Tributária*, p. 269. Releva assinalar que a fórmula de integração ideológica do modelo de Estado permite o reconhecimento do valor fundamental (da invariante axiológica) determinante da estruturação de seu poder em coordenadas histórico-temporais, tomando por base a proposta do culturalismo jurídico realeano, o que será objeto de estudo detalhado no capítulo I da Parte III deste trabalho.

[189] As bases do liberalismo estavam centradas na proteção à propriedade privada e no individualismo econômico, pregando a liberdade comercial independente de possíveis amarras pelo Poder Público. Adam Smith, maior representante do modelo econômico pregado pelo liberalismo, em sua clássica obra "A Riqueza das Nações", defende o desenvolvimento dos meios de produção por intermédio da divisão do trabalho, cuja eficácia se encontra sustentada pela livre concorrência, a qual induz o mercado ao incre-

poder vigente a incondicional proteção ao direito de propriedade, com a consagração do "Estado Mínimo", ou seja, somente o necessário para assegurar as liberdades privadas individuais e garantir a ordem social, por meio do exercício da função policial, da administração da justiça e da prestação restrita de serviços públicos, acaba por impossibilitar a concretização de ações direcionadas para preservação de condições satisfatoriamente dignas de vida para a maior parte da população, principalmente, a constituída pela grande massa de proletários.

Desse modo, o modelo estatal pregado pelo liberalismo, baseado na extrema valorização da liberdade individual, impossibilitou a proteção de camadas menos abastadas da sociedade, causando grandes desajustes sociais, ao propiciar uma situação de favorecimento à burguesia, economicamente privilegiada e detentora dos meios de produção, onde se concentrava a maior parcela de riqueza na época, e, simultaneamente, marginalizar o proletariado, com péssimas condições de trabalho e remuneração aviltante, relegando esta massa de pessoas a situação de miséria, diante da ausência do Estado.

Insta salientar que em razão do grau de miséria em que viviam os trabalhadores da época, prejudicados inclusive em sua integridade física, diversos Estados notaram a precariedade da situação e passaram a criar legislações assistenciais de proteção às relações de emprego, por exemplo, o *Moral and Helth Act*, de 1802, instituído na Inglaterra e que, posteriormente, serviu de modelo para as demais nações que conviviam com tal problema, como Prússia e França[190].

---

mento da produção, com a busca de novas técnicas para diminuir os custos de produção, propiciando o equilíbrio na relação de oferta e procura, bem como justiça e igualdade social. Assim, o mercado se autotutela através das relações de oferta e procura, restando desprezada a intervenção da figura estatal, que teria a mera função de garantir os pressupostos necessários para consagração da plena liberdade econômica. Ocorre que os investimentos em novas técnicas de produção eclodiram na chamada Revolução Industrial que, simultaneamente, levou a burguesia à condição de classe dominante, com a implantação pratica do modelo liberalista, e, por sua vez, a grande massa de operários à situação de miséria, em razão da revelia do Estado.

[190] Acerca da luta da classe trabalhadora contra o individualismo do regime liberal, Plauto Faraco de Azevedo pondera que: *"A disparidade entre as classes sociais permitia a 'exploração impiedosa da classe trabalhadora'. Foi necessário muita luta dos trabalhadores, para que pudessem demonstrar 'que a formula laissez-faire, laissez-passer constitui uma das grandes mentiras do Estado liberal, pois, a pretexto de aplicá-las, o Estado interveio para evitar a organização dos trabalhadores e suas demandas de*

Portanto, o modelo de Estado proposto pelo liberalismo mostrou-se insuficiente para garantia de condições existenciais minimamente dignas para todos os membros da sociedade, uma vez que retiram de seus ideais de liberdade e igualdade os "não proprietários", legando a estes indivíduos a insegurança e a miséria, acrescidas pela passividade e indiferença do Estado, que "neutro" permite que a sociedade caminhe ao bel prazer das leis de mercado.

Originam-se daí correntes de pensamento que buscam uma nova concepção de Estado, que se encontre voltado para a realização de maior justiça e igualdade sociais, amparando os direitos e interesses da coletividade, momento histórico em que se destaca a doutrina socialista e seus desdobramentos, tais como o socialismo utópico de Proudhon[191], o pensamento social católico contido na Encíclica *Rerum Novarum* do Papa Leão XIII[192] e o materialismo histórico de Marx e Engels[193], nas quais já

---

condições humanas de prestação de trabalho'. Desta forma, sua luta foi em dois sentidos: para obter liberdade de ação, 'isto é, liberdade de coalizão e associação profissional', e melhores condições de trabalho". (*Direito, Justiça Social e Neoliberalismo*, p. 82).

[191] Pierre-Joseph Proudhon alcançou papel de destaque na filosofia política, especialmente, em seu livro "O que é propriedade?", no qual, ao propor o estudo da propriedade sob diversas concepções (histórico, jurídico, moral, político, econômico etc.), demonstra seu efeito maléfico para a determinação das estruturas sociais, devendo cada um de seus membros estabelece o controle das formas de produção de que se vale, vez que a propriedade significa o esbulho do trabalho. As bases de seu socialismo utópico revelam-se na idéia de desenvolvimento espontâneo da sociedade, em que a república deve ser uma anarquia positiva, sem a necessidade de se consagrar a figura do Estado, de um poder central e coercitivo, mas sendo somente necessário o estabelecimento de uma gama de contratos livres que reflitam os interesses sociais de cada região ou grupo de indivíduos. Releva considerar que Proudhon defende a igualdade de condições como princípio que deve reger as sociedades e a solidariedade universal como sua sanção, afirmando que o homem adquire maior liberdade quando possui um relacionamento maior com seu semelhante, na medida em que tal situação leva ao fortalecimento dos laços de participação social. O conteúdo de tais idéias, que se referem ao seu discurso solidarista federativo, entende pela descentralização do poder com a autonomia das localidades, as quais convivem reunidas por um contrato, para possibilitar a manutenção do equilíbrio econômico e político, representado pela entidade denominada "federação agrícola-industrial".

[192] A Encíclica *Rerum Novarum*, formulada pelo Papa Leão XIII e considerada o documento fundante da Doutrina Social da Igreja Católica, critica severamente as condições de trabalho vivenciadas pelo proletariado no final do século XIX, condenando desumanidade do sistema capitalista, que colocava a massa de trabalhadores em situação

se pode reconhecer o florescimento de traços conceituais do discurso teórico próprio das correntes do solidarismo.

Assim, paralelamente a este contexto, na França, desenvolve-se o movimento solidarista[194], que consiste em uma corrente de pensamento direcionada ao estudo sistemático da solidariedade social e dos modos de consagração de justiça para o enfrentamento da problemática social, tendo como principais representantes nomes como Émile Durkheim, Léon Bour-

---

de miserabilidade incompatíveis com a dignidade humana: *"Nesse momento psicológico, em que o conflito social aumentava, ameaçando romper-se o equilíbrio, não faltou a palavra oficial da Igreja, que através de Leão XIII, o grande Papa da Encíclica Rerum Novarum, de 1891, reconhecia essa situação inconciliável entre capital e trabalho, aludindo, à margem de outras reais e transcendentes observações, à opulência de uma facção bem aquinhoada e à indigência de uma multidão pronta para a desordem"*. (Anderson de Menezes, *Teoria Geral do Estado*, p. 127). Ainda, assim, cumpre advertir que a *Rerum Novarum*, mesmo condenando o liberalismo e a concentração de riquezas, com o levantamento de uma crítica social relativa à necessidade de maior intervenção do Estado em favor dos mais pobres, refuta os ideais socialistas e defende o direito à propriedade privada.

[193] A Escola Marxista, que estabelece o denominado socialismo científico, entende que o Estado institui-se em sociedade organizadas, para refletir e fazer valer, em seus órgãos dotados de poder coercitivo, o conteúdo das relações sociais já existentes, de tal arte que, no sistema capitalista, o fenômeno jurídico constitui verdadeiro instrumento de dominação política, tendente a perpetuar a diferença entre classes com a exploração do trabalho e representar os interesses dos detentores do capital (meios de produção). Para superar tal situação, o marxismo propõe que a classe proletária deva se organizar em um partido revolucionário e, a partir daí, se insurgir contra o Estado burguês, instituindo um novo Estado, em que seja suprimida a propriedade privada dos meios de produção com a consagração da ditadura do proletariado. Importa relatar que com a publicação do Manifesto Comunista, escrito em 1848 por Karl Marx e Friedrich Engels, ocorreu uma grande mobilização no movimento operário mundial, como na França, onde foi exigida uma legislação de cunho trabalhista, e que triunfou definitivamente na Revolução Russa de 1917, ao ser introduzido o regime socialista na União Soviética.

[194] Os ideais da Escola do Solidarismo Sociológico são traduzidos nas palavras de José Fernando de Castro Farias: *"No fim do século XIX e início do século XX, os solidaristas estavam convencidos do caráter científico e objetivo da solidariedade. Influenciados pelas descobertas científicas, notadamente, da biologia, e pelas correntes filosóficas e sociológicas de seu tempo, homens como L. Bourgeois – com o seu 'quase-contrato' –, A. Fouillé – com seu 'organismo-contratual' –, C. Bouglé e E. Durkheim defendem a tese da solidariedade como fato um fato objetivo e científico, devendo substituir a fraternidade. Na medida em que a solidariedade era considerada um fato objetivo, era preciso, então, traduzi-la no plano institucional, e fazer dela um direito e um dever"*. (*A Origem do Direito de Solidariedade*, p. 213).

geois[195] e Alfred Fouillé[196], os quais fundam e defendem as idéias difundidas pela Escola do Solidarismo Sociológico.

1.1.1. *Solidarismo Sociológico*

Divergindo do pensamento marxista, que prega a luta de classes e a, conseqüente, imposição da ditadura do proletariado[197], o solidarismo sociológico, ao centrar suas considerações na interdependência social, aparece como uma terceira via entre os excessos de individualismo, preconizados pelo liberalismo, e a abusiva centralização do poder político pelo Estado, que marca o socialismo, propondo, como tentativa de conciliação, a instituição de um modelo de Estado intervencionista baseado

---

[195] Léon Bourgeois, ao propor perspectiva orgânica da sociedade, na qual a consciência individual sempre se manifesta na associação, de fato e de direito, a uma consciência coletiva, que direciona as ações ao atendimento de interesses convergentes, defende a existência de um "quase-contrato", derivado das relações de créditos e débitos mútuos entre os membros da sociedade, medidos pelo projeto ético firmado por vínculos de solidariedade, concluindo que: *"Não é, então, entre o homem e o Estado ou a sociedade que se põe o problema do direito e do dever, mas entre os homens concebidos como associados a uma obra comum e obrigados uns com os outros pelos elementos de um objetivo comum"*. (Léon Bourgeois, *La Solidarité*, p. 89/90). Bourgeois entende que a sociedade é marcada por enlaces de direitos e deveres recíprocos conferidos a todos seus associados, o que denota a "dívida social" colocada pela solidariedade.

[196] A solidariedade é compreendida por Alfred Fouillé como "idéia-força" que possibilita a formação dos vínculos psíquicos contratuais necessários ao estabelecimento da sociedade, perseguindo, assim, pela via da liberdade *"uma organização social onde todas as partes sejam solidárias, mas entre elas vistas no todo, animadas de um mesmo pensamento, como um corpo vivente, que parece nutrir o mesmo espírito interior"*. (A. Fouillé, *La Science Sociale*, p. 20 – tradução livre).

[197] O solidarismo marxista propõe uma solidariedade restrita, acessível somente às formas de organização política da classe proletária em sua luta pela transformação social, centrada na figura do partido revolucionário, como bem assinala José Fernando de Castro Farias: *"o partido revolucionário é considerado como um organismo que coordena e torna conhecidas as ações reivindicativas e revolucionárias dos trabalhadores e intelectuais que assumiram sua causa; ele facilita a unidade e a eficácia desse movimento de oposição ao poder burguês na medida em que estreita os laços de solidariedade proletária"*. (*A Origem do Direito de Solidariedade*, p. 204). Posteriormente, com o desenvolvimento do movimento proletariado, eixo do solidarismo marxista volta-se para a organização sindical e seus mecanismos de atuação política, como o direito de greve, como forma de superação do modelo de Estado burguês.

na regulação das relações econômicas e de mercado, bem como na necessidade de consagração de legislações de cunho sócio-assistencial para amparo de grupos hiposuficientes.

O pressuposto de interdependência social, que constitui o núcleo do solidarismo sociológico, parte da natureza social humana, para afirmar que a sociedade se encontra formada por uma associação, de direito e de fato, estabelecida entre seus membros, onde cada qual possui responsabilidades mutuas em uma trama de relações recíprocas, que revela seus vínculos de solidariedade, possibilitando a identificação e a solução das questões sociais, como bem retrata Léon Bourgeois:

"há entre cada um dos indivíduos e todos os outros um laço necessário de solidariedade; é somente o estudo exato das causas, das condições e dos limites dessa solidariedade que poderá dar a medida dos direitos e dos deveres de cada um, assegurando as condições científicas e morais do problema social"[198].

Portanto, o solidarismo sociológico, entendendo que a solidariedade, por constituir um elemento fático concreto, deve ser observada com a aplicação de critérios científicos, para ser refletida e, prescritivamente, distribuída na ordem política com a atribuição de deveres e direitos recíprocos entre os membros que compõem a sociedade, para preservar o núcleo de consciência comum da existência coletiva.

No entanto, ao considerar o ser humano como parte de um todo, sujeito de deveres e direitos recíprocos no cumprimento de encargos comuns, o solidarismo sociológico admite a repartição desigual e injusta dos produtos sociais, necessitando do apelo à ética e à moral em suas pretensões para estabelecer continuamente um maior grau de solidariedade entre os indivíduos e manter latente os objetivos comuns da coletividade.

Entre os representantes do solidarismo sociológico possui papel de destaque Émile Durkheim, que, no conjunto de seu trabalho, demonstra um constante ímpeto para sistematizar cientificamente o conteúdo da solidariedade social, inserindo este conceito no princípio motor das sociedades, para compreendê-la em seus diferentes estágios e modos de funcionamento, o que será objeto de estudo isolado no item posterior.

---

[198] *La Solidarité*, p. 90 (tradução livre).

1.1.2. *Solidariedade Social segundo E. Durkheim*

Seguindo a linha de raciocínio proposta pelo solidarismo sociológico, Durkheim entende que a sociedade é composta por uma série de relações recíprocas, traduzidas em regras concretas de convivência, que revelam seus laços de solidariedade, irradiando seus efeitos no caminhar da vida social independentemente da vontade individual de seus participantes, o que acaba por afastá-los da possibilidade de isolamento.

Aqui, abrem-se parênteses para afirmar que Durkheim, ao pretender demonstrar a autonomia da sociologia com determinação de seu objeto[199], centra suas considerações na delimitação do fato social, consistente nas maneiras de agir, pensar e sentir existentes fora do âmbito da consciência individual, dotado de poder imperativo e coercitivo, na medida em que se impõem, de forma direta, quando a violação da regra social conduz a sanção, ou indireta (obedecer a procedimentos para alcançar objetivos sociais)[200], revelando, assim, o caráter externo, impessoal e objetivo dos fenômenos sociais abordados pela sociologia, conceitos estes essenciais para situar a solidariedade social em seu sistema de pensamento.

Nesse sentido, a solidariedade social, que passa a ser caracterizada como enlaces que permitem a formação unitária e coesa de agrupamentos sociais, estará apta a influenciar as relações sociais quando verificada a manifestação de mecanismos coercitivos diretos ou indiretos que impeçam o desrespeito ao padrão de conduta concernente à consciência coletiva.

Ora, compreensão da solidariedade social em Durkheim passa necessariamente pela noção de "consciência coletiva ou comum" que

---

[199] Émile Durkheim, com a afirmação de que "os fatos sociais devem ser tratados como coisas", estuda este fenômeno propondo a demonstrar a autonomia da sociologia em relação às demais ciências que tratam da experiência humana, para delimitar seu campo de investigação. Assim, nem todos os acontecimentos sociais humanos que ocorrem no interior da sociedade constituem fatos sociais, ou seja, pertencem aos domínios da sociologia, mas tão-somente *"um grupo determinado de fenômenos específicos que se distinguem por traços específicos dos que são estudados pelas outras ciências da natureza"*. (*As Regras do Método Sociológico*, p. 04).

[200] Durkheim, ao procurar estabelecer o domínio da sociologia, reserva a esta ciência o campo dos fatos sociais, que podem ser reconhecidos *"pelo poder de coerção externo exercido ou suscetível de ser exercido sobre indivíduos; e a presença desse poder se reconhece, por sua vez, seja pela existência de qualquer sanção determinada, seja pela resistência que o fato opõe a toda iniciativa individual que tenda a violentá-lo"*. (*As Regras do Método Sociológico*, p. 12).

corresponde ao conjunto de crenças e de sentimentos comuns à média dos membros de uma sociedade que forma um sistema determinado, dotado de vida própria[201] e permeado pelos atributos da impessoalidade e da objetividade que o distancia das consciências individuais.

E esta consciência coletiva dotada de vida própria permite a apreensão da solidariedade social a partir de sua representação existencial consubstanciada no fenômeno jurídico, seu "símbolo visível", que possibilita o equilíbrio necessário à preservação e organização do meio social, por intermédio de sua indumentária sancionatória[202].

Desse modo, os laços de solidariedade social se transformam em conformidade com o desenvolvimento das relações sociais e podem ser classificados de acordo com o conteúdo das regras de direito, segundo aponta o próprio Durkheim:

"a vida social, onde quer que exista de maneira duradoura, tende inevitavelmente a tomar uma forma definida e a se organizar, e o direito nada mais é que esta mesma organização no que ela tem de mais estável e preciso. A vida geral da sociedade não pode se estender num ponto sem que a vida jurídica nele se estenda ao mesmo tempo e na mesma proporção. Portanto, podemos estar certos de encontrar refletidas no direito todas as variedades essenciais da solidariedade social"[203].

---

[201] *Da Divisão do Trabalho Social*, p. 50.

[202] Ao comentar o pensamento sociológico de Durkheim e suas considerações sobre a solidariedade, Miguel Reale ressalta sua íntima e necessária vinculação com o Direito: *"o estudo do fenômeno jurídico adquire na Sociologia de Durkheim uma importância fundamental, visto como representa 'o resultado mais objetivo da solidariedade' e, por conseguinte, aquele que melhor nos pode informar sobre a natureza da solidariedade como fator de coesão social"*. (*Fundamentos do Direito*, p. 62).

[203] *Da Divisão do Trabalho Social*, p. 31/32. A verificação estrutural da forma de manifestação da solidariedade perante determinado contexto social pode ser alcançada quando se identifica um fato externo (efeitos), que diz respeito ao direito como símbolo visível, para captarmos o fato interno (causas), representada pela solidariedade social. Existe, assim, uma relação entre vida social e regras do direito, que permite identificação da respectiva forma de solidariedade social presente na vida coletiva: *"Uma vez que o direito reproduz as formas principais da solidariedade social, só nos resta classificar as diferentes espécies de direito para descobrirmos, em seguida, quais são as diferentes espécies de solidariedade social que correspondem a elas"*. (E. Durkheim, *Da Divisão do Trabalho Social*, p. 35).

Assim, pode ser encontrada a solidariedade mecânica (ou por semelhança), própria das sociedades antigas, em que a consciência coletiva corresponde a um conjunto de similitudes sociais baseado em crenças, valores e sentimentos que reflete um grau elevado de equivalência com as consciências particulares, que atua na determinação dos comportamentos em prol de finalidades coletivas, ligando diretamente individuo e sociedade. Existe na solidariedade mecânica (ou por semelhança) uma coesão social que guarda sua origem na conformidade de todas as consciências particulares a um tipo comum que não é outro senão o tipo psíquico da sociedade, nessas condições, não só todos os membros do grupo são individualmente atraídos uns pelos outros, por se assemelharem, mas também são apegados ao que é condição de existência desse tipo coletivo, isto é, a sociedade que formam por sua reunião[204].

Deveras, a afinidade entre consciências (coletiva e particular) faz com que o instrumental jurídico se valha de regras que instituam crenças e condutas uniformes, de tal arte que o direito penal, operando por meio de sanções repressivas, corresponde ao modelo de regramento apropriado aos ditames da solidariedade mecânica: a influência da consciência coletiva no contexto social progride em relação direta à existência predominante de legislações penais de conteúdo repressivo presentes no sistema jurídico[205].

Enquanto as sociedades antigas caracterizam-se pela solidariedade mecânica, as sociedades modernas, marcadas pela complexidade das relações sociais, estruturam-se a partir da solidariedade orgânica (ou por dessemelhança), que tem por fundamento a divisão social do trabalho

---

[204] E. Durkheim, *Da Divisão Social do Trabalho*, p. 78/79.

[205] A vinculação entre a solidariedade mecânica e o direito repressivo é tratada por Durkheim da seguinte forma: *"existe uma solidariedade social proveniente do fato de que certo número de estados de consciência são comuns a todos os membros da mesma sociedade. É ela que o direito repressivo figura materialmente, pelo menos no que ela tem de essencial. O papel que ela representa na integração geral da sociedade depende, evidentemente, da maior ou menor extensão da vida social que a consciência comum abraça e regulamenta. Quanto mais houver relações diversas em que esta ultima faz sentir sua ação, mais ela cria vínculos que liga o indivíduo ao grupo; e mais, por conseguinte, a coesão social deriva completamente dessa causa e traz sua marca. Contudo, por outro lado, o numero dessas relações é ele mesmo proporcional ao das regras repressivas; determinando que fração do aparelho jurídico representa o direito penal, mediremos, portanto, ao mesmo tempo, a importância relativa dessa solidariedade".* (*Da Divisão do Trabalho Social*, p. 83).

segundo o princípio da especialização[206] e regramento pelo direito cooperativo acompanhado por seu aparato de sanções restitutivas (reparação de danos).

Na solidariedade orgânica, a distinção entre os integrantes do grupo social fortalece sua unidade, na medida em que a especialização empenhada pela divisão social do trabalho torna o desenvolvimento da individualidade indispensável à coesão da sociedade e de sua própria consciência coletiva, a qual pode ser devidamente mensurada pelo grau de presença do direito cooperativo no ordenamento jurídico[207], do mesmo modo que o direito repressivo permite a aferição da solidariedade mecânica.

A solidariedade orgânica compõe-se, então, de uma intricada trama de relações entre seus membros, permeadas por dessemelhanças que reciprocamente se complementam e o respeito às obrigações assumidas por contrato assume papel relevante na coesão da vida sociedade, evidenciando a importância do direito cooperativo e de suas sanções reparatórias, conforme assinala Georges Gurvitch:

> *"o desenvolvimento paralelo do Contrato e do Estado, ambos acompanhados de sanções restituitórias, é a manifestação mais exacta do fortalecimento da solidariedade orgânica e do direito que lhe corresponde. Segundo Durkheim, este desenvolvimento conduz à realização dos ideais da igualdade, de liberdade e de fraternidade no campo do direito"*[208].

---

[206] A solidariedade orgânica *"só possível se cada um tiver uma esfera própria de ação e, conseqüentemente, uma personalidade. É preciso, pois, que a consciência coletiva deixe descoberta uma parte da consciência individual, para que se estabeleçam essas funções especiais que ela não pode regulamentar; além disso, esta região é extensa, mas a coesão que resulta desta solidariedade é mais forte"*. (*Da Divisão do Trabalho Social*, p. 108).

[207] Durkheim compara a diferenciação ao sistema nervoso no organismo: *"este tem por tarefa regular as diferentes funções do corpo, de maneira a fazê-las concorrer harmonicamente; ele exprime, assim, naturalmente, o estado de concentração a que chegou o organismo, em conseqüência da divisão do trabalho fisiológico. Por isso, pode-se medir, nos diferentes níveis da escala animal, o grau dessa concentração segundo o desenvolvimento do sistema nervoso. Isso quer dizer que se pode igualmente medir o grau de concentração a que chegou uma sociedade, em conseqüência da divisão do trabalho social, segundo o desenvolvimento do direito cooperativo com sanções restitutivas"*. (*Da Divisão do Trabalho Social*, p. 105).

[208] *Tratado de Sociologia: Problemas de Sociologia do Direito*, p. 245/246.

Desta feita, a divisão do sistema jurídico, realizada por Durkheim, entre direito repressivo e cooperativo, revelam as causas da separação entre os vínculos que possibilitam a integração do indivíduo à vida social: a solidariedade mecânica, em que os laços são estabelecidos diretamente, sem intermediários, em razão da prevalência de similitudes sociais; e a solidariedade orgânica, fundada na divisão do trabalho social, em que conexão se dá de modo indireto, dependendo das partes que compõem a sociedade[209].

Pois bem. Ainda que Durkheim tenha sofrido uma série de críticas em relação a suas concepções teóricas, não se pode perder de vista no âmbito da proposta deste trabalho que os conceitos por ele formulados sobre as formas de solidariedade social, além de terem suma importância na sistematização e delimitação das características pertencentes a este valor, propiciaram a construção do solidarismo jurídico, na medida em que considera o Direito como forma de manifestação exterior do fenômeno da solidariedade social.

1.1.3. *Solidarismo Jurídico*

A partir das constatações realizadas pela corrente do solidarismo sociológico, o Direito passa a ser observado sob a perspectiva da solidariedade social, como fenômeno derivado da interdependência recíproca existente entre os seres humanos, intrínseca na compatibilização entre interesse individuais e sociais, que, ao solidificar as relações desenvolvidas no seio da sociedade, apresenta a força necessária para permitir a estruturação das partes componentes do mundo jurídico, bem como a extração de seus conceitos.

Neste contexto, em que se considera a solidariedade social, fruto da experiência concreta humana, como critério de formulação, caracterização

---

[209] Ilustrando o conteúdo das afirmações acerca da solidariedade mecânica e orgânica, tem-se que: *"A sociedade não é vista sob o mesmo aspecto nos dois casos. No primeiro, o que chamamos por esse nome é um conjunto mais ou menos organizado de crenças e sentimentos comuns a todos os membros do grupo: é o tipo coletivo. Ao contrário, a sociedade de que somos solidários no segundo caso é um sistema de funções diferentes e especiais unidas por relações definidas. Aliás, essas duas sociedades são uma só coisa. São duas faces de uma única e mesma realidade, mas que, ainda assim pedem para ser distinguidas".* (E. Durkheim, *Da Divisão do Trabalho Social*, p. 106).

e imposição de normas jurídicas destinadas a possibilitar a convivência recíproca em sociedade, tal efeito surte seus reflexos na seara de interesses da ciência do Direito[210], constituindo o referencial teórico de juristas como Léon Duguit, Maurice Hauriou[211] e Georges Gurvitch[212].

---

[210] José Fernando de Castro Farias, ao dissertar sobre o início do pensamento solidarista jurídico, aponta que: *"No fim do século XIX e início do XX, a tese da solidariedade, como um fato objetivo, científico e moral, ganha terreno. Na medida em que a solidariedade era apresentada como um direito e um dever, era preciso traduzi-la no plano jurídico. O discurso solidarista passa, então, a exercer uma forte influencia sobre alguns juristas. No campo da teoria jurídica, a noção de solidariedade foi retomada, principalmente, por Léon Duguit, Maurice Hauriou e Georges Gurvitch. Percorrendo caminhos diferentes, esses autores se encontram na busca de uma redefinição do papel do Direito e do Estado. Neste sentido, L. Duguit retoma a idéia de solidariedade como uma verdadeira norma de 'direito objetivo'; Maurice Hauriou pretende dar sentido à solidariedade através da noção de 'instituição', enquanto 'organismo representativo'; e Georges Gurvitch, por sua vez, retoma a solidariedade como 'fato normativo', sistematizando a idéia do 'direito social'. O solidarismo jurídico procura associar o direito ao destino da democracia".* (A Origem do Direito de Solidariedade, p. 221).

[211] Maurice Hauriou formula considerações sobre a solidariedade com base na sua teoria da "instituição", movida pelo conceito de "idéia diretora da obra", em que, inicialmente, se consagra como projeto no grupo social, para, posteriormente, organizar as formas de expressão do poder por meio de órgãos, visando à concretização do projeto e, por fim, a manifestações de comunhão, a solidariedade existente no grupo social para com a efetivação do projeto, a qual será direcionada pelos órgãos do poder e por seus procedimentos, para participação ativa de seus membros. Sobre a teoria da instituição de Hauriou, Miguel Reale explica que para a realização desta idéia "um poder se organiza, fornecendo-lhe órgãos para sua atualização e, ao mesmo tempo, entre os que estão interessados, verificam-se manifestações de comunhão dirigidas pelos órgãos do poder e regidas por certas formas de processo" (*Fundamentos do Direito*, p. 225). Assim, a experiência jurídica se caracteriza como parte da realidade social, possibilitando a organização do poder em prol da solidariedade, por meio de interações dialéticas havidas no curso do processo histórico de existência coletiva, para construção gradativa de tipificações recíprocas entre os membros da sociedade, que permitem o estabelecimento dos laços de comunhão necessários para complementação da idéia pensada na realização da "instituição".

[212] Para Georges Gurvitch, a solidariedade é representada nos quadros da experiência jurídica pelo direito social, que não se reduz à mera ação interventiva estatal no domínio econômico, abrangendo o pluralismo jurídico preexistente no meio social, entendido como "fato normativo" que se origina do grupo tutelado e que com ele se integra para adquirir obrigatoriedade, para se apresentar como direito autônomo e de comunhão, que vincula partes ao todo do grupo de forma direta, para envolver ativamente seus membros na defesa de seus interesses, conforme pondera José Fernando de Castro Farias, ao comentar que o pensamento de Gurvitch *"supõe sobretudo atribuir aos interessados*

Com suas idéias, estes autores passam a destacar a atuação do coletivismo no plano do fenômeno jurídico, que influencia as diversas consciências individuais para agregá-las às finalidades comuns da vida social e sedimentar a dimensão da consciência solidária que possibilita o direcionamento das condutas humanas para fundamentar as regras de Direito. Ressalte-se, porém, que perante tais concepções o Direito se reduz a um fato, um produto natural que traduz em suas prescrições o conteúdo das forças existentes na realidade social, restando prestigiada a investigação meramente experimental. .

Entre os representantes da corrente do solidarismo jurídico, será enfatizado o pensamento defendido por Léon Duguit, que, ao estabelecer os fundamentos do direito objetivo, insere a solidariedade social em seu núcleo como pressuposto para existência de normas jurídicas, definidas em conformidade com a divisão do trabalho social.

1.1.3.1. Solidarismo Jurídico em Duguit

Duguit, reconhecendo que todo o ser humano, desde seu nascimento, participa de agrupamentos sociais e se valendo dos conceitos firmados no pensamento sociológico desenvolvido por Durkheim, busca uma fundamentação social e objetiva para experiência jurídica, baseada no ideal de solidariedade, a qual, assim como nos ensinamentos do mestre, se divide em: solidariedade social mecânica e solidariedade social orgânica.

Com efeito, para Duguit:

"a solidariedade pode vincular-se a um dos seguintes elementos essenciais: os homens de um mesmo grupo social são solidários entre si – primeiramente porque têm necessidades comuns cuja satisfação reside na vida em comum; e em segundo lugar porque têm anseios e aptidões diferentes cuja satisfação efetiva-se pela

---

– grupos classes ou indivíduos – um direito social próprio, com uma autonomia jurídica capaz de reivindicar e de controlar, e por conseguinte, com garantias de liberdade positiva capazes de atribuir aos grupos e aos indivíduos o papel de atores sociais ativos, possuindo a faculdade de se autogovernarem e de defenderem seus direitos. Assim, o direito social não se reduz somente a uma regulamentação de ajuda social do Estado e à distribuição de satisfações materiais; mais do que isso, ele implica uma autonomização da sociedade e um novo tipo de regulação social". (A Origem do Direito de Solidariedade p. 271).

troca de serviços recíprocos, relacionados exatamente ao emprego de suas aptidões. Dentro do esboço acima, conceitua-se a primeira como solidariedade 'por semelhança', enquanto a segunda, 'por divisão de trabalho'"[213].

E conclui afirmando que, com o progresso, a constituição e estruturação da sociedade se baseiam na divisão do trabalho, vez que as múltiplas atividades essenciais à subsistência humana são desenvolvidas em diversos campos de ação, devendo ser distribuídas harmonicamente pelo grupo, o que exige um maior intercâmbio de serviços e vigor ao sentimento de solidariedade, conforme demonstra Miguel Reale, ao comentar a teoria de Duguit:

"a divisão do trabalho social tem como conseqüência a solidariedade social, como exigência inamovível da convivência e uma rede de serviços reciprocamente prestados: o Estado mesmo resolve-se em um sistema de serviços públicos"[214].

Desse modo, Duguit fixa uma relação necessária de complementaridade entre a existência da solidariedade e das regras sociais determinadas com a divisão do trabalho social, considerando a norma jurídica como "produto do fato social", que busca sua fundamentação nos desdobramentos da realidade vivenciada em sociedade, independentemente das vontades manifestadas pelas consciências individuais ou mesmo pelo

---

[213] Léon Duguit, *Fundamentos do Direito*, p. 23. Miguel Reale, tratando das bases do sociologismo jurídico de Duguit, esclarece que este jurista não aceita o princípio fundamental da teoria de Durkheim, que pressupõe a "idéia de uma consciência coletiva irredutível às consciências individuais", no entanto, introduz no centro de seu pensamento os conceitos durkheimianos estabelecidos acerca da solidariedade social, como retratado na distinção entre solidariedade mecânica e orgânica, a saber: *"Solidariedade mecânica é aquela que se estabelece quando duas ou mais pessoas, tendendo a um mesmo fim, praticam a mesma série de atos. Num exemplo elementar, podemos lembrar o esforço conjugado de cinco ou dez indivíduos para levantar um bloco de granito. Este é um caso de coordenação de trabalho, que tem como resultado uma solidariedade mecânica. Quando, porém, os indivíduos, para realizar determinados fins, para alcançar determinada meta, não praticam os mesmos atos, mas atos distintos e complementares, temos a divisão de trabalho orgânica, que tem como resultado uma solidariedade orgânica".* (*Filosofia do Direito*, p. 442).

[214] *Filosofia do Direito*, p. 442.

poder do Estado[215], mas que tem por finalidade em sua objetivação alcançar a solidariedade social:

> *"O homem vive em sociedade e só pode assim viver; a sociedade mantém-se apenas pela solidariedade que une seus indivíduos. Assim uma regra de conduta impõe-se ao homem social pelas próprias contingências contextuais, e esta regra pode formular-se do seguinte modo: não praticar nada que possa atentar contra a solidariedade social sob qualquer das suas formas e, a par com isso, realizar toda atividade propícia para desenvolvê-la organicamente. O direito objetivo resume-se nesta fórmula, e a lei positiva, para ser legítima, deve ser a expressão e o desenvolvimento deste princípio"*[216].

Para Duguit, o "direito objetivo" não se faz a mera causalidade, pressupõe a intervenção humana, que o constrói com vistas à realização de um valor, a solidariedade social, a qual expressa o conteúdo da lei existente na sociedade, reveladora dos padrões comuns de comportamento firmados com base na divisão do trabalho social. Afinal de contas, Duguit diferencia as leis naturais, marcadas por relações de causalidade, das leis sociais, que tendem a realização de determinados fins, permeados pelo sentimento de solidariedade social[217].

---

[215] Duguit, ao dissertar sobre o Estado, reconhece um elemento comum em todas as doutrinas que se propuseram a estabelecer sua legitimação da autoridade política: a existência de governantes, monopolizadores do poder de comando, que determinam as ordens a serem seguidas pelos governados mediante constrangimento material. Considera, então, a força política estatal um fato real, que se legitima quando se compatibiliza com o direito:"o poder político tem por fim realizar o direito, comprometendo-se, em virtude do direito, a realizar tudo que estiver a seu alcance para assegurar o reino do direito. O Estado fundamenta-se na força, e esta força legitima-se quando exercida em conformidade com o direito" (Léon Duguit, *Fundamentos do Direito*, p. 51). Reconhece, assim, que a idéia de soberania estatal é substituída pela de "serviços públicos", em virtude da prevalência da atividade de cooperação sobre a de dominação, em que resta consagrado o caráter próprio das instituições que visam à preservação da utilização legítima do poder, para sancionar seus atos de acordo com o direito, que se desenvolve com base na solidariedade social. O Estado apenas atua como reflexo da consciência solidária, oriunda da grande massa dos espíritos, devendo prestar serviços públicos para proteger os preceitos necessários para convivência mútua entre os membros da sociedade. Posto em tais condições, o Direito não busca sua origem no Estado, mas sim no seio da própria coletividade, que direciona a atividade legislativa para seguir a espontaneidade das prescrições surgidas no meio social e que representam o sentimento de solidariedade social.

[216] Léon Duguit, *Fundamentos do Direito*, p. 25.

[217] Sobre a compreensão do que seja "direito objetivo" na obra de Duguit, José Fernando de Castro Farias expõe que o autor considera a regra de direito um fato

Alerte-se para a circunstância de que a solidariedade, na concepção de Duguit, não é condicionada pela divisão do trabalho, mas, ao contrário, ele entende que a divisão do trabalho é determinada pela solidariedade social. E, em tal panorama, o direito objetivo possibilita o funcionamento da divisão do trabalho, quando se constata em sua formação a presença da consciência solidária apresentada como valor a ser alcançado na diversidade das interações sociais.

Vê-se que a construção do direito objetivo deriva das exteriorizações de vontades individuais determinadas pelo sentimento de solidariedade social, que se impõe a todos os seres humanos como fenômeno decorrente de sua natureza, fazendo com que cada um cumpra seu papel no funcionamento e desenvolvimento do sistema social, "sendo todo indivíduo obrigado pelo direito objetivo a cooperar na solidariedade social, resulta que eles têm o 'direito' de praticar todos aqueles atos com os quais coopera na solidariedade social, refutando, por outro lado, qualquer obstáculo à realização do papel social que lhe cabe"[218].

A consciência solidária viabiliza, assim, a própria obrigatoriedade da norma jurídica, penetrando na consciência da massa dos indivíduos, para que seus atos sejam direcionados em prol da solidariedade social. Nestes termos, a presença do sentimento de solidariedade nos atos realizados pelos membros de determinada sociedade tendem a preservá-la, reforçando seus laços de sustentação; e, por outro lado, os atos praticados contrariamente ao sentimento de solidariedade acabam por provocar uma reação social, expressado por um efeito de caráter coercitivo.

Então, de acordo com teoria do controle social de Duguit, centrada no sentimento de solidariedade, podem ser encontrados três tipos de normas sociais, que surgem das relações entre indivíduos perante a coletividade e se distinguem em razão do grau de coercitividade manifestado: normas morais, normas econômicas e normas jurídicas.

As normas morais e econômicas somente passam a ter relevância para o Direito, tornando-se normas jurídicas, quando suas prescrições

---

valorativo legitimado na solidariedade social, mencionando ainda que: *"Duguit considera o 'direito objetivo' uma 'lei de fim', no sentido da realização da 'solidariedade social'. Para o fundador da escola de Bordeaux, o direito busca a realização de um fim, que é o da 'solidariedade social': 'a lei social é uma lei de fim; todo fim é legítimo quando ele é conforme à lei social, e todo ato feito para atender a esse fim tem um valor social, isto é, jurídico"*. (*A Origem do Direito de Solidariedade*, p. 226).

[218] Léon Duguit, *Fundamentos do Direito*, p. 27.

colocarem em risco o sentimento de solidariedade pela impossibilidade de regulação/contenção através da força social, necessitando de um instrumental coercitivo dotado de maior rigor:

> *"Quando o sentimento unânime, ou quase tal, do grupo considera que a solidariedade social estaria gravemente comprometida se o respeito a uma de tais normas não fosse garantido pelo emprego da força social, então temos o momento oportuno do surgimento da norma jurídica do seio das normas morais e econômicas"*[219].

A norma jurídica, na concepção de Duguit, apresenta um traço peculiar o consentimento das massas em relação a sua importância no atendimento das finalidades próprias da solidariedade social, sendo perfeitamente natural a inserção do instrumental coercitivo amparado pelo Estado para lhe dar plenas condições de desenvolvimento perante as relações sociais.

Desse modo, a teoria apresentada por Duguit fundamenta sua concepção de Direito no ideal de solidariedade garantido pela força social, que norteia e influencia a massa dos espíritos, fazendo pressentir a necessidade da instituição de regras jurídicas voltadas a sua preservação, para possibilitar a convivência ordenada na sociedade.

1.2. Concepção Contemporânea de Solidariedade Social

Com a disseminação das idéias pregadas pelas correntes socialistas e do solidarismo (sociológico e jurídico), verifica-se, no decorrer do século XX, a consolidação gradativa do valor solidariedade social não apenas como um conceito abstrato, que ocupa espaço nas discussões filosóficas e políticas, mas também como um dos princípios fundamentais pertencentes ao Direito Positivo, ou seja, como postulado normativo a ser alcançado por um grande número de ordenamentos jurídicos estatais,

---

[219] A. L. Machado Neto, *Sociologia Jurídica*, p. 119. No mesmo sentido, Miguel Reale, ao expor sua opinião sobre a teoria de Duguit: *"quando o ato viola determinados princípios que constituem a base mesma da vida social, ou seja, o 'mínimo ético' (e aqui Duguit invoca a teoria do mínimo ético de Jellinek) indispensável à vida social, e a sociedade reage organizada e especificamente e, ao mesmo tempo, se forma a certeza da possibilidade da reação: – temos a lei jurídica. Neste último caso, a reparação não só é mais intensa, como é predeterminada e organizada"*. (*Filosofia do Direito*, p. 445).

direcionando a realização de atividades empreendidas pelo Poder Público, assim como o próprio caminhar das relações intersubjetivas.

As transformações históricas ocorridas, especialmente, com a Revolução Russa de 1917, que resultou na implantação do regime socialista pela União Soviética, fruto da luta das classes proletárias por melhores condições de vida, bem como o colapso econômico oriundo da Primeira Grande Guerra[220], fizeram com que o Estado redirecionasse seus fins, rompendo com o modelo não-intervencionista liberal, para assumir preocupações de caráter eminentemente social.

Não se pode perder de vista que, se por um lado o modelo de Estado proposto pelo liberalismo, fundado na interferência mínima no contexto social, permitiu o desenvolvimento econômico e tecnológico, com a expansão dos meios de produção ocorrida durante o processo de Revolução

---

[220] O colapso econômico gerado pela Primeira Grande Guerra, principalmente, em virtude da crise do sistema monetário e do desemprego, atingiu seu ápice com a repentina quebra da Bolsa de Nova Iorque, em 29 de setembro de 1932, alastrando seus efeitos em âmbito mundial por todos os setores de produção, surpreendendo a economia liberal, que não estava preparada para enfrentar este tipo de situação: *"A grande crise de 29, com as tensões sociais criadas pela inflação e pelo desemprego, provoca em todo mundo ocidental um forte aumento de despesas públicas para a sustentação do emprego e das condições de vida dos trabalhadores"*. (Norberto Bobbio, Nicola Matteucci e Gianfranco Pasquino, *Dicionário de Política*, p. 417). Neste panorama, em que a eliminação do desemprego em larga escala passa a ser o problema a ser solucionado pelo Estado, surgem idéias defendidas pelo economista inglês John Maynard Keynes, que procuravam salvar de algum modo o abalado modelo liberal/capitalista, prega a intervenção do Estado nas relações de mercado: *"Antes de Keynes, os governos liberais temiam, com razão, perturbar os equilíbrios econômicos se manipulassem a moeda, o orçamento, o imposto, as taxas de juros. A partir de então, tendo justificativas para atuar nessa direção, à estatização se torna 'científica', intelectualmente respeitável. E aí que se trava o drama do século XX: os liberais, unindo-se a Keynes contra Marx, tornam-se todos estatizantes. Em nome do keynesianismo, toda intervenção publica, a partir de então, estará envolta a priorifavorável, de uma aparente lógica científica"*. (Guy Sorman, *A Solução Liberal*, p. 54/55). Ressalte-se ainda que, nos Estados Unidos, com a eleição de Franklin Roosevelt, foi implantado o programa de governo intervencionista baseado na idéias de Keynes denominado *New Deal*, o qual, apesar de ter enfrentado duras críticas, obteve grandes resultados em sua aplicação e demonstrou a nova realidade vivenciada pelo Estado perante a Sociedade: *"Às voltas com grave recesso econômico, Roosevelt viu-se na contingência de reconhecer o papel proeminente e decisivo do Estado no mundo econômico. Mentor dessa orientação foi o grande economista inglês John Maynard Keynes, que, embora liberal em política, era partidário de uma economia administrada, confiando no benefícios da ação planificadora dos órgãos estatais.* (Miguel Reale, *O Estado Democrático de Direito e o Conflito das Ideologias*, p. 29/30).

Industrial, por outro criou um terreno propicio para a construção de correntes ideológicas que explodiram em movimentos revolucionários, a partir da formação de uma grande massa proletária insatisfeita com suas condições de trabalho e vivendo em situação de miséria, que pretendiam alcançar a correção de tais injustiças com a adoção de medidas socializantes.

Ocorre, então, o enfraquecimento dos ideais liberais, consagrados ao longo da modernidade, com o aparecimento de movimentos de critica e oposição ao seu modelo econômico, os quais postulavam adoção de pratica política baseada no intervencionismo por parte do Estado, para possibilitar a prevenção e a solução dos desajustes decorrentes das diferentes condições de vida existentes entre classes sociais (burguesia e do proletariado), o que acarretou no fortalecimento dos discursos igualitário e, de certo modo, solidário, que, em tal período, passaram a exigir efetiva tutela jurídica, ao não se contentarem mais com objetivações dependentes da moral, baseada em sentimentos de caridade e fraternidade.

Tal circunstância refletiu-se nas disposições contidas em diversos Textos Constitucionais, que, além de manter a proteção aos direitos individuais, conquistas próprias do liberalismo, passaram a garantir uma série de direitos sociais, cuja temática envolvia assuntos concernentes às relações de trabalho, à moradia, à saúde, à educação, à previdência social, entre outras, visando abranger as necessidades de todos os segmentos da sociedade e revelando, assim, novas preocupações na ordem política, que se inclinou à positivação da solidariedade social, ainda que fortemente influenciada pelos ideais valorativos determinados pela igualdade, que corresponde à invariante axiológica revelada historicamente por este ciclo cultural[221].

---

[221] Conforme estudado, os valores se desdobram no transcurso do processo histórico cultural das civilizações, de modo que alguns deles, ao receberem relevância de significação, são revelados à consciência social em determinado momento histórico, sendo alçados ao patamar de invariantes axiológicas, para ditar o padrão ético a ser seguido nas condutas individuais e coletivas. Durante o período histórico relatado, encontra-se como invariante axiológica igualdade, que influencia o modelo de Estado Social, sendo que a solidariedade recebe suas primeiras conotações valorativas, que somente se aperfeiçoam e se revelam como invariantes em etapa posterior da história, correspondente ao advento da pós-modernidade, com o modelo de Estado Democrático de Direito. Portanto, o constitucionalismo do Estado Social se configura como um constitucionalismo estruturalmente igualitário, ou seja, em que a igualdade aparece como valor fundamental definidor da proposta axiológica do constitucionalismo do Estado Social.

Pode-se dizer, então, que, no século XX, ocorre uma mudança de paradigma: do Estado Liberal para o Estado Social ou Estado do Bem-estar Social (*Welfare State*), em razão da impossibilidade de se realizar justiça social pela simples garantia de liberdades individuais e da exigência de um comportamento intervencionista do Estado, que não deve limitar o conteúdo de suas ações apenas à vigilância da ordem, atuando no sentido de propiciar condições satisfatoriamente dignas de existência aos seres humanos nos diversos setores da vida social, isto é, possibilitar ao máximo o atendimento das necessidades concretas dos cidadãos, independentemente da classe a que pertença[222].

Surge, assim, a concepção de Estado Social, marcado por medidas positivas com prestação de serviços públicos direcionados para melhoria da qualidade de vida dos cidadãos e repressão às desigualdades sociais, apresentando posição oposta ao Estado Liberal burguês do século XIX, o qual restou caracterizado por comportamentos negativos, a partir da impossibilidade de invasão na esfera de liberdades individuais.

E, seguindo a esteira da ordem política trazida pelo Estado Social, o Direito procurou se adaptar a esta nova realidade tanto na positivação de leis destinadas a sua concretização, especialmente, na esfera constitucional, quanto no estudo de figuras e princípios da Ciência Jurídica, que redirecionou seu foco atenções do individualismo, que até então permeava suas premissas, para a perspectiva da igualdade, a qual passou a influenciar decisivamente o conteúdo das teorias jurídicas, bem como a tarefa de aplicabilidade de leis própria da função jurisdicional, trazendo, inclusive, para este plano as primeiras impressões valorativas do sentimento de solidariedade social[223].

---

[222] Neste primeiro momento de consagração do Estado Social, a presença da igualdade com suas ramificações contidas no ideal de solidariedade, mesmo que não configurada em sua plenitude axiológica, pode ser sentida no âmbito político: nas propostas socialistas, as quais se instalaram, principalmente, na Europa Oriental, as quais guardam suas origens no marxismo, em que se constata a existência de um Estado intervencionista, que, ao ser destinado à consagração de direitos sociais, passa a limitar, de maneira proposital, o exercício de direitos individuais; e nos ideais preconizados pela social-democracia, que, em contrapartida, foram consagrados na Europa Ocidental, que, ao preservarem suas raízes liberais, praticaram ações publicas de conteúdo assistencialista, possibilitando o fomento estatal em setores estratégicos da sociedade e o robustecimento das organizações sindicais, para busca e defesa de legislações que assegurem melhores condições de trabalho.

[223] Estes efeitos podem são verificados, principalmente, em relação aos institutos de Direito Privado, que passam a considerar interesses de cunho social na sua aplicação, com

Em outros termos, enquanto no Estado Liberal atesta-se um dever de abstenção do poder público, vinculados às declarações individualistas e ao modelo econômico proposto pelo capitalismo, o Estado Social exige prestações positivas, fundadas em normas de *status* constitucional nucleadas pelo valor fundamental igualdade, que tenham por finalidade a proteção a grupos economicamente fracos, a fim de que fossem equacionadas as desigualdades existentes entre distintos segmentos da sociedade[224].

Ora, se os direitos humanos de primeira geração próprios do constitucionalismo liberal se estruturaram diante da invariante axiológica do valor da liberdade, o Estado Social permitiu a revelação à consciência histórica da segunda geração de direitos humanos, tendo como diretriz a invariante axiológica do valor da igualdade, que, nos ensinamentos de Paulo Bonavides:

"São os direitos sociais, culturais e econômicos bem como os direitos coletivos ou de coletividade, introduzidos no constitucionalismo das distintas formas de Estado Social, depois que germinaram por obra da ideologia e da reflexão antiliberal do século XX. Nasceram abraçados ao princípio da igualdade, do qual não podem se separar, pois fazê-los equivaleria a desmembrá-los da razão de ser que os ampara e os estimula"[225].

---

o dirigismo estatal no âmbito dos contratos, influenciado pela solidariedade social e não apenas pelos ideais de liberdade e autonomia da vontade: *"Ao direito de liberdade da pessoa será contraposto – ou com ele sopesado – o dever de solidariedade social, não mais reputado como um sentimento genérico de fraternidade ou uma ação virtuosa que o indivíduo poderia – ou não – praticar, dentro de sua ampla autonomia".* (Maria Celina Bodin de Moraes, *Princípios da Constituição de 1988: O Princípio da Solidariedade*, p. 166).

[224] Neste sentido, Arruda Alvim acentua que: *"sucessivamente, às Constituições típicas do liberalismo – em que se abdicava de interferir na vida social –, e surgindo a consciência de que determinadas situações haveriam de ser protegidas, por obra do legislador, isso passou a ser feito originariamente através das próprias Constituições, com a previsão de proteção aos direitos sociais, abrigando os direitos fundamentais oriundos das relações de trabalho, referentes à habitação, à saúde, à educação etc.".* (*Constituição de 1988: o Brasil 20 anos depois: Processo e Constituição*, p. 393).

[225] *Curso de Direito Constitucional*, p. 564. Releva reafirmar que a tomada histórica da igualdade como invariante axiológica, núcleo dos direitos humanos de segunda geração, bem como a percepção fático-sociológica introduzida pelas correntes do solidarismo, possibilitam a inserção inicial da solidariedade no plano dos valores, para refletir seus efeitos na determinação das finalidades pertinentes ao conteúdo das relações intersubjetivas. No entanto, como será visto no decorrer do trabalho, a composição definitiva da solidariedade social entre as constelações de valores, inclusive, com o advento dos direitos

Desta feita, o Estado Social estrutura-se no primado da igualdade material, não se restringindo apenas à igualdade perante a lei, de conteúdo meramente abstrato, como postulava o liberalismo, mas na garantia de que deve ser buscada incessantemente por intermédio do direcionamento de prestações positivas (políticas públicas) a concretização deste valor perante a realidade social, para promoção do bem comum[226].

Como exemplos marcantes de ordenamentos jurídicos positivos que adotaram pioneiramente o modelo de Estado Social, com a inserção em seus Textos Constitucionais de relevantes disposições acerca de direitos sociais, juntamente, com a preservação de direitos e garantias individuais, conquistados historicamente sob a égide do Estado Liberal, têm-se, a Constituição Mexicana de 1917[227] e Constituição de Weimar de 1919[228].

---

humanos de terceira geração, somente se dá em momento posterior da história da humanidade, com o surgimento da pós-modernidade, com o modelo de Estado Democrático de Direito.

[226] Paulo Bonavides assevera que o Estado Social tem a função de intervir no domínio social para superar as desigualdades até então existentes, produzidas sob égide do modelo econômico liberal e, assim, alcançar a concretização da igualdade material por meio de suas ações: *"O Estado social é enfim Estado produtor de igualdade fática. Trata--se de um conceito que deve iluminar sempre toda a hermenêutica constitucional, em se tratando de estabelecer equivalência de direitos. Obriga o Estado, se for o caso, a prestações positivas; a prover meios, se necessário, para concretizar comandos normativos de isonomia"*. (*Curso de Direito Constitucional*, p. 378).

[227] Sobre a importância da Constituição Mexicana de 1917, Fábio Konder Comparato aduz que: *"A Carta Política mexicana de 1917 foi a primeira a atribuir aos direitos trabalhistas a qualidade de direitos fundamentais, juntamente com as liberdades individuais e os direitos políticos (arts. 5º e 123). A importância desse precedente histórico deve ser salientada, pois na Europa a consciência de que os direitos humanos têm também um dimensão social só veio a se afirmar após a grande guerra de 1914-1918, que encerrou de fato o 'longo século XIX'"*. (*A Afirmação Histórica dos Direitos Humanos*, p. 184).

[228] A influência da Constituição Weimar para consagração do modelo de Estado Social na Europa é retratada por Ana Cristina Costa Meireles: *"As Constituições marcos desse novo Estado que se implanta são as do México de 1917, a Russa de 1918 e a de Weimar de 1919. Não obstante a do México tenha sido a primeira de todas, a de Weimar veio a se tornar paradigma do constitucionalismo social do primeiro pós-guerra do século XX pela importância que assumiu e dadas as circunstancias do seu surgimento, resultado do rompimento do antigo regime e implantação de uma República Social na Alemanha"*. (*A Eficácia dos Direitos Sociais: Os Direitos Subjetivos em face das Normas Programáticas de Direitos Sociais*, p. 41).

Nestas Constituições, os direitos sociais trabalhistas e previdenciários são alçados ao plano dos direitos fundamentais[229], exigindo do Estado ações afirmativas no sentido de instrumentalizá-los por meio da realização de políticas públicas, para objetivar a igualdade e, por via transversa, incrementar os vínculos de solidariedade, com o conseqüente alargamento do rol de participantes da vida social na concretização do projeto de existência comum, o que caracteriza patente ruptura com o modelo proposto pelo liberalismo, no qual o Estado possuía como função primordial a manutenção da segurança, da paz entre os indivíduos para garantir a livre fluência das relações de mercado[230].

Em seqüência, a ocorrência da Segunda Guerra Mundial faz com que o papel do Estado Social de caráter intervencionista se acentue com a ampliação de sua esfera de atuação, a partir da exigência de serem ofertados serviços públicos essenciais aos cidadãos: "a necessidade de controlar os recursos sociais e obter o máximo de proveito com o menor desperdício, para fazer face às emergências da guerra, leva a ação estatal a todos os campos da vida social, não havendo mais qualquer área interdita à intervenção do Estado"[231].

---

[229] A positivação de direitos sociais, concomitantemente, com direitos individuais nos Textos Constitucionais passa a receber um grande número de adeptos, tendo o Brasil não ficado alheia a esta tendência e inaugurado tal previsão na Carta Constitucional de 1934, que se inspira diretamente na Constituição Weimar, conforme os comentários de José Afonso da Silva: *"Ao lado da clássica declaração de direitos e garantias individuais, inscreveu um título sobre a ordem econômica e social e outro sobre a família, a educação e a cultura, com normas quase todas programáticas, sob a influência da Constituição alemã de Weimar. Regulou os problemas de segurança nacional e estatui princípios sobre o funcionalismo público (arts. 159 e 172). Fora, enfim, um documento de compromisso entre o liberalismo e o intervencionismo"*. (*Curso de Direito Constitucional Positivo*, p. 82).

[230] Nos contornos iniciais da transformação do Estado Liberal em Estado Social, Pierre Rosanvallon pondera comparativamente que: *"São os direitos relativos às relações de produção e seus reflexos, como a previdência e assistência sociais, o transporte, a salubridade pública, a moradia, etc. que vão impulsionar a passagem do chamado Estado mínimo – onde lhe cabia tão-só assegurar o não-impedimento do livre desenvolvimento das relações sociais no âmbito do mercado caracterizado por vínculos intersubjetivos a partir de indivíduos formalmente livres e iguais – para o Estado Social de caráter intervencionista – que passa a assumir tarefas até então próprias ao espaço privado através de seu ator principal: o indivíduo"*. (*A Crise do Estado-Providência*, p. 35).

[231] Dalmo de Abreu Dallari, *Elementos de Teoria Geral do Estado*, p. 280. Seguindo mesma linha de raciocínio, Manoel Gonçalves Ferreira Filho faz algumas breves ponde-

Como resposta às necessidades evidenciadas pela sociedade mundial durante a Segunda Grande Guerra, o Estado Social reforça-se, juntamente com sua compreensão solidária[232], verificando-se, assim, a extensão de serviços públicos de cunho assistencial, o aprimoramento da técnica de tributação progressiva e a constante interferência na manutenção do emprego e no pagamento de benefícios aos desempregados, para ser alcançado um maior equilíbrio na redistribuição de rendas e nas diferenças existentes entre classes sociais.

Com efeito, deve-se considerar que as Constituições, promulgadas após o encerramento da Segunda Guerra Mundial, preocupadas em afastar as atrocidades cometidas em face da humanidade pelo regime nazi-facista, passaram a instalar em seus conteúdos o valor fundamental da dignidade da pessoa humana, realçando suas dimensões solidárias[233], em especial, após a consagração deste valor na ordem internacional, com a Declaração Universal dos Direitos do Homem, aprovada pela Assembléia Geral das Nações Unidas no ano de 1948, que representou esforço histórico no sentido de serem reconhecidos em documento jurídico de abran-

---

rações sobre o alargamento da concepção inicial de Estado Social após o término da Segunda Guerra Mundial, a saber: *"A consagração do chamado Estado-Social, ou Estado do Bem-Estar, depois da Segunda Guerra Mundial, leva muito adiante a tendência desenhada pelo intervencionismo. Faz predominar a concepção de que o Estado é como que uma divindade benevolente, onisciente, quase onipotente (recorde-se a profecia de Tocqueville), apta a transformar a sociedade e o homem, tornando aquela mais justa, este mais feliz".* (Estado de Direito e Constituição, p. 40).

[232] Maria Celina Bodin de Moraes assinala que: *"Se o século XIX foi, reconhecidamente, o século do triunfo do individualismo, da explosão de confiança e orgulho na potência do indivíduo, em sua criatividade intelectual e em seu esforço particular, o século XX presenciou o início de um tipo complemente novo de relacionamento entre as pessoas, baseado na solidariedade social – conseqüência da reviravolta, na consciência coletiva e na cultura de alguns países europeus, decorrente das trágicas experiências vivenciadas ao longo da Segunda Grande Guerra".* (Princípios da Constituição de 1988: O Princípio da Solidariedade, p. 157).

[233] Entre as Constituições que assinalaram esta tendência de positivação do valor da dignidade da pessoa humana, podem ser citadas a Constituição Italiana de 1947 e a Lei Fundamental de Bonn de 1949. Esta, de acordo com os comentários Konrad Hesse, elege a dignidade da pessoa humana como seu postulado nuclear: *"o artigo de entrada da Lei Fundamental normaliza o princípio superior, incondicional e, na maneira da sua realização indisponível, da ordem constitucional: a inviolabilidade da dignidade do homem e a obrigação de todo o poder estatal de respeitá-la e protegê-la".* (Elementos de Direito Constitucional da República Federal da Alemanha, p. 109/110).

gência mundial os valores da igualdade, da liberdade e da fraternidade, conforme acentua Ana Paula de Barcellos:

> *"A reação à barbárie do nazismo e dos fascismos em geral levou, no pós-guerra, à consagração da dignidade da pessoa humana no plano internacional e interno como valor máximo dos ordenamentos jurídicos e princípio orientador da atuação estatal e dos organismos internacionais"*[234].

No decorrer deste processo de positivação de valores sociais e, até certo ponto, solidários, mais precisamente na década de 60 e 70 do século XX, percebe-se uma grave crise no Estado Social, decorrente do aumento do déficit público[235], que acaba por provocar instabilidade econômica e social e, conseqüente, incremento da carga tributária, com a necessidade crescente de serem obtidos grandes volumes de recursos públicos, caindo por terra ilusão de que as finanças estatais seriam sempre suficientes para atender às demandas públicas, o que leva a diversos setores da sociedade

---

[234] *Normatividade dos Princípios e o Princípio da Dignidade da Pessoa Humana na Constituição de 1988*, p. 162. Em sintonia com a explanação apresentada, são as considerações de Ingo Wolfgang Sarlet: *"A positivação do princípio da dignidade da pessoa humana é, como habitualmente lembrado, relativamente recente, ainda mais em se considerando as origens remotas a que pode ser reconduzida a noção de dignidade. Apenas ao longo do século XX e, ressalvada uma ou outra exceção, tão-somente a partir da Segunda Guerra Mundial, a dignidade da pessoa humana passou a ser reconhecida expressamente nas Constituições, notadamente após ter sido consagrada pela Declaração Universal da ONU de 1948"*. (Dignidade da Pessoa Humana e Direitos Fundamentais na Constituição Federal de 1988, p. 62).

[235] Durante o momento histórico relatado, constata-se a insuficiência de meios materiais para fazer frente aos novos riscos sociais com que o Estado Social passa a se confrontar, exigindo um incremento assoberbado de gastos públicos, levando a sociedade ao questionamento da possibilidade de compatibilização entre desenvolvimento econômico e justiça social, conforme o modelo intervencionista keynesiano. Perante este quadro, Lênio Streck evidencia que: *"Os problemas de caixa do Welfare State já estão presentes na década de 1960, quando os primeiros sinais de receitas e despesas estão em descompasso, estas superando aquelas são percebidos. Os anos 70 irão aprofundá-la, à medida que o aumento da atividade estatal e a crise econômica mundial implicam um acréscimo ainda maior de gastos, o que implicará o crescimento do déficit público. Muitas das situações transitórias, para a solução das quais o modelo fora elaborado, passaram, dada as conjunturas internacionais, a ser permanentes – o caso do desemprego nos países centrais exemplifica caracteristicamente este fato"*. (Jurisdição Constitucional e Hermenêutica: uma nova crítica do direito, p. 58).

a repensar em um resgate dos moldes liberais, vindo à tona as idéias propugnadas pelo neoliberalismo:

> *"contra a realização deste imperativo de introdução de maior fraternidade ou solidariedade, na teoria e pratica do direito, veio a levantar-se a ideologia neoliberal, pretendendo decretar, autoritariamente, o fim do Estado Social, eliminando, desta forma, o veículo mais eficaz, através do qual tais idéias se vinham corporificando"*[236].

O neoliberalismo pode ser considerado um movimento de contestação ao intervencionismo proposto pelo modelo de Estado Social, o qual, a partir do pensamento disseminado por esta corrente, passou a ser considerado ameaça ao pleno exercício dos direitos de liberdade e motivo determinante da crise econômica instalada no pós-guerra, ao ser defendido que as condições de mercado devem ser regidas espontaneamente[237], sem qualquer interferência por parte do Poder Público, pois, em hipótese contrária, o caminho político a ser tomado pelo Estado seria certamente o totalitarismo.

Portanto, os neoliberais, que tiveram como representantes maiores Friedrich August Hayek e Milton Friedman, fundadores da Sociedade de

---

[236] Plauto Faraco de Azevedo, *Direito, Justiça Social e Neoliberalismo*, p. 96. Diante do cenário em que se encontrava a sociedade mundial com o processo de globalização, em que os rumos da economia são ditados concentradamente por um reduzido grupo de empresas gigantescas e bancos de amplitude global, o neoliberalismo encontrou o terreno propício para sua implantação, se instalando em diversos países em meados da década de 80, tais como a Inglaterra, com o governo Thatcher, e EUA, com o governo Reagan, ocasionando um esvaziamento das funções anteriormente atribuídas ao Estado: *"Ao governo caberia tão-somente o monopólio da defesa e das armas nacionais, a garantia da manutenção das leis, da ordem, da justiça e da segurança e estabelecimento de um level playing field – um conjunto de regras básicas que permitissem aos agentes econômicos movimentarem-se livremente"*. (Gilberto Dupas, *Economia Global e Exclusão Social: pobreza, emprego, estado e futuro do capitalismo*, p. 112).

[237] Mais uma vez, o individualismo, precisamente, em sua vertente liberdade econômica é alçado à condição de paradigma da sociedade, relegando, ao segundo plano, qualquer tentativa de conciliação deste valor com empreitadas sociais: *"A liberdade econômica que constitui o requisito prévio de qualquer outra liberdade não pode ser aquela que nos libera dos cuidados econômicos, segundo nos prometem os socialistas, e que só se pode obter eximindo o indivíduo ao mesmo tempo da necessidade e do poder de escolha; deve ser a liberdade de ação econômica que, junto com o direito de escolher, também acarreta inevitavelmente os riscos e a responsabilidade inerentes a esse direito"*. (F. A. Hayek, *O Caminho da Servidão*, p. 107).

Mont Pèlerin[238], propunham que o livre funcionamento do mercado seria suficiente para solucionar os problemas de ordem econômica (recessão e inflação) e social (desemprego), devendo ser reduzido e descentralizado o poder estatal, que havia se dobrado às reivindicações do movimento operário, aumentando progressivamente seus custos, o que revela o posicionamento ideológico totalmente contrário ao regime socialista implantado à época na União Soviética[239].

De qualquer modo, a legitimação jurídica da solidariedade social permanece aparentemente intacta ao processo de falência que se instaura no Estado Social, a partir do ressurgimento do projeto liberal e de seu convívio mútuo com ideais liberais, em razão do fato de constar expressamente em dispositivos pertencentes a ordenamentos jurídicos constitucionais vigentes, quanto a circunstancia de no âmbito internacional sedimentar-se em uma diversidade de tratados que visavam à preservação de direitos difusos e humanos, tanto que neste momento a percepção histórica da solidariedade como invariante axiológica passa a ser concebida, não em contornos definitivos, mas com maior consistência, ao ser eleita como valor norteador dos denominados direitos humanos de terceira geração[240].

Ocorre que, com a aceleração do fenômeno da globalização, em que os países detentores do poder econômico e bélico se sobrepõem nitida-

---

[238] Acerca do tema: *"Os liberais da tendência do Mont Pèlerin consideram, com efeito, que de nada adianta criticar a esquerda, já que é preciso substituí-la, mas que, em compensação, é essencial exercer sobre a direita uma pressão ideológica permanente, para impedi-lá de tornar a cair no compromisso com o social-estatismo"* (Guy Sorman, *A Solução Liberal*, p. 62).

[239] Releva considerar que uma das razões determinantes da ascensão definitiva do Estado Neoliberal encontra-se vinculada à derrocada do regime socialista na Europa oriental e na União Soviética, de tal sorte que estes países abandonaram a política centralizado/intervencionista própria do socialismo e passaram a adotar o modelo proposto pelo neoliberalismo, voltando-se totalmente para abertura econômica com a realização desenfreada de privatizações e, conseqüente, promoção de graves desajustes sociais.

[240] Sobre o tema, confira-se: *"Dentro deste novo olhar, supera-se a exclusividade da tutela estatal, isto é, não se permite mais fragmentar o ser humano nesta ou naquela categoria de pessoas, ou seja, vinculada a este ou àquele Estado, mas sim como um gênero, que possui anseios e necessidades comuns. Oportuno assinalar, que é imprescindível neste objetivo a união de esforços na construção de um mundo melhor, canalizando a preocupação com a paz, o desenvolvimento, o meio ambiente, entre outros temas difusos e globais"*. (Ernani Contipelli e Vladimir Oliveira da Silveira, *Direitos Humanos Econômicos na Perspectiva da Solidariedade: Desenvolvimento Integral*, p. 2576)

mente aos demais, a proposta de possíveis intervenções estatais passa a ser considerada um empecilho, vez que o desenvolvimento dos mercados mundiais depende da inexistência de barreiras alfandegárias, da flexibilização das legislações trabalhistas, da redução de gastos assistenciais e da privatização e desregulamentação da economia, colocando em risco conquistas históricas obtidas, especialmente, na esfera dos direitos sociais[241].

Daí pode-se identificar os obstáculos encontrados para a concretização de direitos sociais, que, em virtude de seu conteúdo prestacional, perdem espaço com a quebra do Estado Social e o robustecimento da política neoliberal, centrada na defesa do materialismo e consumismo exacerbados, em detrimento aos já exaltados valores essenciais da pessoa humana, mormente, a tríade liberdade, igualdade e solidariedade, pregando ainda a não-intervenção nas relações de mercado, em que as funções originárias do Estado devem ser gradativamente delegadas aos denominados "poderes sociais"[242], os quais se referem aos grandes conglomerados e empresas multinacionais, incluindo as instituições financeiras, que passam a substituir o Estado na tarefa de prestação de serviços públicos com substrato econômico.

Inaugura-se, então, a era da pós-modernidade, marcada pela hipercomplexidade, em que se vislumbra a convivência recíproca entre diversos valores contrapostos, que estão em constante movimento de prevalência uns em relação aos outros:

> *"a pós-modernidade não surge como algo pensado, não é fruto de uma corrente filosófica. Muito menos constitui um grupo unitário e homogêneo de valores, ou modificações facilmente identificáveis, mas sim uma força subterrânea que irrompe à superfície somente*

---

[241] Novamente, utiliza-se a precisa lição de Plauto Faraco de Azevedo para ilustração da idéia levantada sobre as conseqüências político-sociais do neoliberalismo: *"Progressivamente liberada de todo o contraste, a entidade providencial do mercado ilimitado, fundada sobre si mesma, mostra a sua face cruel, consagrando a exclusão social, agredindo as conquistas do próprio liberalismo e os direitos sociais advindos do Welfare State. O direito ao emprego e à irredutibilidade salarial, consagrada esta como um dos princípios basilares da Consolidação das Leis do Trabalho e ratificada por jurisprudência velha de meio século, passam a ser suscetíveis de 'flexibilização', conforme um dos tropos utilizados pelo neoliberalismo. Se o desemprego mostra-se crescente, os neoliberais de plantão asseveram que é conjuntural, o essencial sendo manter a inflação em baixa. Para isto, crescem as medidas restritivas dos direitos sociais, em nome da sacralidade dos planos econômicos".* (*Direito, Justiça Social e Neoliberalismo*, p. 112).

[242] Plauto Faraco de Azevedo, *Direito, Justiça Social e Neoliberalismo*, p. 112

para mostrar o seu vigor, aqui e ali, trazendo instabilidades, erosões e erupções, sentidas como abalos da segurança territorial na qual se encontravam anteriormente instaladas as estruturas valorativas e vigas conceptuais da modernidade"[243].

1.2.1. Culturalismo Jurídico e Solidariedade Social

O período histórico compreendido pela era da pós-modernidade caracteriza-se por um paradoxo de ruptura, em virtude do questionamento e superação da escala de valores inerentes ao ciclo cultural referido à Idade Moderna, e, simultaneamente, de continuidade, pois, ainda que se constate a crítica aos valores próprios da modernidade, eles não desaparecem e sim passam a ser combinados gradualmente com as novas tendências necessárias ao atendimento das exigências originadas no plano da realidade sócio-econômica na qual se desenvolve a humanidade, propiciando a revelação da solidariedade social como invariante axiológica.

Doravante, a convivência recíproca entre valores na pós-modernidade conduz a sociedade para uma crescente heterogeneidade, sem qualquer possibilidade de retorno, na qual as diversidades dos modos de vida se relacionam e se implicam mutuamente, o que exige uma conformação que não se sustenta por paradigmas históricos ou mesmo dogmas sociais, erigindo, daí, a importância decisiva de se reafirmar o conteúdo axiológico da solidariedade neste momento como tentativa de alcance da unidade em sintonia com a diferenciação progressiva de ideais existentes no contexto social[244].

---

[243] Eduardo C. B. Bittar, *O Direito na Pós-Modernidade*, p. 102/103. Apesar de não existir um consenso em relação ao marco histórico que inaugura a pós-modernidade, acredita-se que *"a modernidade estar-se-ia fragmentando com maior nitidez e clareza a partir de 1970, com a irrupção de inúmeros fenômenos sociais e culturais que marcam de modo incontestável a sua falência paradigmática. É exatamente neste contexto que a idéia de absurdo, a filosofia da existência, a desesperança no projeto da modernidade, o desencantamento do mundo surgem como idéias fortes, na tentativa de entrever respostas, ainda que lânguidas aos desesperos existenciais de um modelo esfacelado e desprovido de sentido filosófico"*. (Eduardo C. B. Bittar, *O Direito na Pós-modernidade*, p. 99).

[244] Perante tal cenário, algumas vozes se levantam em prol do sentimento de solidariedade, como o caso do filósofo belga Philippe Van Parijs, que, ao justificar o necessário intervencionismo estatal, utiliza-se de uma concepção tripartite, que procura consagrar em seu núcleo o ideal de solidariedade: a existência de uma renda básica universal,

Sob a perspectiva do mundo jurídico, a complexidade da sociedade pós-moderna acaba por colocar em risco seus primados fundamentais, principalmente, no plano constitucional, demonstrando sua inoperância no atendimento de diretrizes retratadas no corpo de Textos Constitucionais construídos para o provimento de ações públicas positivas direcionadas à garantia das liberdades individuais e do intervencionismo no campo social, ou seja, Constituições que refletem em seus conteúdos as conquistas históricas obtidas durante o ciclo cultural da modernidade, com a consagração do Estado Liberal e, posteriormente, do Estado Social[245].

Por certo, a questão que envolve a fundamentação jurídica da solidariedade aparenta estar superada, existindo, durante este período, um consenso em relação a sua necessária inserção em documentos normativos voltados à consagração de direitos humanos, haja vista sua primeira percepção histórica como invariante axiológica, ao servir como valor determinante para justificar a consagração dos direitos humanos de terceira geração.

No entanto, o problema a ser solucionado parece ser outro, diante dos influxos da política neoliberal e do surgimento da pós-modernidade, dizendo respeito à plena objetivação destes direitos perante o contexto sócio-cultural:

"Por mais que edite textos legais para coordenar, gerir, induzir, balizar, controlar, disciplinar e planejar o comportamento dos agentes

---

distribuída indistintamente a todos os membros da sociedade, como consagração de um direito humano a uma subsistência mínima; a globalização democrática, voltada para formação de uma comunidade política mundial, que possibilitará o reconhecimento consciente de que todas as nações compartilham dos mesmos interesses; e, finalmente, o patriotismo solidarista, sentimento de ordem moral fundado na caridade, que exige o comprometimento dos cidadãos para com a criação de uma sociedade justa, a partir de tratamentos igualitários e do respeito aos postulados institucionais de preservação da ordem pública. E Van Parijs pondera que: *"uma sociedade justa é uma sociedade organizada de tal maneira que não trata seus membros somente com igual respeito, mas também com igual solicitude"*. (*O que é uma sociedade justa?*, p. 210).

[245] Norberto Bobbio, ao analisar o problema da efetivação dos Direitos Humanos, demonstra sua opção por uma discussão aprofundada acerca da necessidade de serem buscados elementos direcionados ao desenvolvimento conjunto da civilização humana, independentemente da nacionalidade, credo e outras concepções meramente individualistas. Com efeito, é enfático ao dizer que: *"É um problema cuja solução depende de um certo desenvolvimento da sociedade e, como tal, desafia até mesmo a Constituição mais evoluída e põe em crise até mesmo o mais perfeito mecanismo de garantia jurídica"*. (*A Era dos Direitos*, p. 45).

produtivos (no âmbito do trabalho, das finanças, da indústria e do comércio), esse seu instrumental normativo já não consegue 'penetrar' de modo direto, imediato, pleno e absoluto na essência do sistema sócio-econômico"[246].

Desdobrando a idéia anterior, tem-se que os direitos humanos de terceira geração, os quais representam de certo modo prescrições jurídicas ligadas a valores solidários, não se contentam com meras prescrições abstratas, exigem o comprometimento de ações estatais para com sua plena efetivação, e a inexistência de políticas públicas e programas de governo dirigidos aos setores da sociedade que devem ser abrangidos por estas formulações implica, por conseqüência lógica, no desatendimento destes direitos.

Demais disso, evidencia-se, neste momento vivenciado pela humanidade, a obrigação de levar efetivamente a solidariedade a todos os segmentos da sociedade[247] e não somente ao Poder Público, com o estrei-

---

[246] José Eduardo Faria, *O Direito na Economia Globalizada*, p. 126. Ao tratar do assunto, José Eduardo Faria denomina de "inflação legislativa" o processo de criação desenfreado de normas jurídicas, que *"implode os marcos normativos fundamentais da vida social; impede a certeza jurídica; e ainda acaba contribuindo para reduzir a pó direitos conquistados de modo legítimo"*. (*O Direito na Economia Globalizada*, p. 129), promovendo, assim, insegurança no desenvolvimento das relações sociais. Em outros termos, a descomedida concessão legal de benefícios sociais, sem qualquer compromisso com sua materialização, demonstra a incapacidade do Estado para fazer frente às demandas públicas, que se atem a tarefa apenas de "catalogar", por meio de normas jurídicas, os desajustes existentes na sociedade.

[247] A efetivação da solidariedade distancia-se, de certo modo, da pauta de prioridades das atuações estatais, que não reúne mais condições financeiras e mesmo materiais para concretizá-la, e dirige seus apelos, novamente, para consciência ética da sociedade civil, passando a depender de ações voluntárias desenvolvidas, especialmente, no âmbito do denominado terceiro setor, em que são convocados e mobilizados publica e desinteressadamente grupos e indivíduos dispostos a colaborar na realização de direitos sociais e na prestação de auxilio mútuo aos necessitados, ocupando, assim, de tarefas que caberia inicialmente ao Poder Público: *"É justamente nesta (re)convocação pública, ou melhor estadual, da sociedade civil, que é como quem diz de cada um e do conjunto dos cidadãos e seus grupos sociais, que reside actualmente um dos mais importantes e significativos suportes da idéia de solidariedade"*. (José Casalta Nabais, *Algumas Considerações sobre a Solidariedade e a Cidadania*, p. 154). Deveras, em razão da ausência do Estado na realização de políticas públicas sociais consistentes, assiste-se ao desenvolvimento do terceiro setor, fenômeno, que, segundo Maria Cecília Baêtas Dyrlund, *"ocorre em todo mundo, mas nos países em desenvolvimento fica mais evidente: entidades privadas*

tamento dos laços de interdependência recíproca entre os seus membros, conciliando a diversidade de interesses existentes no âmbito da experiência social, a fim de que cada indivíduo se conscientize da relevância de suas responsabilidades para com seus semelhantes e com o projeto de atendimento ao bem comum, participando ativa e continuamente de sua formação e desenvolvendo ao máximo suas potencialidades com a garantia de níveis satisfatórios de existência digna.

Neste panorama, ocorre a complementação do conteúdo da solidariedade social como invariante axiológica presente na atualidade, na medida em que passa a se relacionar íntima e reciprocamente com os demais valores fundamentais em transito no plano experimental, mantendo sua vinculação imediata ao valor fonte da pessoa humana, para lhe ser conferida a dimensão exigida pelas complexidades vivenciadas no mundo histórico-cultural e ditar o fundamento ético das ações humanas manifestadas nas regras de Direito.

Reforça-se, então, a compreensão axiológica da solidariedade social, que pretende atingir e envolver todos os participantes da vida social na busca de objetivos sociais comuns, advindo daí a necessidade de se estabelecer um discurso jurídico pautado na perspectiva Tridimensional do Direito, proposta por Miguel Reale, na qual a experiência jurídica, vislumbrada concretamente na integralidade de suas possibilidades de manifestação (fato, valor e norma), se revela apta a absorver e alcançar as transformações e a multiplicidade de valores presentes na sociedade pós-moderna, como bem observa Eduardo C. B. Bittar:

"Na visão tridimensional histórico-axiológica de Miguel Reale, são incindíveis as dimensões do fato, do valor e da norma na identificação do que é o direito, e é por esta mesma vertente que se pensa ser extremamente sensível o direito a toda e qualquer intervenção de modificações culturais a todo universo de valores jurídicos e aos modos instituídos pela sociedade para a proteção desses mesmos valores identificados e eleitos como primordiais"[248].

Esta opção pelo culturalismo, corrente filosófica em que se insere o pensamento de Miguel Reale, que pressupõe o dado axiológico na própria

---

mobilizam-se para reverter os graves problemas sociais que a sociedade enfrenta, substituindo o Estado na prestação de uma atividade pública". (*Dicionário de Filosofia do Direito*, p. 777).

[248] *O Direito na Pós-Modernidade*, p. 105.

estrutura do conhecimento, se justifica em razão de revelar a interpenetração da experiência jurídica no processo histórico-cultural, sendo utilizada na compreensão do Direito e do Estado referência ao sistema de valores pertencentes a uma civilização, possibilitando a efetiva apreensão do conteúdo ético das prescrições jurídicas:

> *"O culturalismo, tal como entendemos, é uma concepção do Direito que se integra no historicismo contemporâneo e aplica, no estudo do Estado e do Direito, os princípios fundamentais da Axiologia, ou seja, da teoria dos valores em função dos graus de evolução social"*[249].

Diante desta postura cognitiva de natureza essencialmente axiológica, as prescrições de Direito tendem abarcar uma ampla classe de fatos para se adaptar com maior facilidade às alterações sofridas na vida social, escapando das inconveniências oriundas de soluções jurídicas pautadas em um formalismo estático, para, ao contrário, interpretar a norma jurídica dialeticamente de acordo com o contexto em que se acha inserida, respeitando valores éticos culturais, e proceder ao caminhar rumo a sua concreção, de forma dinâmica e prospectiva, aberto às transformações sentidas no âmbito histórico-cultural.

Abrem-se as portas para uma compreensão mais concreta e viva do Direito, em que a forma não ocupa a posição central de suas preocupações, mas sim a observação do fenômeno jurídico como experiência, como aspecto vital da realidade, que procura identificar o ser humano nas coordenadas de espaço e tempo sociais em que se relaciona, onde as

---

[249] Miguel Reale, *Teoria do Direito e do Estado*, p. 08. Reafirmando a posição exposta, na defesa do Culturalismo e da Teoria Tridimensional de Miguel Reale como marco teórico a ser utilizado para consagração da solidariedade no estabelecimento de soluções jurídicas para questões colocadas diante da complexidade que envolve a sociedade moderna, encontra-se o posicionamento de Judith Martins-Costa: *"o culturalismo jurídico, com sua atenção voltada à noção de experiência jurídica concreta, com sua decisiva rejeição ao formalismo abstracionista – que julga uma 'perversão' –, com o olhar voltado à processualidade do processo normativo e à contextualidade que cerca as ações humanas, mostra-se um filtro teórico particularmente indicado para auxiliar o legislador e o interprete na necessária concreção que viabiliza o encontro de 'pessoas' sob a capa dos 'sujeitos' e permite a concessão de tutelas jurídicas adequadas à 'ética da situação', de modo a facilitar a implementação dos deveres de proteção que incumbem ao Estado como garantia dos Direitos Fundamentais"*. (*Constituição, Direitos Fundamentais e Direito Privado: Os Direitos Fundamentais e a Opção Culturalista do Novo Código Civil*, p. 72/73).

soluções normativas devem comportar maior plasticidade, com a conciliação de modelos jurídicos fechados e abertos, para obter maximizar seus resultados, com a objetivação dos valores essenciais da pessoa humana, em especial, a invariante axiológica da solidariedade social[250].

Desse modo, a Teoria Tridimensional desenvolvida por Miguel Reale apresenta-se como pensamento jurídico adequado ao enfrentamento das contingências existentes na pós-modernidade, na medida em que, além de permitir a compreensão integral da realidade que compõem o fenômeno de Direito (fatos/valores/normas), possibilitando a verificação empírica e dinâmica do componente axiológico contido em seus preceitos, inseri a pessoa como seu valor fonte, permitindo a reavaliação das condicionantes histórico-culturais que atuam perante a experiência jurídica, direcionando suas prescrições ao estabelecimento de modelos voltados a um projeto de busca incessante pela atribuição de existência digna para todos com fulcro na alteridade e respeito mútuo entre os membros da comunidade para robustecer seus vínculos de cooperação.

Ao compreender a experiência jurídica em sua concepção tridimensional histórico-cultural, como fenômeno essencialmente axiológico, Miguel Reale apresenta o valor da pessoa humana como seu valor primordial, ponto de partida para se aferir à legitimação da ordem jurídica positivada, afirmando ainda que:

> *"a linha de progresso humano é representado pelo 'modelo ideal' (no sentido weberiano deste termo) de um ordenamento jurídico--político no qual cada homem possa alcançar o máximo de preservação de sua subjetividade com o máximo de participação aos valores comunitários"*[251].

---

[250] Esta perspectiva de abertura do fenômeno jurídico que privilegia os valores que o estruturam em relação à forma mostra-se de extrema pertinência na observação do Texto Constitucional, que atua como instrumento de validação e construção de sentido dos demais complexos normativos, exigindo a coexistência de idéias e a conscientização dos cidadãos para a busca contínua de seus propósitos axiológicos: *"Não é a letra da Constituição, mas o seu espírito, ou seja, os seus valores dominantes e específicos que devemos procurar realizar, sob pena de continuarmos a viver, como até agora temos vivido, à sombra de um constitucionalismo aparente. Para a formação dessa consciência política é indispensável o debate de idéias que nos impõe fidelidade às que elegemos"*. (Miguel Reale, *O Estado Democrático de Direito e o Conflito das Ideologias*, p. 46).

[251] *Nova Fase do Direito Moderno*, p. 63.

Tais afirmações demonstram que a conscientização do valor da personalidade humana pressupõe a própria idéia de sociabilidade, abrindo caminho para a consagração do ideal de solidariedade social, vez que o sentido do valor pessoa se atualiza perante a sociedade e esta, por sua vez, depende do mencionado valor para estreitar e fortalecer os laços conscientes de interdependência recíproca entre seus membros: "Entre pessoa e sociedade há, pois, uma correlação primordial, um vínculo de implicação e polaridade, de tal sorte que o homem na sociedade, ainda que só milênios após tenha podido atingir a consciência de sua individualidade ética e de sua co-participação a uma 'comunidade de pessoas'"[252].

Tomando, então, a pessoa como valor fonte, fundamento da ordem jurídica e política, não se pode consentir com a proposta de minimização do Estado pregada pelo ideário neoliberal, que acarreta no agravamento das desigualdades econômicas e sociais, com o risco de se perder outros valores historicamente conquistados como segurança, igualdade e liberdade, essenciais para assegurar o mínimo necessário ao pleno desenvolvimento das potencialidades humanas[253], evidenciando a necessidade de se pensar em alternativas para busca de um novo modelo de Estado, apto a concretizar políticas públicas e envolver todos os participantes da vida social em um projeto de vida comum que possibilite a atribuição de condições dignas de existência e formação de bem-estar a todos, ou seja, que tenha como plano de ação a reafirmação de valores já consagrados historicamente e a busca pela justiça social, com a diminuição do processo de exclusão deflagrado pelo modelo neoliberal[254].

---

[252] Miguel Reale, *Filosofia do Direito*, p. 214.

[253] O próprio Miguel Reale, ao analisar as vertentes do liberalismo, critica a revelia estatal e defende sua postura ativa quando se verifica a possibilidade de as soluções advindas da livre iniciativa atingir ao campo reservado à "liberdade social, isto é, aquele mínimo de vida individual sem o qual as liberdades jurídicas e política são meros simulacros" (*Paradigmas da Cultura Contemporânea*, p. 119).

[254] Ao traçar comentários sobre as ideologias liberais, socialistas e social-democratas, Miguel Reale defende o modelo propugnado pelo social-liberalismo: *"o social-liberalismo, conforme terminologia hoje dominante, é a recusa de ver o Estado como 'um mal necessário', ou apenas numa atitude defensiva ou subsidiária da economia de mercado, por se entender que esta, visualizada segundo o prisma social, implica atribuição ao Estado do poder-dever, não de controlar a iniciativa privada, mas de estabelecer normas que assegurem uma necessária complementaridade entre liberdade de iniciativa e justiça social, tendo como ancora o princípio da solidariedade".* (Miguel Reale, *Paradigmas da Cultura Contemporânea*, p. 116).

Ainda nesta perspectiva histórico-axiológica, que – ressalte-se – tem como núcleo o ser humano consciente de sua dignidade e imersão social, se faz necessária uma profunda revisão de conteúdo das próprias relações sociais, afastando os malefícios ocasionados pelo individualismo unilateral ou mesmo possíveis excessos do coletivismo, para elevar o sentimento de solidariedade ao patamar de invariante axiológica diretiva da vida social em sintonia com os demais valores ligados a pessoa humana que lhe corresponde.

São lançadas, assim, as bases do Estado Democrático de Direito, que, na terminologia utilizada por Miguel Reale, equivale ao "Estado de Direito e Justiça Social", no qual o Estado atua no dimensionamento e harmonização dos valores liberdade e igualdade, respeitando as condições existenciais individuais e coletivas em sintonia com os ideais axiológicos propostos pela solidariedade, para efetivamente atender e estabilizar os dissensos e questionamentos existentes nos quadrantes da sociedade pós-moderna: "está-se verificando, em nosso tempo, é um 'revisionismo' que se estende do campo liberal ao campo socialista, visando preservar os valores da liberdade jurídica e política (conquistas por excelência do liberalismo) com imperativos de igualdade, cujo corolário é a 'liberdade social', só possível onde e quando todos os cidadãos venham dispor de um mínimo de base econômica e existencial"[255].

2. AXIOLOGIA E SOLIDARIEDADE SOCIAL

A análise da contextualização histórica empreendida no capítulo anterior possibilitou a verificação das variações experimentadas no conceito de solidariedade social através dos tempos, as quais se revelarão de extrema utilidade para ilustrar a proposta de determinação de sua dimensão jurídico-valorativa como invariante axiológica historicamente revelada no ciclo cultural correspondente ao da civilização pós-moderna, que se relaciona direta e reciprocamente com os demais valores essenciais ligados à pessoa humana.

Ainda, assim, não se pode olvidar a circunstancia de que a delimitação precisa do significado do valor solidariedade social em suas objetivações no mundo jurídico revela-se como tarefa árdua diante da

---

[255] Miguel Reale, *Paradigmas da Cultura Contemporânea*, p. 126.

multiplicidade de sentidos que comporta[256], principalmente, em razão de ser identificado como que referencial determinante dos padrões éticos a serem seguidos nos comportamentos individuais e coletivos da pós--modernidade, ao preencher e garantir a dimensão social do valor fonte da pessoa humana exigido no modelo de Estado Democrático de Direito.

De qualquer modo, é necessário ter em mente que a solidariedade social existe como dado concreto da experiência jurídica e, embora não seja exaustivamente apreendida em todas as suas formas de manifestação, por conta de sua essência eminentemente axiológica, precisa ser investigada dinamicamente em seu contínuo processo de construção e adaptação à realidade social exteriorizados em bens jurídicos, o que se entende ser possível a partir das premissas formuladas pelo culturalismo de Miguel Reale.

Assim, pretende-se situar a solidariedade social perante a região ôntica dos objetos valiosos, para, em seguida, delimitar o conteúdo de suas possíveis acepções diante dos quadrantes da experiência jurídica, comprovando sua ligação com os ideais de cooperação recíproca, dignidade social, alteridade e pleno desenvolvimento das potencialidades humanas, entre outros e, por fim, buscando maior precisão semântica, inseri--la nas características dos valores.

2.1. Conteúdo Axiológico da Solidariedade Social

A averiguação do termo solidariedade, desde sua concepção etmológica[257] até mesmo sua compreensão nos moldes da linguagem

---

[256] Sobre tema, são esclarecedoras as palavras de Tércio Sampaio Ferraz Júnior: *"os valores não são entidades independentes, que permitem uma expressão unívoca, mas são fatores que se determinam – instavelmente – em um processo global. Nesse processo, objetivos primariamente postulados podem sofrer mutações, já pela modificação nas condições de 'realizabilidade', já pelo aparecimento de novos objetivos"*. (*in* "Direito Constitucional: Liberdade de Fumar, Privacidade, Estado, Direitos Humanos e Outros Ensaios", p. 526).

[257] Etmologicamente, a palavra solidariedade busca sua origem no latim e aponta seu significado para a condição de ser sólido, inteiro, completo, como bem ressalta Fábio Konder Comparato: *"O substantivo solidum, em latim, significa a totalidade de uma soma; solidus tem o sentido de inteiro ou completo. A solidariedade não diz respeito, portanto, a uma unidade isolada, nem a uma proporção entre duas ou mais unidades, mas à relação de todas as partes de um todo entre si e cada uma perante o conjunto de todas elas"*. (*Ética: Direito, Moral e Religião no Mundo Moderno*, p. 577).

sociofilosófica[258], conduz a identificação de uma pluralidade de sentidos, que, apesar de certas variações, guardam sempre como significado comum a idéia de reciprocidade de interesses, de compartilhamento de afirmações, de relação harmônica e interdependente entre as partes pertencentes a um todo.

Tal consideração pode ser perfeitamente confirmada a partir da análise das mutações semânticas experimentadas pela idéia de solidariedade ao longo de seu desenvolvimento histórico, em que se constata sua evolução da esfera da moral para a do âmbito político e, posteriormente, dos interesses jurídicos positivados[259], sempre estando vinculada ao pensar e ao agir coletivo, ou seja, direcionada ao atendimento de interesses mutuamente integrados.

Por certo, já se pode afirmar que a solidariedade social encontra-se situada, perante a Teoria dos Objetos, na região ôntica dos objetos valiosos, na medida em que a apreensão de seu conteúdo semântico e a sua própria realização se desdobra no transcurso do processo histórico-cultural das civilizações, representando certo propósito, um fim a ser alcançado por meio da exteriorização de condutas humanas.

Afinal de contas, a solidariedade social não pode ser considerada um objeto natural, por não pertencer à ordem do "ser", que se encontra

---

[258] Cláudio Sacchetto, ao tratar da multiplicidade de sentidos da palavra solidariedade, afirma que na linguagem sociofilosófica significa: *"'capacidade dos membros de um determinado grupo, família, nação, toda humanidade, de prestar-se recíproca assistência', ou então, 'Solidariedade nacional: relação de comunhão de ideais e de recíproco suporte que une os indivíduos, cidadãos de uma nação ou as diversas unidades administrativas nas quais é dividido um Estado e que surge do sentimento de pertencer a uma mesma nação'"*. (*Solidariedade Social e Tributação: O Dever de Solidariedade no Direito Tributário: o Ordenamento Italiano*, p. 15). Ainda sobre os múltiplos significados do termo solidariedade, verificam-se na sociologia as seguintes definições: *"'o consenso entre unidades semelhantes que somente pode ser assegurado através da cooperação que deriva necessariamente da divisão do trabalho' (Durkheim), ou 'característica das relações sociais onde a ação de cada um dos participantes implica todos os outros' (Weber) e, ainda, 'integração institucionalizada de cooperação' (Parsons)"*. (André-Jean Arnaud, *Dicionário Enciclopédico de Teoria e de Sociologia do Direito*, p. 766).

[259] Durante o período relativo à antiguidade clássica e a Idade Média, a idéia de solidariedade sempre esteve atrelada às noções de caridade e fraternidade, sofrendo grande influência de concepções religiosas. Somente com o advento da Idade Moderna que a idéia de solidariedade passa a transitar gradualmente pelo campo da política, alcançado sua consagração definitiva como pauta de interesses estatais somente com o advento do Estado Social, no qual passa inclusive a incorporar o conteúdo de Constituições e Tratados Internacionais para ser positivada como princípio jurídico.

regida pelo princípio da causalidade, muito menos inseri-la na categoria de objetos ideais, já que, além de se manifestar no tempo e espaço nos objetos culturais, não pode se configurar como uma mera entidade lógica.

Não restam dúvidas de que a solidariedade social se integra aos objetos contidos na ordem do "dever ser", sendo compreendida, por intermédio da formulação de juízos de valor sobre a experiência social, como motivo determinante de certos comportamentos humanos e, objetivada perante a categoria dos objetos culturais, para lhes atribuir um dado significado no curso do processo histórico.

Perante o campo da experiência normativa, pode-se afirmar que a solidariedade social, por se encontrar inserida no âmago da natureza humana, permite que o fenômeno jurídico cumpra seu papel perante a sociedade, haja vista que este valor estabelece os vínculos que possibilitam a união e o reconhecimento da interdependência recíproca entre participantes da vida social, para que possam apoiar uns aos outros, superando expectativas e deficiências individuais e realizando interesses e necessidades coletivas[260].

Explicitando a consideração anterior, percebe-se que a solidariedade social deriva de uma necessidade racional da vida, ínsita ao próprio espírito social humano, que constrói e organiza politicamente a comunidade em que vive para maximizar suas potencialidades, por meio da mútua cooperação intersubjetiva, em que cada indivíduo passa a ter deveres não apenas morais, mas sim jurídicos e exigíveis para com os seus semelhantes, que restam fixados com o direcionamento coercitivo de suas condutas, as quais se encontram voltadas à consecução do projeto de existência comum[261].

---

[260] Considerando as condicionantes sociais da natureza humana para justificar sua vinculação com o fenômeno jurídico, já expusemos que: *"o homem possui uma natureza essencialmente social, não podendo satisfazer nem sequer as suas necessidades básicas, fundamentais para sua sobrevivência, sem a presença de outros semelhantes. No entanto, esta característica somente se manifesta, se implementa, se instrumentaliza de forma plena com a normatização de seus comportamentos, estruturando o ambiente social para 'imunizar' os possíveis enfretamentos de interesses, de expectativas"*. (Ernani Contipelli, *Aplicação da Norma Jurídica*, p. 53).

[261] Esta concepção de solidariedade social pode ser perfeitamente identificada com o pensamento desenvolvido nas correntes do solidarismo sociológico e jurídico, que a entendiam, basicamente, como espécies de vínculos de interdependência recíprocas firmados entre os membros da comunidade, com a atribuição de direitos e deveres para com o todo (por exemplo, a "dívida social" de M. Hauriou), que seriam garantidos pelo

Simultânea e reflexamente, à atribuição de deveres jurídicos para com os demais, decorrentes do ideal de solidariedade social, surgem para cada membro da comunidade os correspondentes direitos de participação equitativa na distribuição das benesses provenientes da convivência comum. Isto não significa dizer que as condições de vida dos indivíduos serão idênticas em todos os seus aspectos, mas no mínimo em relação aos seus elementos básicos, derivados do projeto de existência digna no âmbito social e, proporcionalmente, ratificados na mencionada atribuição de direitos e deveres fundamentais à preservação da sociedade.

No âmbito das relações recíprocas que compõem a intricada trama social, vislumbra-se a solidariedade sob a perspectiva de direitos, exigíveis pelo indivíduo em relação à comunidade, assim como de deveres, na medida em que cada um de seus membros assume obrigações e as exige de si mesmo para com a consecução de benefícios difusos a toda coletividade.

Ou seja, a solidariedade social pode ser identificada com ênfase tanto na atribuição de direitos, correspondendo, basicamente, à idéia de direitos sociais e de direitos de solidariedade propriamente ditos[262], quanto de deveres, que se opera com a divisão do trabalho social[263], definindo os encargos cabíveis aos membros da comunidade, para formação de patrimônio refletor de interesses convergentes para coexistência harmônica em grupo.

Portanto, a solidariedade vincula-se ao próprio ideal de vida comum ao determinar os laços de interdependência recíproca, em que os indivíduos

---

instrumental coercitivo que envolve o fenômeno jurídico, para proteger esta dimensão social da natureza humana.

[262] Somente a título de ilustração, pode-se citar Manoel Gonçalves Ferreira Filho, ao procurar elencar o rol de direitos de solidariedade: *"Quatro são os principiais desses direitos: o direito à paz, o direito ao desenvolvimento, o direito ao meio ambiente e o direito ao patrimônio comum da humanidade. A eles alguns acrescentam o direito dos povos a dispor deles próprios (direito à autodeterminação dos povos) e o direito à comunicação".* (*Direitos Humanos Fundamentais*, p. 58).

[263] Como visto no capítulo pertinente à contextualização histórica, Durkheim tratou do grau de divisão do trabalho social para retratar as normas de convivência e coesão existentes na vida comunitária, as quais se apresentam como elementos essenciais na classificação do conteúdo das relações sociais, de acordo com os enlaces de direitos e deveres recíprocos marcados pela solidariedade, que podem se apresentar como: mecânica, derivada do conjunto de similitudes sociais; ou orgânica, a qual, contrariamente, apresenta um sistema de diferenciações e especializações, que, em virtude da interdependência destas funções, permite a integração da sociedade.

participantes de certa comunidade, passam a compartilhar entre si direitos e deveres correlatos estabelecidos na esfera da experiência jurídica e que revelam a sujeição de certas atitudes comportamentais à formação de benefícios desfrutados por toda coletividade.

Certamente, no equilíbrio da relação envolvendo direitos e deveres correlatos no âmbito social que se apóia o sentido anteriormente retratado de solidariedade, pois, se de um lado o Estado é chamado ao cumprimento de seus deveres para assistir a sociedade na garantia de um rol mínimo de bens para fruição de vida satisfatória aos cidadãos, por outro, da comunidade aguarda-se o devido cumprimento dos deveres de colaboração que são impostos a cada um para com o grupo e a totalidade de seus membros[264].

Por decorrência lógica, a solidariedade social faz com que o Estado adote um papel ativo perante a sociedade, com a realização de ações interventivas positivas e concretas voltadas para melhoria da situação de vida de toda comunidade, especialmente, aos grupos menos favorecidos, garantindo-lhes conteúdo mínimo de sobrevivência digna, em que se procura evitar posições econômicas, políticas, culturais e morais degradantes de alguns em relação ao tratamento direcionado à totalidade dos membros[265].

Por outro turno, a solidariedade social acaba por intervir na seara das relações privadas, de interesses dos direitos subjetivos, área demarcada pelas concepções clássicas do valor liberdade, estabelecendo limitações ao pleno exercício da vontade individual, ao prescrever a necessária rela-

---

[264] Tendo em vista que a consagração da solidariedade impõe a todos os membros da sociedade deveres jurídicos no alcance do bem comum, tem-se que tais obrigações, devidamente influenciadas pela igualdade, abrangem tanto particulares, que possuem responsabilidades primordiais de cooperação, como o próprio Poder Público, que, prioritariamente, atende a deveres de estruturação ou direcionamento, agindo, principalmente, na elaboração de normas e medidas políticas.

[265] Sobre a função interventiva do Estado, pautada na solidariedade social, Carlos de Cabo Martín expõe que: *"O princípio constitucional de Solidariedade como princípio competente para intervenção social, tem uma função, em sentido estrito, estrutural, enquanto seu objetivo é atuar sobre a estrutura (e funcionamento) do modo de produção capitalista"*. (*Teoría Constitucional de La Solidaridad*, p. 82 – tradução livre). Tal aspecto pertinente, ao sentido jurídico-axiológico da solidariedade social, pode ser facilmente detectado no Texto Constitucional vigente, em seu artigo 170, que incumbe ao Estado função de conformar a Ordem Econômica aos ditames da justiça social e do bem comum, para sanar os desajustes sociais havidos em razão das intempéries existentes no modelo econômico que rege as relações de mercado.

ção de ajustamento/compatibilidade entre referida esfera de autonomia privada ao atendimento de sua função social, geralmente, determinada no plano normativo constitucional[266].

Entretanto, ainda que reste caracterizada a dupla dimensão da solidariedade[267], alerte-se para o fato de que tanto os ordenamentos jurídicos positivos, quanto à dogmática centralizaram o foco de suas preocupações somente no plano dos direitos, esquecendo-se por vezes da tratativa acerca dos deveres de solidariedade, o que representa uma diminuição de sua importância, especialmente, em vista de sua concepção ético-axiológica, conforme acentua Gregório Robles: "Um fato social palpável é que na sociedade de nossos dias o sentimento do dever é obscuro, com freqüência parece extinto, enquanto seu oposto, o sentimento reivindicativo, alcança as maiores cotas de intensidade. Sob um ponto de vista ético, esse fenômeno se traduz em um decréscimo da solidariedade e em uma justificação do hedonismo"[268].

---

[266] Convém salientar que a influencia do valor solidariedade abrange todas as relações envolvendo os participantes da vida social, atribuindo os encargos decorrentes do projeto de coexistência para o Estado, sociedade e cada um de seus membros. Assim, a solidariedade social passa a atuar perante as relações privadas, para reconhecer a legitimidade de seus vínculos obrigacionais em sintonia com os interesses coletivos: *"Neste atual contexto de alteridade e reciprocidade nas relações humanas, impõe-se necessária readequação do conceito de direito subjetivo. Tradicionalmente vinculado ao ideário liberal, refletia um poder atribuído ao indivíduo para a satisfação de seu interesse próprio. Em uma sociedade solidária, todo e qualquer direito subjetivo é funcionalizado para o atendimento de objetivos maiores do ordenamento. O sistema apenas legitima a satisfação de interesses particulares à medida que seu exercício seja preenchido por uma valoração socialmente útil".* (Nelson Rosenvald, *Dignidade Humana e Boa-fé no Código Civil*, p. 174/175). Com tal postura, a solidariedade social afasta do âmbito das relações privadas o modelo de incomunicabilidade consagrado pelo Estado Liberal, para sujeitar a autonomia de vontade ao projeto de vida comunitária.

[267] Ao constatarmos a dupla dimensão da solidariedade social, constata-se que o estabelecimento de relações jurídicas diversas, mas até certo ponto correlatas, vinculando Estado e indivíduo, sendo que o indivíduo figura como sujeito de direitos em uma relação e, em outra, sujeito de deveres; encontrando-se o Estado na mesma situação, em uma relação sujeito de direito e, em outra, de deveres, como bem salienta Abelardo Rojas Roldán: *"denomina-se direitos de solidariedade social os direitos que participam de uma dupla natureza, no sentido de que são direitos individuais e também deveres sociais, em duas relações jurídicas diversas. (...) os sujeitos facultados e obrigados são, sempre, um público e outro privado*: (*Derechos De Solidaridad Social*, Revista de la Faculdad de Derecho de Mexico p. 275 – tradução livre).

[268] Gregório Robles, *Os Direitos Fundamentais e a Ética na Sociedade Atual*, p. 18.

Advém daí a necessidade de se realçar a estreita ligação existente entre solidariedade e sentido de dever, que constituem na atualidade os principais instrumentos colocados a serviço do Estado e da própria comunidade, para que possam envolver os atores da vida social no cumprimento de seus objetivos, especialmente, no que tange à concretização do projeto de existência comum[269], não apenas por decorrência do nascimento de relações de caráter coercitivo imposta pelo fenômeno jurídico, mas também com fundamento calcado em um sentimento de alteridade e de respeito recíproco historicamente revelado à consciência de seus participantes.

Na esteira deste pensamento, cite-se a posição de José Casalta Nabais, ao estabelecer interessante paralelo sobre a correlação existente entre a idéia de deveres fundamentais e a repartição de interesses sociais, ao afirmar que:

"Os deveres fundamentais outra coisa não são, ao fim e ao cabo, senão direitos a uma repartição universal ou geral dos encargos comunitários, dos encargos que a existência e funcionamento da sociedade estadual implicam"[270].

Dentro da proposta de estudo até então empreendida no presente capítulo, tem-se, objetivamente, que a solidariedade social possibilita o estabelecimento dos liames necessários à coexistência recíproca entre os membros de determinada comunidade, ao refletir as preocupações e vantagens comuns a serem compartilhadas, que devem ser alcançadas pela experiência jurídica, para exercer adequadamente sua função seletivo--axiológica diante da multiplicidade de fatos com os quais se depara para gênese das normas com a determinação de direitos e, especialmente, deveres no âmbito social.

---

[269] Ressaltando que a efetivação da solidariedade em todos os segmentos da sociedade apresenta-se como grande problema a ser enfrentado atualmente no campo da experiência jurídico-social, encontram-se as palavras de Franz Wieacker: *"O pathos da sociedade de hoje, comprovado em geral por uma analise mais detida das tendências dominantes da legislação e da aplicação do direito, é o da solidariedade: ou seja, da responsabilidade, não apenas dos poderes públicos, mas também da sociedade e de cada um dos seus membros individuais, pela existência social (e mesmo cada vez mais pelo bem-estar) de cada um dos outros membros da sociedade"*. (História do Direito Privado Moderno, p. 718).

[270] *O Dever Fundamental de Pagar Impostos*, p. 674.

Assim, os direitos fundamentais informados pelo valor solidariedade representam exigências de conteúdo assistencial, que, correlatamente, se inserem no dever do Estado e da sociedade de realizarem ações positivas no sentido de atender as demandas sociais e promover o bem-estar de todos, manifestando parcela de preocupações próprias do modelo de Estado Social, conforme analisado no capítulo pertinente à pesquisa da contextualização histórica da solidariedade social.

Por sua vez, os deveres fundamentais informados pela solidariedade correspondem aos encargos atribuídos aos membros da sociedade, os quais se espera que sejam espontaneamente cumpridos, mas que podem ser perfeitamente exigidos pelo Estado como ônus advindo da obrigação de colaborar na consecução do bem comum, como, por exemplo, o dever de pagar tributos.

Trata-se de uma abertura na visão da solidariedade que se perfaz diante das exigências axiológico-sociais trazidas pela era da pós-modernidade e que pretende se efetivar na fórmula do modelo Estado Democrático de Direito, ao colocar no mesmo patamar jurídico os direitos e deveres solidários e integrá-los ao plano normativo direcionado aos membros da comunidade.

Ocorre que a explicação do complexo envolvimento existente entre solidariedade social e fenômeno jurídico não se restringe apenas às condições de sociabilidade humana próprias da dimensão fática do Direito, que revelam os laços de interdependência recíproca entre indivíduos e de seus correspondentes deveres para com a coletividade, devendo-se aprofundar seus aspectos éticos e teleológicos, para ser compreendido em sintonia com o valor originário da pessoa humana e os demais valores que compõe a tábua axiológica correspondente ao atual ciclo cultural, o que significa dizer, relacionando-se com ideais de justiça, igualdade, liberdade, existência digna, entre outros e, desse modo, buscar sua ampla e inesgotável possibilidade de ação perante a experiência jurídica[271].

---

[271] A solidariedade social deve ser concebida com grandes cuidados para não ser tomada em proporções excessivas, para ser utilizada como instrumento de fundamentação de quaisquer atos políticos ou jurídicos em prol do bem comum que possam acarretar na supressão de liberdades individuais que seriam, nesta hipótese, sufocadas pelo estado de extrema superveniência do indivíduo ao interesses da coletividade, levando a uma ordenação social autoritária. Tais motivos por si só justificam a necessidade de se tomar a solidariedade social como valor imediatamente vinculado ao valor originário da pessoa humana e em relação de implicação recíproca com o complexo axiológico que imediata-

Por certo, a solidariedade social, em seu substrato material comporta infinitas modalidades de consagração perante a experiência jurídica, podendo moldurar estes desdobramentos a partir de seu núcleo semântico, que, como dito linhas atrás, denota a idéia de laços de interdependência recíproca, a qual se acrescenta a busca pelo aperfeiçoamento contínuo das partes componentes de tais vínculos sociais em prol do bem comum.

Entendendo "bem comum" como concretização do interesse de cada membro da comunidade de viver e participar de um projeto destinado à promoção de situações necessárias para o desenvolvimento de existência minimamente digna, a qual deve ser conferida a todos em razão de sua condição de pessoa humana e fundada na experiência jurídica, a solidariedade insere-se neste contexto como valor informador das relações sociais, que possibilita a construção de uma sociedade permeada pela cooperação recíproca[272].

Desse modo, o alcance do bem comum depende da consagração do ideal de solidariedade social, na medida em que as ações dos participantes da vida social devem convergir para as mesmas finalidades, pressupondo a cooperação ao invés do conflito. Acrescente-se ainda a necessidade de conscientização deste projeto, em que cada um dos membros da comunidade, ao se colocar no lugar de seu semelhante, participando e se sentindo como parte da vida do outro e do todo no qual se insere, reconhece a importância do papel dos deveres a ele atribuídos.

Justamente neste ponto, reside a importância material maior da solidariedade: o respeito para com o outro, conscientizando-se do papel

---

mente o circunda, os quais pregam a necessária preservação da liberdade espiritual do ser humano para agir e transformar a realidade que o circunda, respeitando as conquistas históricas incorporadas ao patrimônio cultural das civilizações.

[272] Em obra clássica, André Franco Montoro ensina que: *"Realiza-se o bem comum numa sociedade quando o povo vive humanamente, isto é, pode desenvolver normalmente suas faculdades naturais e exercer as virtudes humanas, entre as quais se inclui a amizade, a cultura, em seus diferentes aspectos, a vida familiar etc. numa sociedade de grande conforto material pode haver uma vida desumana. E numa aldeia primitiva, a população pode viver humanamente"*. (Introdução à Ciência do Direito, p. 221). Ao expressar idêntica linha de pensamento, Jaçy Mendonça pondera que: *"O Direito tem a tarefa de realizar uma forma de convívio humano na qual se realizem simultaneamente a plenitude da pessoa e da coletividade, mas a plena realização do bem só se processa quando se dá atendimento à plenitude das exigências da pessoa humana. O Estado deve construir condições de possibilitar à pessoa humana a comunhão com os supremos valores da vida"*. (O Curso de Filosofia do Direito do Professor Armando Câmara, p. 224).

do outro na composição de seu próprio ser. Partindo da idéia de que a natureza humana revela-se como sendo eminentemente social o ser, a pessoa, somente alcança a plenitude de sua existência na convivência com seus semelhantes, de tal arte que o outro nada mais é do que uma parte constitutiva de seu próprio ser[273].

Apresentando tal postura de pensamento, o ser humano, além de tomar consciência de sua própria dignidade, reconhece a dos demais, estabelecendo as devidas comparações para se colocar na posição do outros diante da diversidade de eventos ocorridos na experiência social, o que o conduz a uma interdependência pautada na comunhão ética direcionada ao cumprimento dos deveres de colaboração essenciais para o alcance do projeto de vida comum e o, conseqüente, fortalecimento dos vínculos de solidariedade para com semelhantes.

Conjugando tais idéias à tese realena de que o homem possui a dignidade originária de "ser enquanto deve ser", segundo a qual a pessoa é considerada o valor fonte de todos os outros valores, adquirindo consciência integral de sua personalidade no meio social através da história, pode-se inferir que *"entre pessoa e sociedade há, pois, uma correlação primordial, um vínculo de implicação e polaridade, de tal sorte que o homem vale como homem na sociedade"*[274], em que se concebe a individualidade ética, de que toda pessoa, pelo fato de ser, possui em si um valor que deve ser respeitado e que se complementa com a participação na comunidade de pessoas e devido respeito ao outro, no reconhecimento

---

[273] Acerca do tema, Diogo Leite de Campos assevera que: *"O eu-tu são incindíveis e transformam-se imediata e construtivamente no nós. O ser com os outros exprime a completude do ser: o estabelecimento necessário de uma relação de "vasos comunicantes" de reciprocidade e de solidariedade necessárias para com todos os outros. O ser só se realiza na sua concretização mais vasta que é comunidade de todos os seres humanos. Comunidade que é constituída por cada um que vai sendo constituído por todos e por cada um dos outros"*. (*O Sistema Tributário no Estado dos Cidadãos*, p. 51/ /52). Nos mesmos termos, Fernando Facury Scaff: *"É um indivíduo, quem não está dividido, quem se sabe existindo em função do outro. E se relacionar com outro, com os mesmo valores que estiverem sendo usados por parte dele para consigo. É aí que se encontra a gênese da humanidade, da civilização, nas relações entre indivíduos, sejam de ordem econômica, afetiva ou cultural"*. (*O Jardim e a Praça ou a Dignidade da Pessoa Humana e o Direito Tributário e Financeiro*. Revista do Instituto de Hermenêutica Jurídica, v. 04, p. 105).

[274] Miguel Reale, *Filosofia do Direito*, p. 214.

da subjetividade em termos intersubjetivos, ou melhor, como sentimento de solidariedade[275].

E ao pressupor o reconhecimento de sua própria dignidade intersubjetivamente na vida de seus semelhantes, em sintonia com o contexto histórico-cultural que se insere, o indivíduo estima e toma consciência de seus deveres para com a coletividade, passando a voltar conscientemente suas ações de forma conjunta e cooperativa ao estabelecimento de uma sociedade voltada para a busca contínua do progresso material e imaterial de todos os seus membros:

> *"No fundo, o homem trabalha e se empenha na criação de bens materiais e espirituais para satisfazer a seus pendores naturais, mas esta satisfação é inseparável de igual satisfação por parte dos demais. Toda a ética social toda é fundada na convicção de que ninguém pode, legitimamente, se considerar feliz, numa comunidade de indivíduos privados dos meios normais de subsistência, assim como da esperança de poder, um dia, superar, efetivamente, esse estado de coisas"*[276].

Estas ações passam a ser identificadas como deveres de colaboração informados pelo ideal de solidariedade, representando a dívida social e histórica, que, em sua estrutura lógico-obrigacional, tem como sujeito passivo cada membro da comunidade[277].

---

[275] A complementação da idéia que põe a subjetividade como intersubjetividade é dada da seguinte forma por Miguel Reale: *"algo de universal há no eu capaz de tornar possível e significante a coexistência das distintas experiências existenciais, de tal modo que, realizando-se na concreção de seu existir, cada homem se sinta integrado numa relação não menos concreta com os demais, o que demonstra que nenhum eu é real a não ser em relação com outros eus, nenhuma subjetividade é tal senão como intersubjetividade, ou sociabilidade, determinando e legitimando a pluralidade das ideologias"*. (*O Estado Democrático de Direito e o Conflito de Ideologias*, p. 105).

[276] Miguel Reale, *Introdução à Filosofia*, p. 179.

[277] Ao tecer considerações sobre o problema ético, Miguel cuida da denominada divida histórica e social, consistente nos deveres exigíveis pela comunidade em relação aos indivíduos: *"Quanto mais se medita sobre o fenômeno da cultura, mais cresce em nosso espírito essa consciência do dever em relação à comunidade, produto histórico e, ao mesmo tempo, base para novas conquistas, interligando continuamente o passado ao futuro, onde se oculta o valor real do presente que estamos vivendo e do passado de que guardamos memória"*. (*Introdução à Filosofia*, p. 174/175).

Ao passo que o aprimoramento destas relações de respeito e reconhecimento paritário entre semelhantes se dá com a aceitação pelo indivíduo da comunidade, representada pela figura da entidade estatal, como legítima credora dos deveres de colaboração, pelo fato de nela estar conscientemente integrado[278]; e, paralelamente, a comunidade deve incorporar o indivíduo como seu membro, conferindo-lhe direitos idênticos aos demais, como reflexo dos mencionados deveres que lhe são atribuídos[279].

Superam-se, assim, as possíveis intempéries advindas de comportamentos individualistas ou mesmo excessivamente coletivistas, para considerar o personalismo como critério ético do teor valorativo da solidariedade que leva em conta a circunstância de que o indivíduo, em suas relações intersubjetivas, ao afirmar seu "eu" é conduzido ao reconhecimento, concomitante, do valor do "eu" de seus semelhantes.

A relação de "um eu" com "outro eu" (alteridade) consiste, portanto, no fundamento da Ética, podendo se considerar a pessoa como medida da individualidade, pois quando um indivíduo se coloca perante outro, respeitando-se reciprocamente ambos se põem como pessoas, não de maneira abstrata, mas na concretude da história e da cultura em que vivem[280].

Perante este referencial, pretende-se que a solidariedade assegure as condições jurídicas necessárias o pleno desenvolvimento das potencialidades da pessoa humana e de sua liberdade espiritual, com a, conseqüente,

---

[278] Importa destacar que a eleição do Estado como credor dos deveres de colaboração impede que na hipótese de seu descumprimento, um membro da comunidade tome atitude isolada no sentido de exigir coercitivamente sua realização por outrem, uma vez que não se encontra legitimado para tanto, estando este ato desprovido do atributo oriundo da relação da solidariedade com o valor justiça, equacionado na gênese jurídica de criação do dever, que se revela necessário para o atendimento dos desígnios do modelo de Estado Democrático de Direito. Ainda que se prestigie o cumprimento consciente e espontâneo dos deveres de colaboração, somente o Estado, investido dos atributos de poder, manifestado pela soberania com respaldo jurídico, se necessário for, poderá tomar as medidas concretas necessárias para fazer valer concretamente estes deveres.

[279] Explicitando o conteúdo das afirmações formuladas, traz-se a cola a lição de José Casalta Nabais sobre as dimensões da solidariedade: *"A solidariedade pode ser entendida quer em sentido objetivo, em que se alude à relação de pertença e, por conseguinte, de partilha e de co-responsabilidade que liga cada um dos indivíduos à sorte e vicissitudes dos demais membros da comunidade, quer em sentido subjetivo e de ética social, em que a solidariedade exprime o sentimento, a consciência dessa mesma pertença à comunidade"*. (*Estudos de Direito Fiscal: Por um Estado Fiscal Suportável*, p. 84).

[280] Miguel Reale, *Introdução à Filosofia*, p. 215.

atuação da dignidade social[281], interferindo, assim, nos pressupostos axiológicos de fundamentação e estruturação do Estado, para buscar o nivelamento de grupos inseridos na comunidade com oferta das situações satisfatórias de existência, e auxiliar na construção de um ambiente político democrático e altruísta.

Portanto, a percepção da solidariedade não pode se restringir à mera inserção social, ou seja, concepção do indivíduo somente como parte integrante da comunidade, mero titular de direitos e deveres, vez que pressupõe algo a mais, consistente na busca do mútuo reconhecimento entre seus membros de que todos possuem idênticos direitos e deveres para com a promoção do bem comum e, conseqüentemente, da dignidade social, para criar o terreno propício à interação e cooperação intersubjetiva respaldada no personalismo. E, assim, fazer como que cada membro da comunidade compreenda em seu semelhante o valor que confere a si próprio[282], conscientizando-se do constante estado de dever para com os demais na função de produzir condições recíprocas de existência moral e material, dignamente, satisfatórias.

Diante deste panorama, o Direito atua com seu instrumental para recolher no teor de suas prescrições os direitos e deveres que possibilitem

---

[281] Em leitura próxima a exposta no presente capítulo, Pietro Perlingieri relaciona a solidariedade social com a idéia de dignidade social, argumentando que: *"a igual dignidade social impõe ao Estado agir contra situações econômicas, culturais e morais mais degradantes e que tornam os sujeitos indignos do tratamento social reservado à generalidade. A valoração em negativo da igual dignidade social significaria apenas que a posição de uns não deve ser degradante em relação àquela de outros. Desse modo, não se atua a dignidade social e muito menos a igual dignidade social. Pode existir uma situação social não degradante que não é digna socialmente, porque a noção de dignidade social não é absoluta, mas relativa ao contexto histórico, cultural, político e econômico de uma comunidade"*. (*Perfis do Direito Civil: Introdução do Direito Civil Constitucional*, p. 37).

[282] Partindo de raciocínio similar, Maria Celina Bodin de Moraes aborda a questão axiológica relativa à solidariedade em conjunto com a idéia de reciprocidade, para considerar que: *"a solidariedade como valor deriva da consciência racional dos interesses em comum, interesses esses que implicam, para cada membro, a obrigação moral de 'não fazer aos outros o que não se deseja que lhe seja feito'. Esta regra não tem conteúdo material, enunciando apenas uma forma, a forma da reciprocidade, indicativa de que 'cada um, seja o que for que possa querer, deve fazê-lo pondo-se de algum modo no lugar de qualquer outro'. É o conceito dialético de 'reconhecimento' do outro"*. (*Constituição, Direitos Fundamentais e Direito Privado: O Conceito de Dignidade Humana: Substrato Axiológico e Conteúdo Normativo*, p. 138).

a construção de modelos jurídicos guiados pelo valor da solidariedade, oferecendo aos participantes da vida social, independentemente de qualquer exclusão, os bens morais e materiais suficientes para a fruição de vida dignamente humana, fazendo com que seus membros reconheçam idêntica atribuição dignidade aos seus pares.

Adiciona-se, então, à solidariedade o componente da dignidade social, vinculada ao valor fonte da pessoa humana e compreendida como direitos e deveres fundamentais decorrentes da coexistência social, que se aperfeiçoam, em um ambiente de interesses comuns para possibilitar o desenvolvimento individual e coletivo, quando se demonstra preocupação consciente de cada um dos membros da comunidade para com o destino de todos, que os leva a cumprir com sua parcela de responsabilidade e concentrar seus esforços na criação de condições de existência digna.

Na dimensão solidária, os pressupostos necessários para existência digna encontram-se permeados pelos enlaces de interdependência sociais, nos quais a dignidade de cada indivíduo depende da dignidade de todos, haja vista que a ausência de condições minimamente satisfatória de vida a um indivíduo, sem a qual restará desprovido da possibilidade de se desenvolver por completo, influencia toda rede de cooperação comunitária, de sorte que a plena existência digna de um indivíduo somente se apura quando seus semelhantes se encontrarem em idêntica situação[283].

Ora, em um primeiro momento do presente trabalho, a solidariedade identificou-se com os laços de interdependência recíproca decorrentes da natureza social humana, mas restou comprovado que seu sentido evoluiu, abrangendo os direitos de cunho assistencial e os deveres de colaboração relacionados com a realização do projeto de vida comum, para, finalmente, alcançar se aperfeiçoar como invariante axiológica expressando a idéia de alteridade e dignidade social, em que o individuo, membro da comunidade, reconhece, em uma série de relações paritárias permeadas pelo respeito positivo ao semelhante, a dignidade que atribui a si mesmo[284].

---

[283] Ao compartilhar as mesmas idéias expostas sobre a relação entre existência digna e solidariedade, esta retratada em sua faceta de direitos sociais, Ricardo Castilho assinala que: *"para que o sistema de direitos sociais se aperfeiçoe, mediante a observância iterada, tanto pelos cidadãos quanto pelo Estado, dos deveres inerentes, é necessário que nenhuma pessoa seja privada de todas as prerrogativas da existência digna"*. (*Justiça Social e Distributiva: Desafios para Concretizar Direitos Sociais*, p. 97).

[284] Cristina Pauner Chulvi sintetiza o pensamento apresentado da seguinte forma: *"os direitos e deveres dos indivíduos e as competências dos poderes públicos se interpretam*

Pode-se dizer que a solidariedade social transcende o sentido de princípio que organiza os direitos e deveres atribuídos aos indivíduos para o alcance do bem comum. Este valor, desprovido de conteúdo material predeterminado, mescla-se com as próprias bases de estruturação para formação coesa da sociedade, denotando o direito e dever conferido aos seus membros de exigir, assegurar e cooperar na formação de um rol mínimo de bens[285], imprescindíveis para a existência digna, os quais não podem ser atingidos em favor da sociedade ou mesmo para alguns de seus membros.

Nestes termos, se pode ponderar que a solidariedade social se revela como invariante axiológica e se coaduna com os demais valores fundamentais da ordem jurídica[286], por se encontrar embrenhada nas finalida-

---

da perspectiva da solidariedade e não da perspectiva meramente individualista, porque são referidos ao bem da generalidade e se pensa na consciência de responsabilidade para com a generalidade de forma que o indivíduo possa concorrer como membro servidor da comunidade para vida política, econômica e cultural". (*El Deber Constitucional de Contribuir ao Sostenimiento de los Gastos Públicos*, p. 60 – tradução livre). Entende-se ainda que, nesta perspectiva de solidariedade, na qual se vislumbra o plano das interações sociais como uma rede de cooperações recíprocas, a comunidade também deve concorrer para o indivíduo, garantindo, como já dito, as condições necessárias ao desenvolvimento integral de suas potencialidades, ou seja, assegurando um padrão de existência minimamente digno.

[285] Aqui se introduz o conceito de mínimo existencial, considerado como o núcleo essencial de bens e direitos que devem ser garantidos ao individuo para que tenha possibilidade de viver em situação existencial provida de um padrão mínimo de dignidade. Logo, não se pode conceber, em conformidade com proposta de concretude da solidariedade social, uma tentativa de se atingir tais condições de existência digna, devendo o Estado realizar medidas jurídicas e políticas públicas necessárias a sua preservação: *"há um direito às condições mínimas de existência humana digna que não pode ser objeto da intervenção do Estado, sequer na via fiscal, e que ainda exige prestações estatais positivas. Esse mínimo necessário à existência constitui um direito fundamental, posto que sem ele cessa a possibilidade de sobrevivência do homem, por desaparecerem as condições iniciais da liberdade"*. (Ricardo Lobo Torres, *Tratado de Direito Constitucional, Financeiro e Tributário v. III: Os Direitos Humanos e a Tributação: imunidades e isonomia*, 67).

[286] Ricardo Lobo Torres, ao tratar da solidariedade como valor e princípio jurídico, assevera que: *"A solidariedade, sendo um valor jurídico que aparece ao lado da liberdade, da justiça e da igualdade, projeta-se, como princípio, para o campo constitucional, em íntimo relacionamento com os princípios vinculados à liberdade, à justiça e à segurança"*. (*Solidariedade Social e Tributação: Existe um Princípio Estrutural da Solidariedade?*, p. 199).

des a serem alcançadas pela sociedade, na medida em que seus membros abrem mão de certas condutas e vantagens individuais para agir conscientemente em nome da satisfação e preservação de interesses comuns, estimando, assim, o grau em que cada um suporta o que ocorre com os demais para cooperar ativamente na consecução do projeto de bem comum.

Retoma-se, então, a concepção axiológico-material para apreensão de um dos sentidos possíveis atribuídos ao valor da solidariedade social, que se traduz no dever conferido em um ambiente de relações recíprocas a todos os segmentos da sociedade, e não apenas ao Estado[287], de suportar conjuntamente as situações de hiposuficiência vivenciadas por qualquer um de seus membros, para lhes assegurar as mínimas condições de existência digna[288].

A observância da solidariedade não se contenta e nem pode ser relegada ao plano de deveres meramente morais, como de caridade e/ou filantropia, exige sim efetivação de ações de cunho humanitário pelo Estado e pela sociedade como um todo no sentido de proporcionar o contínuo desenvolvimento das condições dignas de existência, devendo para tanto ser devidamente amparada pela experiência jurídica como critério axiológico norteador do recortes fáticos empreendidos em seu processo nomogenético[289].

---

[287] Entre as exigências do valor solidariedade, verifica-se a necessidade de participação de todos os atores sociais na sua consagração, como bem aponta José Fernando de Castro Farias: *"Coloca-se em evidência que a solidariedade social não é unicamente devida à existência de um Estado intervencionista. No discurso solidarista, a solidariedade social não se realiza exclusivamente pela via do Estado; este não é a única forma de vida coletiva. O discurso solidarista supõe a existência de uma pluralidade de solidariedades realizadas em todo o espaço da sociedade civil, onde os grupos sociais são sujeitos de direitos no sentido de que são produtores de direitos autônomos em relação ao Estado"*. (*A Origem do Direito de Solidariedade*, p. 186).

[288] No entender de Fábio Konder Comparato, a concepção ética da solidariedade relaciona-se com o ideal de justiça distributiva, a saber: *"É a transposição, no plano da sociedade política, da obligatio in solidum do direito privado romano. O fundamento ético desse princípio encontra-se na idéia de justiça distributiva, entendida como a necessária compensação de bens e vantagens entre classes sociais, com a socialização dos riscos normais da existência humana"*. (*A Afirmação Histórica dos Direitos Humanos*, p. 62).

[289] Acerca da legitimação jurídica da solidariedade, confira-se a lição de Maria Celina Bodin de Moraes: *"a solidariedade social, na juridicizada sociedade contemporânea, já não pode ser considerada como resultante de ações eventuais, éticas ou caridosas, tendo-se tornado um princípio geral do ordenamento jurídico, dotado de completa*

Desta feita, a invariante axiológica da solidariedade social, presente no campo da experiência jurídica, representa valor fundamental e determinante para devida compreensão, aplicação e integração das normas que compõem a ordem positivada[290], atuando como verdadeiro referencial hermenêutico para própria compreensão do Direito e de suas estruturas, revelando sua faceta principiológica, na medida em que participa ativamente da atribuição de sentido e consistência lógica aos enunciados pertencentes a este sistema vinculando-os ao plano sócio-cultural.

Partindo, então, da perspectiva tridimensional do Direito, em que o processo nomogenético de formação das normas jurídicas depende de um complexo escalonado de valorações para o recorte de situações fáticas, a solidariedade social, em função de seu alto grau generalidade, influencia constantemente as opções axiológicas que determinam a construção e desenvolvimento do sistema jurídico.

Enquanto valor a solidariedade confere sentido aos eventos comportamentais extraídos do âmbito social e conduzidos ao plano do mundo jurídico, já como princípio a solidariedade atribui consistência ao sistema positivado pelo Direito, para irradiar seus efeitos em todos os setores de sua experiência, submetendo e dirigindo a compreensão deste fenômeno aos seus ditames.

E o relevante papel desempenhado pela solidariedade no contexto social, em virtude de sua condição de invariante axiológica vinculada imediatamente aos valores essenciais da pessoa humana e, por conseqüência, de sua exigência natural no modo de convivência harmônica, fez com que tal valor não seja apenas traduzido como mera enunciação doutrinária da experiência jurídica, necessitando de um *plus*, de força cogente estruturada em modelos jurídicos, detentores de *status* constitucional e de

---

força normativa e capaz de tutelar o respeito devido a cada um". (Constituição, Direitos Fundamentais e Direito Privado: O Conceito de Dignidade Humana: Substrato Axiológico e Conteúdo Normativo, p. 140).

[290] Carlos Cóssio, ao dissertar sobre a valoração jurídica, procedendo à identificação do plexo axiológico que orienta a criação e atuação das normas jurídicas, insere a solidariedade entres os objetos fundamentais de estimativa do Direito, afirmando que: *"Procedendo a uma analise da valoração jurídica, encontramos nela a seguinte série de valores: justiça, solidariedade, paz, poder, seguridade, ordem. Todos estes valores a que estamos referindo são as valorações reais e efetivas existentes em uma sociedade humana em um determinado momento"*. (*La Valoración Jurídica y La Ciencia Del Derecho*, p. 83 – tradução livre).

conteúdo aberto para se adaptar com maior flexibilidade às constantes mutações ocorridas no plano da realidade concreta.

A comprovação desta assertiva encontra-se expressamente disposta no Texto Constitucional vigente, em que o legislador constituinte elevou o valor solidariedade social à categoria de princípio geral de Direito Positivo, ao inseri-lo no Título I, denominado "Dos Princípios Fundamentais", especificamente, entre os objetivos fundamentais da República Federativa do Brasil (artigo 3º da Constituição Federal), apresentando-o, assim, como um dos critérios de legitimação da ordem jurídica e ferramenta essencial para sua interpretação e aplicação[291].

Nesse passo, elevar a solidariedade social ao patamar de princípio fundamental de Direito devidamente positivado na ordem jurídico-constitucional, juntamente com valores como liberdade, igualdade, justiça e segurança, significa obedecer à exigência do processo histórico-cultural da humanidade, reforçando o direcionamento da atuação estatal e o comportamento dos membros da comunidade em prol de sua realização, para que este valor seja consagrado não apenas no momento de criação e execução de leis e de políticas públicas, mas, também, no próprio desenvolvimento das relações sociais, como bem destaca Humberto Ávila: *"a Constituição impôs, com certa prevalência axiológica abstrata, o dever de perseguir os ideais de dignidade e de solidariedade"*[292].

---

[291] Daniel Sarmento, constatando a natureza jurídica da solidariedade como princípio geral de direito, cita o artigo 3.º da Constituição Federal, ensinando que: *"quando a Constituição estabelece como um dos objetivos fundamentais da República brasileira 'construir uma sociedade justa, livre e solidária', ela não está apenas enunciando uma diretriz política desvestida de qualquer eficácia normativa. Pelo contrário, ela expressa um princípio jurídico, que, apesar de sua abertura e indeterminação semântica, é dotado de algum grau de eficácia imediata e que pode atuar, no mínimo, como vetor interpretativo da ordem jurídica como um todo"*. (*Direitos Fundamentais e Relações Privadas*, p. 295).

[292] *Solidariedade Social e Tributação: Limites à Tributação com Base na Solidariedade Social*, p. 68. Trilhando o mesmo caminho, Maria Celina Bodin de Moraes retrata a importância da solidariedade social como princípio jurídico inserto na Carta Constitucional: *"A expressa referência à solidariedade, feita pelo legislador constituinte, longe de representar um vago programa político ou algum tipo de retoricismo, estabelece um princípio jurídico inovador, a ser levado em conta não só no momento de elaboração da legislação ordinária e na execução de políticas públicas, mas também nos momentos de interpretação-aplicação do Direito, por seus operadores e demais destinatários, isto é, membros de toda a sociedade"*. (*Os Princípios da Constituição de 1988: O Princípio da Solidariedade*, p. 158).

Considerada, então, a solidariedade social como invariante axiológica, como algo que "deve ser", que interpenetra e influencia a delimitação de demais valores buscando suas condições de objetivação, se comunicando com conceitos-chave da experiência social e jurídica, tais como interdependência recíproca, direitos e deveres fundamentais, dignidade social e mínimo existencial, não há como se proceder a uma definição rigorosa de seu conteúdo em termos lógico-formais, restando como tarefa, no esforço de compreendê-la cientificamente no devir histórico-cultural, o seu estudo de acordo com as regras cognoscitivas próprias da Axiologia, ou seja, a partir das características pertinentes aos valores formuladas por Miguel Reale.

2.2. Características do Valor Solidariedade Social

Nas ponderações já formuladas acerca da Axiologia (ou Teoria dos Valores), comprovou-se a categoria autônoma do valor perante a Ontologia (ou Teoria dos Objetos), na medida em que se torna possível apreciar a realidade sob a ótica do "dever ser", distanciando-se da perspectiva de análise pertinente à ordem do "ser", para fixar método de pesquisa próprio, submetido aos ditames de lógica marcada por caráter estimativo, donde se pode extrair suas características, a fim de que sejam compreendidos nas suas objetivações em objetos culturais.

Entendendo que a solidariedade social preserva em seu núcleo semântico o pensar e agir em harmonia com interesses comuns, se aproximando do ideal de altruísmo e respeito recíproco, tal valor encontra-se em relação de contraposição com o egoísmo[293], o individualismo, que, por consistirem em seu desvalor, permitem seu reconhecimento, bem como a verificação de seu desenvolvimento histórico, revelando ainda sua compatibilização com uma das características própria dos valores, qual seja a presença da bipolaridade.

Ao reconhecer os desdobramentos históricos da solidariedade social, percebe-se que no período compreendido pelo advento dos paradigmas

---

[293] A relação de bipolaridade relativa à solidariedade social é trazida por Claudio Sacchetto: *"A solidariedade é, portanto, antes de tudo um modo de pensar, de pensar em conjunto e, na minha opinião, a contrário um pensar não individual, egoísta etc."* (*Solidariedade Social e Tributação: O Dever de Solidariedade no Direito Tributário: o Ordenamento Italiano*, p. 15).

próprios do modelo de Estado Liberal sobressai a idéia de um individualismo exacerbado, o que, posteriormente, vem a se transformar com as desigualdades sociais e, conseqüente, surgimento do Estado Social, que, reforçando os laços cooperação entre indivíduos, permite a apreensão de umas das formas de manifestação inicial da solidariedade, próxima ao ideal de igualdade, consistente nos direitos sociais. Estes fatores históricos, que contrapõem os paradigmas liberais e sociais, demonstram a atuação da bipolaridade na compreensão de um dos sentidos possíveis atribuído ao valor solidariedade social.

Partindo para o prisma concernente ao campo da experiência jurídica, a solidariedade social encontra-se amplamente consagrada como valor positivo de Direito, que deve permear o conteúdo das relações intersubjetivas, para afastar as tentativas de imposição unilateral de vontades, sejam elas individuais ou mesmo coletivas, e sim conciliá-las no ambiente social para congregação de esforços ditada pela reciprocidade ética com vistas à consecução do projeto de vida comum.

A solidariedade social como valor interferi, direta ou indiretamente, na realização de outros, tais como justiça, igualdade, segurança e liberdade, preenchendo as condições de implicação recíproca existente entre valores. Há que se entender que qualquer proposta de objetivação histórico-cultural da solidariedade social implica necessariamente na realização recíproca dos demais valores que lhe são correlatos para preservação de seus fundamentos éticos como invariante axiológica.

Ricardo Lobo Torres ilustra a vinculação entre a solidariedade e outros valores que atuam no plano jurídico da seguinte forma:

"A solidariedade pode ser visualizada ao mesmo tempo como valor ético e como princípio positivado nas Constituições. É sobretudo uma obrigação moral ou um dever jurídico. Mas, em virtude da correspectividade entre deveres e direitos, informa e vincula a liberdade e a justiça"[294].

---

[294] *O Direito ao Mínimo Existencial*, p. 145. Ao tecer considerações sobre a justiça, Eusébio Fernandez demonstra a necessária correspondência entre a solidariedade e demais valores: *"a justiça é um valor que precisa de outros como a bondade ou a solidariedade para conseguir assim a felicidade pessoal e social"*. (*Estudios de Ética Jurídica*, p. 105 – tradução livre). Seguindo idêntica linha de pensamento, tem-se: *"A solidariedade se integra com os demais valores, liberdade, segurança jurídica e igualdade, para o objetivo comum de contribuir, por meio dos direitos que fundamenta, ao dinamismo da liberdade"*. (Gregorio Peces-Barba Martinez, *Curso de Derechos Fundamentales: Teoria General*, p. 279 – tradução livre).

Dentro desta perspectiva axiológica de implicação recíproca, não se pretende menosprezar a relevância dos demais valores pertinentes à experiência jurídica e sim congregá-los, no caso, ao ideal axiológico de solidariedade para que se robusteçam em efetividade com fundamento na imersão social do individuo, que se conecta aos seus semelhantes em relações de interdependência, reconhecendo a necessidade de serem estabelecidas as bases de um projeto de vida comum com a atribuição de direitos e deveres, responsabilidades a todos que dele participem.

Nestes termos, a solidariedade passa a integrar e auxiliar a consagração de outros valores, como, por exemplo, em relação ao conteúdo da liberdade e igualdade que, ao pretenderem aproximar os indivíduos, criando condições efetivas para seu nivelamento e aperfeiçoamento, necessitam do ideal de solidariedade para relacioná-los conscientemente em uma mesma coletividade, afastando tendências desagregadoras geradas por diversidades sociais.

Com a inserção do valor solidariedade social na experiência histórico--cultural das civilizações, abrem-se as portas para consagração definitiva do personalismo axiológico pregado por Miguel Reale, que, penetrando na realidade social, pretende compor o aparente problema que envolve liberdade e igualdade, harmonizando o direcionamento da vida comunitária com a manifestação da autonomia de vontade de cada indivíduo.

A solidariedade social orienta o comportamento humano no alcance de determinados fins, portando, assim, sentido necessário para ser instrumentalizado como referencial[295]. E ainda que não seja possível estabelecer

---

[295] Em sua concepção axiológica, a solidariedade pode assumir diversas acepções, que oscilam de acordo com o ponto de vista adotado pelo seu interprete, como se pode inferir da constatação formulada por Pietro Perlingieri: *"'Solidariedade' pode significar solidariedade para fins do Estado, ou para um bem individual escolhido pelos cidadãos de modo democrático, ou imposto de forma autoritária. O solidarismo funcionalizado à manutenção e à conservação do Estado é típico dos Estados autoritários e não corresponde àquele constitucional, voltado à atuação do desenvolvimento da pessoa. Pode-se falar de solidariedade em relação a comunidades intermédias, dos membros da família em relação à família, dos sócios em relação à sociedade, de um associado em relação à associação, de uma comunidade em relação à comunidade mais ampla da qual faz parte".* (*Perfis do Direito Civil: Introdução ao Direito Civil Constitucional*, p. 36). A título de ilustração, pode-se citar ainda o referencial de solidariedade adotado pelo marxismo que inclui na consagração deste valor apenas a classe do proletariado, impondo sua preeminência perante o contexto social, diferentemente da doutrina pregada no âmbito da corrente do solidarismo sociológico, a qual entende que a conjugação de forças

um sentido único para este valor, obviamente, em razão de sua composição como invariante axiológica, a solidariedade guarda correlação com as finalidades pertencentes à estruturação de institutos jurídicos de extrema relevância e dotados de maior grau de concretude tais como cooperação recíproca, direitos e deveres sociais, dignidade social e mínimo existencial. Especificamente, em relação ao sistema normativo tributário a solidariedade atua na determinação do sentido dos princípios da capacidade contributiva e da afetação.

Não é por menos que as figuras acima lembradas, quando chamadas a operar nos quadrantes da experiência jurídica, acabam por se harmonizar com significados próximos ao ideal de solidariedade e demais valores essenciais da pessoa humana que com ela se implicam reciprocamente, para revelar núcleos semânticos representados, por vezes, pelos vínculos de auxilio mútuo entre as diversas camadas existentes na sociedade, sobretudo, no fortalecimento do dever conjunto atribuído a todos agentes da vida social de cooperar para a objetivação do projeto de bem comum.

Saliente-se que a solidariedade social atua perante a experiência jurídica como valor fundamental, que, revelado à consciência da sociedade pós-moderna como invariante axiológica, se traduz em princípio geral de direito de conteúdo imediato, diretamente ligado ao valor primordial da pessoal humana, passando a influenciar o sentido e a concretização de normas jurídicas, isto é, funcionando como verdadeiro referencial hermenêutico para criação e aplicação de regras pertencentes ao mundo do Direito, bem como para construção de significado deôntico de seus respectivos modelos.

O valor solidariedade, quando exteriorizado perante a realidade social por meio de objetos culturais, resulta de estimativas, de escolhas, revelando a preferência por sua consagração em detrimento aos demais valores que com ele não se objetivam reciprocamente.

Neste sentido, a preferência pela solidariedade social afasta, simultaneamente, a possibilidade de realização de valores que com ela venham conflitar, como, por exemplo, na hipótese de seu desvalor a individualidade. Não se pode pretender agir solidariamente e de modo individualista ao mesmo tempo: ou a ação humana encontra-se direcionada a manifes-

---

proposta pela solidariedade deve ser buscada por todos os membros da sociedade, e que, com sua evolução axiológica, atualmente se consagra perante as concepções deste valor em sintonia com seus correspondentes como dignidade humana, liberdade, igualdade e justiça social.

tação exclusiva da vontade do indivíduo, ou procura compatibilizá-la com os interesses de seus semelhantes, optando pelo sentimento de solidariedade[296].

No estudo da teoria das fontes do direito, que consiste nos atos decisórios de poder para seleção axiológica de fatos componentes da experiência jurídica positivada em normas de Direito, percebe-se tanto a atuação da preferibilidade diante das diferentes opções valorativas contidas no plano existencial, quanto forte influência dos modos de representação da solidariedade social, exteriorizados em diversos diplomas normativos, especialmente, no âmbito constitucional[297].

E, assim, como existe a possibilidade de preferência de escolha em relação ao valor solidariedade social, pode-se identificar seu enquadramento dentro da graduação hierárquica de valores estabelecida em consonância com o momento histórico experimentado pela sociedade, possibilitando, inclusive, a verificação dos paradigmas que regem suas estruturas comportamentais.

Sobre a compreensão da questão envolvendo solidariedade social e graduação hierárquica, convém, novamente, se socorrer das transições históricas sofridas por este valor. No período relativo ao Estado Liberal, a solidariedade social não se enquadrava como diretriz própria da atuação estatal, a qual privilegiava a liberdade e a incondicional autonomia de

---

[296] Atualmente, a teoria contratual, que se identificava com os pressupostos de autonomia da vontade, tendo vista a influência das idéias liberais que impregnavam o direito privado, vem sofrendo grandes alterações diante do paradigma da solidariedade, para ajustar o individual ao coletivo e atender às exigências de cunho social: *"O legislador foi intervindo na ordem jurídica e remodelando, vamos dizer, redefinindo e suprimindo campos de autonomia privada ilimitada, em setores que se vieram revelar críticos; em setores em que autonomia privada ilimitada veio a revelar-se socialmente indesejável"*. (Arruda Alvim, *A Função Social dos Contratos no Novo Código Civil*, RT 815/23). Tal postura demonstra claramente a preferência pela influência da solidariedade no direito privado em prejuízo da plenitude da vontade individual.

[297] O valor solidariedade social encontra-se consagrados em uma série de dispositivos presentes na Constituição, entre os quais releva mencionar os artigos a seguir, sem a pretensão de formular um rol exaustivo: 40 (caráter contributivo e solidário do regime previdenciário dos servidores públicos), 170 (atuação da justiça social perante a Ordem Econômica), 193 (atuação da justiça social perante a Ordem Social), 194 (integração de ações entre Estado e sociedade para composição da seguridade social), 195 (fonte de financiamento solidário da seguridade social), 196 (saúde como direito de todos e dever do Estado), 203 (assistência social aos necessitados), 205 (educação como direito de todos e dever do Estado), 227 (proteção da criança e do adolescente pelo Estado, sociedade e família) e 230 (proteção aos idosos pelo Estado, sociedade e família).

vontade do indivíduo. Com a consagração do Estado Social, a solidariedade social se fortalece e passa a compor, a ocupar o rol de preferências estatais, preenchendo lugar de destaque na ordem política e representando, segundo os ideais preconizados pelas correntes solidaristas, de certo modo síntese e tentativa de superação da aparente bipolarização existente entre os valores liberdade e igualdade[298].

Já se nota a revitalização da solidariedade social, manifestada, principalmente, por meio da consagração de direitos sociais, a partir do advento do Estado Social e das teses empenhadas pela doutrina do solidarismo. Posteriormente, com a crise do Estado Social e o levante do ideário político neoliberal, a sociedade transforma-se, caracterizando-se pela heterogeneidade de valores, onde se inaugura a era da pós-modernidade, o que conduz à necessidade de uma releitura axiológica da comunidade e do Estado, para permitir a aproximação e a comunicação entre diferentes estruturas comportamentais, tornando-as concomitantes ao invés de contrapostas, com pauta na revelação histórica da solidariedade social como invariante axiológica, objetivada no ambiente de um modelo de Estado Democrático de Direito.

No que concerne ao Direito, não é preciso esforço de raciocínio para reconhecer a relevante presença da solidariedade na graduação hierárquica de seus valores, pois, ao figurar como invariante axiológica, exteriorizada em princípio geral de direito de caráter imediato, firma as causas lógicas da ordem jurídica, distribuindo, ao longo de sua estrutura, significado ético aos demais preceitos normativos que atingem a realidade social.

Basta lembrar que a solidariedade social encontra-se positivada no plano constitucional, situada entre seus princípios fundamentais, como modelo jurídico aberto e que se desdobra axiologicamente em uma série de preceitos, demonstrando sua posição de destaque na ordem hierárquica de valores próprios do Direito, bem como a extensão de seus efeitos em todos os pontos da experiência jurídica.

---

[298] A proposta da doutrina solidarista representa clara tentativa de ultrapassar essa aparente bipolarização, sintetizando liberdade e igualdade, uma vez que é vista como *"um liberalismo levado ao seu mais alto grau, pois tem por ideal nada pedir aos indivíduos que eles não tenham aceito livremente e com consciência; mas, de outra parte, ela é, no verdadeiro sentido da palavra, um socialismo bem entendido e racional, uma vez que o objetivo que ela persegue pela via mesma da liberdade é uma organização social onde todas as partes sejam solidárias, mas entre elas vistas no todo, animadas de um mesmo pensamento, como um corpo vivente que parece nutrir o mesmo espírito interior"*. (José Fernando de Castro Farias, *A Origem do Direito de Solidariedade*, p. 193).

A solidariedade social se enquadra no pressuposto de incomensurabilidade pertinente aos valores, na medida em que não pode ser numerada, nem mesmo quantificada, ou mesmo se estabelecer comparações com os demais valores, a não ser quanto a suas manifestações perante determinados objetos culturais, em que se pode fixar referencias concretas para sua aferição pragmática[299].

Nem todos os objetos culturais, que se compõem necessariamente com referências a valores, são passíveis de mensuração. É impossível, por exemplo, pretender fixar uma avaliação de preços para o dever jurídico do Estado de realizar prestações positivas no sentido de consagrar direitos sociais. O que seria possível, sim, é mensurar, em termos financeiros, o custo de uma ação de cunho assistencial a ser realizada pelo Poder Público, mas não a ação em si, que – ressalte-se – consiste em um dever jurídico permeado em seu sentido ético por valores.

Ou mesmo, não se pode dizer que a solidariedade como valor jurídico é mais ou menos importante que a liberdade ou a igualdade, que um tende a valer mais que outro. Não existe um critério objetivo para se estabelecer esta mensuração, haja vista que tais valores, além de se interpenetrarem reciprocamente em ação material conjunta, não apresentam unidade de sentido, sendo captados em suas múltiplas formas de manifestações perante a experiência jurídica.

A solidariedade social, compreendida em moldes puramente axiológicos, possui objetividade relativa (no plano da ordem do "dever ser"), que se consagra em objetos culturais, para atuar na realidade cultural, conferindo sentido e direcionando certas condutas humanas no transcorrer do processo histórico das civilizações.

Seguindo esta linha, a análise da contextualização histórica da solidariedade social permite verificação da evolução de suas objetivações no campo das relações sociais. Foi visto que, em uma etapa inicial, a solidariedade se confundia com a fraternidade, sendo praticada como comportamentos de cunho filantrópico, inserto na esfera de deveres morais.

---

[299] Como proposta científica de aferição do grau de solidariedade existente em agrupamentos sociais, pode ser citada a classificação pretendida por E. Dukheim que, levando em consideração a divisão do trabalho social, distingue a solidariedade mecânica (ou por semelhança) da solidariedade orgânica (ou por dessemelhança). De qualquer modo, resta evidenciado que tal classificação se dá com um critério desvinculado de referencia à solidariedade como valor, mas sim como fato, como dado empírico, compreendido como conjunto de similitudes contido no plano da experiência social.

Este valor passa a ser efetivamente objetivado no plano jurídico com a proposta normativa trazida pelo Estado Social, em que se evidencia, primeiramente, a necessidade de fixação de diretrizes voltadas à concretização do projeto intervencionista estatal, cunhado nos direitos sociais, e, após o encerramento da Segunda Grande Guerra, de legitimação positiva da dignidade da pessoa humana.

Atualmente, a solidariedade social, como dado da experiência jurídica, encontra-se exteriorizada no Texto Constitucional, que lhe atribui foros de princípio geral de direito, para irradiar seus efeitos perante toda ordem positiva, não se contentando somente com prescrições que exijam um comportamento ativo do Estado, mas de todos os envolvidos com a vida em comunidade, fazendo apelo a ações humanitárias concretas, que visem a sua objetivação, em conjunto com os demais valores que lhe são correlatos, nos mais diversos setores das relações sociais.

De qualquer modo, a solidariedade social não se reduz e nem se coincide definitivamente com os objetos culturais que albergam as suas formas de exteriorização, sendo dotada de inesgotabilidade e inexorabilidade, para transcender as limitações ontológicas impostas a estes objetos e fazer com que a pluralidade de seus significados, construídos dinamicamente no devir histórico em sintonia com os outros valores que lhe são próximos alcance as mais diversas formas de interações existentes no plano da experiência cultural.

A inesgotabilidade e inexorabilidade da solidariedade social são constatadas quando a adoção de modelos jurídicos direcionados ao atendimento das finalidades próprias deste valor se caracterizar como modelos abertos (ou também denominados de *standards* jurídico), os quais, ao figurarem com maior plasticidade hermenêutica para aderir às transformações ocorridas na experiência social, provêem os operadores do direito com a capacidade de ir ao encontro de soluções normativas para casos excepcionais, transcendendo a letra fria da lei para prestigiar a extensão de seu aspecto eminentemente valorativo.

A transcrição normativa expressa do valor solidariedade, contida no artigo 3.º do Texto Constitucional, lhe confere foros de modelo jurídico aberto, tornando inesgotável e inexorável as suas possibilidades de atuação perante a seara de interesses da experiência jurídica para sempre tutelar os comportamentos individuais e coletivos, o que leva à busca e superação contínuas de suas formas de realização no decorrer do processo histórico.

Some-se a isso o fato de que a solidariedade ser considerada como princípio geral de direito de caráter direta e imediatamente ligado ao valor fonte da pessoa humana robustece o teor das mencionadas características, na medida em que surte efeitos na construção histórica dos demais princípios gerais derivados ou mediatos, que são construídos e realizados no âmbito das exigências particulares de cada civilização.

2.2.1. *Historicidade e Invariantes Axiológicas*

A solidariedade social, ao se desenvolver e se manifestar, ao longo da história, como projeções do espírito humano sobre a realidade concreta, encontra seu significado circunscrito a determinadas coordenadas de espaço e tempo, nas quais ocorre o processo seletivo de apreciações de eventos sociais, de acordo com a tabua axiológica vigente oriunda das particularidades éticas constantes de certo ciclo cultural.

E os acontecimentos que adquirem relevância de significação ao caminhar da humanidade em seu desenvolvimento no ambiente sócio--cultural, como o caso das circunstâncias históricas ligadas ao conteúdo axiológico da solidariedade, estes recebem sua própria porção de temporalidade, que se caracteriza como parte componente de seu processo existencial guardadas na memória histórica das civilizações, o que, inclusive, já foi objeto de estudo nesta obra.

Isso significa que a solidariedade social, como aspiração humana objetivada em determinados objetos culturais, deriva de estimativas históricas axiologicamente selecionadas e extrai seu sentido em diferentes etapas da civilização até sua percepção definitiva como núcleo resistente e invariável em relação às mutações derivadas das contingências sofridas no âmbito da cultura através dos tempos, tornando-se uma constante ou invariante axiológica.

Em outras palavras, pode-se concluir que a partir da compreensão do processo histórico de projeção empírica da solidariedade social, em conformidade com as transformações de preferências axiológicas sentidas pelas civilizações, constata-se, num dado momento, sua incorporação definitiva ao patrimônio cultural da comunidade, com sua revelação à consciência histórica como invariante ética intocável, ainda que desde sempre tenha estado presente no condicionamento dos comportamentos humanos atribuindo as finalidades que lhe são próprias.

Conforme descrito na primeira parte do trabalho, deve-se alertar para o fato de que as invariantes axiológicas atuam de forma decisiva na conformação da experiência jurídica pertinente a cada ciclo cultural, pois, quando desvendadas pela humanidade, estabelecem os fundamentos éticos das condutas individuais e sociais, os quais passam a ser recolhidos nos conteúdos das prescrições normativas, para direcionar o desenvolvimento das relações intersubjetivas em prol do atendimento de suas finalidades e garantir plena realização do valor fonte da pessoa humana, formando o núcleo axiológico que envolve os direitos humanos correspondentes a respectiva etapa da civilização: *"o valor da pessoa humana, enquanto conquista histórico-axiológica encontra sua expressão jurídica nos direitos fundamentais do homem"*[300].

E, apesar de representarem a concepção de mundo referente a um determinado ciclo cultural, as invariantes axiológicas devem ser compreendidas como espécie de "herança" da sua civilização, uma vez que, marcadas pela estabilidade, permanecem no tempo como patamares axiológicos, incorporados definitivamente às tabuas de valores que venham se consagrar nas demais gerações da humanidade, embora sejam perfeitamente suscetíveis às mudanças na sua concepção semântica ao longo da história.

Por decorrência lógica, o núcleo axiológico dos direitos humanos, – ressalte-se – composto por invariantes axiológicas vinculadas ao valor fonte da pessoa humana, apesar de corresponderem ao *modus operandi* da experiência jurídica em um dado ciclo cultural, quando revelados à consciência da humanidade, sedimentam-se definitivamente na pauta

---

[300] Celso Lafer, *A Reconstrução dos Direitos Humanos: Um Diálogo com o Pensamento de Hannah Arendt*", p. 118. Em estudo conjunto anteriormente desenvolvido, tratamos de tema relativo à cadeia evolutiva dos Direitos Humanos, revelando o teor de sua dimensão histórica, centrado no valor fonte da pessoa humana: *"a historicidade pode ser explicitada como reflexo dos anseios sociais que passam a ser traduzidos como nortes da sociedade em determinadas coordenadas de espaço e tempo, sempre respeitando um conteúdo ético comum, que se desdobra ao longo dos tempos por intermédio de valores de apreensão concreta e dimensão consensual. (...) Dessa forma, os direitos humanos nascem e se modificam obedecendo um núcleo formado pelo sentimento axiológico da sociedade, o qual a partir de um dado fato se adere a um determinado valor, que, por sua vez, passa a ser normatizado tanto internacional como nacionalmente pelos Estados, com indispensável fundamento na idéia de dignidade da pessoa humana"*. (Ernani Contipelli e Vladimir Oliveira da Silveira, *Direitos Humanos Econômicos na Perspectiva da Solidariedade: Desenvolvimento Integral*, p. 2573/2574).

axiológica deste setor do mundo cultural, em razão de sua imprescindibilidade ao desdobrar da vida social, para tanto supera o próprio transcurso da história e adapta seus possíveis significados às novas exigências éticas[301], o que conduz ao surgimento das denominadas gerações de direitos humanos.

Sob o enfoque eminentemente histórico, podem ser reconhecidas três gerações autônomas de direitos humanos, as quais possuem como critério distintivo à prevalência de certa invariante axiológica em relação às demais como motivo condicionante da vida ética e estruturante da experiência jurídica em determinado ciclo cultural.

Antes, porém, de ingressar propriamente na síntese da primeira, segunda e terceira gerações de direitos humanos, importa reafirmar que as invariantes axiológicas por elas retratadas não se restringem apenas à estruturação do campo da experiência jurídica em seu correspondente ciclo cultural, mas cuidam também da compreensão da tábua hierárquica de valores fundamentais, que influenciaram todo o modo de se conceber a vida em determinado período histórico, formando o núcleo de suas constelações axiológicas.

A primeira geração de direitos humanos encontra-se estruturada na preponderância da invariante axiológica representada pelo valor da liberdade especialmente no que diz respeito à proteção jurídica da esfera de interesses privados e, conseqüente, delimitação da seara de atuação do Estado. Tal período corresponde ao momento representado pelo ideário ideológico liberal, que se caracteriza pela preservação incondicional da autonomia de vontade do indivíduo e consagração do chamado "Estado Mínimo".

Já os direitos humanos de segunda geração apresentam como invariante axiológica o valor da igualdade, na medida em que, ao demandarem

---

[301] Willis Santiago Guerra Filho, ao abordar a perspectiva histórica dos direitos humanos, frisa a questão que envolve sua redefinição diante do surgimento de uma nova geração, influenciada por diferentes invariantes axiológicas: *"os direitos gestados em uma geração, quando aparecem em uma ordem jurídica que já trás direitos de geração sucessiva, assumem outra dimensão, pois os direitos da geração mais recente tornam-se um pressuposto para entendê-los de forma mais adequada – e, conseqüentemente, também para melhor realizá-los. Assim, por exemplo, o direito individual da propriedade, num contexto em que se reconhece a segunda dimensão dos direitos fundamentais, só pode ser exercido observando-se sua função social, e com o aparecimento da terceira dimensão, observando-se igualmente sua função ambiental"*. (*Processo Constitucional e Direitos Fundamentais*, p. 46/47).

prestações positivas estatais direcionadas ao atendimento de condições satisfatórias de vida digna e de trabalho a todos, se voltam para a correção de desajustes e nivelamento de distintos setores da sociedade. Este ciclo histórico é marcado pelo advento do Estado Social, em que se exigem atuações afirmativas do Poder Público, por meio de prescrições jurídicas e ações políticas concretas, no sentido de realizar empiricamente o primado da igualdade.

Por fim, a terceira geração de direitos humanos demonstra a revelação histórica da invariante axiológica pautada no valor solidariedade, que, ao pretender evitar fragmentações no meio social, reforça os enlaces de alteridade entre os membros da comunidade, concebe o ser humano como gênero[302] em igual dignidade e objetivos para com seus semelhantes e permite o estabelecimento de condições apropriadas ao livre e integral desenvolvimento de suas potencialidades, fazendo com que toda a experiência social empreendida no mundo jurídico seja decisivamente legitimada no valor fonte da pessoa humana[303].

Willis Santiago Guerra Filho, ao abordar objetivamente a questão relativa à historicidade dos direitos humanos, acaba por conciliar as idéias anteriormente mencionadas:

"A primeira geração é aquela em que aparecem as chamadas liberdades públicas, 'direitos de liberdade' (freiheitsrechte), que são

---

[302] Paulo Bonavides ensina sobre os direitos de terceira dimensão que: *"um novo pólo jurídico de alforria do homem se acrescenta aos da liberdade e da igualdade. Dotados de altíssimo teor de humanismo e universalidade, os direitos de terceira geração tendem a cristaliza-se no fim do século XX enquanto direitos que não se destinam especificamente á proteção de interesses de um indivíduo, de um grupo ou de um determinado Estado. Têm primeiro por destinatário o gênero humano mesmo, num momento expressivo de sua afirmação como valor supremo em termos de existencialidade concreta".* (*Curso de Direito Constitucional*, p. 569).

[303] Acerca da caracterização da solidariedade como invariante axiológica norteadora da atual concepção de direitos humanos, Flávio Alves Martins: *"(...) exemplo das invariantes axiológicas encontra na proteção dos Direitos Humanos. Em oposição ao individualismo excludente, o espírito da nova civilização há de ser a irradicação da fraternidade universal, a organização de uma humanidade solidária, onde se editem enfim que todos os homens nascem livres e iguais em dignidade e direitos, segundo proclamou a Declaração Universal dos Direitos Humanos, nos quais o valor fonte seja efetivamente o fundamento da ordem (jurídica, cultural etc.)".* (*A Idéia de Experiência no Pensamento Jusfilosófico de Miguel Reale: A Cultura Contemporânea e o Novo Modelo Jurídico*, p. 133).

direitos e garantias dos indivíduos a que o Estado omita-se de interferir em sua esfera juridicamente intangível. Com a segunda geração surgem os direitos sociais a prestações pelo Estado (leistungrechte) para suprir carências da coletividade. Já na terceira geração concebe-se direitos cujo sujeito não é mais o indivíduo nem a coletividade, mas sim o próprio gênero humano, como é o caso do direito à higidez do meio ambiente e do direito dos povos ao desenvolvimento"[304].

Feitas estas breves ponderações sobre as gerações de direitos humanos, situando-as no tempo histórico em conformidade com suas respectivas constantes ou invariantes axiológicas, passar-se-á a tecer com maior rigor de detalhes a percepção da solidariedade social como invariante axiológica contemporânea e sua interação com a experiência jurídica, que não se limita a sua concepção como direitos humanos de terceira geração, possuindo maior abrangência, na medida em que, ao se relacionar mutuamente com os demais valores consagrados pelo Direito, e que representam o valor originário da pessoa humana, acaba influenciando a formação de conceitos de extrema relevância para o mundo jurídico, entre os quais se destacam a interdependência recíproca, os deveres fundamentais, a dignidade social e o mínimo existencial, aproveitando-se das referencias até aqui realizadas sobre o tema no presente capítulo.

Antes, porém, advirta-se sobre a relevância de se estabelecer a distinção entre o valor solidariedade social e os direitos de solidariedade, pois, estes, por englobarem um rol específico de direitos, possuem abrangência restrita em relação à concepção jurídico-axiológica da solidariedade social, não esgotando seu conteúdo, que, compreendido como modelo jurídico aberto, princípio geral de direito, rege a condução das atividades de criação, aplicação e interpretação de normas jurídicas, ou seja, além dos direitos de solidariedade este valor irradia seus efeitos por outros campos da experiência jurídica, como por exemplo, na delimitação de deveres fundamentais de colaboração, o que reafirma a presença de seus atributos de inesgotabilidade e inexorabilidade.

A partir do estudo da contextualização histórica, nota-se que até determinada etapa da modernidade a solidariedade social se embrenhava nos ideais filantrópicos de caridade e fraternidade, este último expressa-

---

[304] *Teoria Processual da Constituição*, p. 32.

mente trazido nos lemas da Revolução Francesa, não se podendo falar em uma percepção deste valor como invariante axiológica como a que se verifica na atualidade com a atribuição de feições autônomas e mais objetivas, as quais são, especialmente, sentidas no plano da experiência jurídica.

Esta porção de temporalidade da solidariedade é marcada pela prevalência da invariante axiológica correspondente ao valor da liberdade, o qual, levado a seus extremos pelo liberalismo, se caracterizou pelo individualismo exacerbado e, praticamente, anulou qualquer tentativa de fazer valer a solidariedade como dever jurídico inserido na ordem de interesses políticos do Estado.

A percepção inicial, mas não definitiva, da solidariedade social como invariante axiológica ocorre apenas no período histórico de assunção do Estado Social, em que, embora houvesse uma priorização na concepção de tal valor como dimensão fática da experiência social, principalmente, em razão do pensamento disseminado pelas correntes do solidarismo; no plano axiológico, já se revelava como diretriz comportamental inamovível, se confundindo, em muitos momentos, com o próprio ideal contido na invariante axiológica determinante desta época, a do valor da igualdade, ao ser visualizado como princípio norteador dos direitos sociais direcionados à proteção das camadas menos abastadas da sociedade.

A confirmação definitiva da solidariedade social como constante ou invariante axiológica é relativamente recente dentro da história da civilização humana, o que se dá somente com o advento da pós-modernidade, período em que se desvenda a verdadeira natureza do mencionado valor ao ser imediata e diretamente relacionado com o valor primordial da pessoa humana, principalmente, no campo da experiência jurídica, no qual passa a ser compreendido e integrado aos demais valores fundamentais deste sistema[305].

---

[305] Situando em termos histórico-temporais, o início da revelação da solidariedade social como invariante axiológica para a experiência jurídica somente ocorre com a pós--modernidade, na medida em que tal valor, na seara de interesses dos Direitos Humanos passa a ocupar papel de destaque, influenciando e orientando, especialmente, os denominados direitos de terceira geração ou direitos de solidariedade, como bem assevera José Joaquim Gomes Canotilho: *"A partir da década de 60, começou a desenhar-se uma nova categoria de direitos humanos, vulgarmente chamados direitos da terceira geração. Nesta perspectiva, os direitos do homem reconduzir-se-iam a três categorias fundamentais: os*

Na era da sociedade pós-moderna, que carece da concretização da fórmula de integração ideológica proposta no modelo de Estado Democrático de Direito, para não colocar em risco sua própria preservação, a solidariedade social atinge o auge de sua concepção como invariante axiológica ao ser concebida como dimensão social do valor fonte da pessoa humana para complementá-lo e garanti-lo, ao exigir a compreensão plena do "eu" (da subjetividade) no "outro" (na intersubjetividade), para conciliar as heterogeneidades existentes na realidade concreta, afastar o individualismo reinante nas propostas econômicas neoliberais e aproximar os membros da comunidade em relações intersubjetivas de respeito paritário e auxílio mútuo.

Novamente, vem à tona a estreita ligação existente entre o valor fonte da pessoa humana, que, como já foi destacado em outras oportunidades deste trabalho, compreende a tomada de consciência da dignidade ética de cada ser humano, cujo sentido ultrapassa os próprios quadrantes do processo histórico; e o conteúdo axiológico da invariante solidariedade social, que acaba por refletir sua natureza principiológica perante a experiência jurídica, para irradiar seus efeitos na delimitação das finalidades conferidas aos modelos jurídicos na busca da efetivação das garantias do valor originário da pessoa humana.

A solidariedade social como constante ou invariante axiológica imediatamente ligada ao valor essencial da pessoa humana, somente pode ser concebida pelo fenômeno jurídico como princípio geral de direito, modelo jurídico aberto do qual emanam outros princípios, decorrentes das exigências da práxis social em determinado ciclo histórico e, assim, passam a ser construídos a partir dos recortes comportamentais realizados no plano da realidade cultural e inseridos nos ordenamentos jurídicos para compor distintos sistemas normativos.

---

direitos de liberdade, os direitos de prestação (igualdade) e os direitos de solidariedade. Estes últimos direitos, nos quais se incluem o direito ao desenvolvimento, o direito ao patrimônio comum da humanidade pressupõem o dever de colaboração de todos os estados e não apenas o actuar activo de cada um e transportam uma dimensão colectiva justificadora de um outro nome dos direitos em causa: direitos dos povos. Por vezes, estes direitos são chamados de direitos de quarta geração". (Direito Constitucional e Teoria da Constituição, p. 386). Ainda nesta porção de temporalidade, outros eventos históricos contribuirão decisivamente para a complementação do conteúdo axiológico da solidariedade social como dimensão própria do valor originário da pessoa humana, os quais foram devidamente relatados no capítulo desta parte do trabalho.

Portanto, os reflexos axiológicos irradiados pela solidariedade social são sentidos em todas as faixas normativas correspondentes a diferentes setores da vida social (civil, processual, penal, etc.) e que participam da estruturação do ordenamento jurídico, para assegurar devida consistência lógica a seus elementos componentes, de tal sorte que o sistema normativo de modelos jurídicos formados pela atividade de tributação não escapa a tal consideração.

PARTE III

1. TRIBUTAÇÃO E ESTADO DEMOCRÁTICO DE DIREITO

Fixadas as premissas teóricas do presente trabalho, com o estudo da Axiologia (ou Teoria dos Valores) proposta por Miguel Reale, restou caracterizada a vinculação das concepções de valor com o desenvolvimento histórico-cultural das civilizações, que possibilita a determinação dos padrões éticos das sociedades em coordenadas de espaço e tempo, a partir da compreensão das invariantes axiológicas, que surte efeitos cogentes nos quadrantes da experiência jurídica, que, pretendendo recolher suas prescrições em sua estrutura tridimensional, se vale de seu instrumental de poder, expresso nas fontes de direito, para realizar tal incumbência.

Desta feita, pode-se pesquisar a proposta axiológica que envolve a solidariedade social, primeiramente, em suas múltiplas manifestações no decorrer da história, para verificar o desenrolar das ocorrências fáticas que a ascenderam ao patamar de invariante axiológica diante da era da pós-modernidade e, por conseqüência, do modelo de Estado Democrático de Direito, e, subseqüentemente, a delimitação de suas "idéias motoras" devidamente correlacionadas aos demais valores essenciais da pessoa humana.

No presente capítulo, que dá início a terceira e última parte do trabalho, de posse das considerações anteriormente formuladas, investiga-se a solidariedade social como invariante axiológica atuante no plano da manifestação de poder emanado no modelo de Estado Democrático de Direito, tomando sua composição cultural baseada no conceito de fórmula de integração ideológica descrita no complexo normativo constitucional, para condicionar a atuação das fontes de direito, demarcando o âmbito de validade do processo nomogenético de normas jurídicas e de construção de significado de seus respectivos modelos.

Ato contínuo, as atenções são direcionadas para o campo próprio da tributação, analisando o seu conteúdo perante as diretrizes exigidas pela invariante axiológica da solidariedade social na composição da fórmula de integração ideológica do modelo de Estado Democrático de Direito, para ser constatada a mudança de seu enfoque: de expressão de poder estatal para dever de colaboração conferido ao membro da comunidade como forma de participação na realização do projeto de existência comum, que possui sua validade atrelada ao correlato direito de exigir (ou dever) do Estado de redistribuir adequadamente as riquezas arrecadas.

1.1. Estado e sua Fórmula de Integração Ideológica

O Estado como realidade cultural resulta da interferência de uma complexa trama de fatores, sistematicamente, integrados e discriminados em suas dimensões sociológicas, jurídicas e políticas[306], que flutuam no devir do processo histórico das civilizações, não sendo possível compreendê-lo plenamente a partir de soluções unilaterais, ou seja, quando se elege apenas um dos elementos mencionados para o fim de explicar o fenômeno que envolve sua formação.

Para ser alcançada, então, a natureza constituinte da ordem estatal, é preciso adentrar nesta pluralidade de fatores que, progressivamente, ao longo dos tempos, são reduzidas às estruturas jurídicas, através de manifestações de poder, as quais, devidamente influenciadas por condicionantes axiológicas, traduzem certas finalidades, assim como os caminhos apropriados para sua efetivação.

Já se pode concluir que a composição e o desenvolvimento do Estado seguem um princípio de integração social, derivado do processo de seleção de valores estimados e retirados no plano da experiência cultural com interferência decisória do poder e que, refletido em complexo normativo positivado, apontam o conteúdo das vontades das entidades

---

[306] A tríplice composição do Estado é explicada por Miguel Reale: *"O Estado aparece, então, como uma pirâmide de três faces, a cada uma delas correspondendo uma parte da ciência geral: uma é social, objeto da 'Teoria Social do Estado', na qual se analisam a formação e o desenvolvimento da instituição estatal em razão de fatores sócio-econômicos; a segunda é jurídica, objeto da 'Teoria Jurídica do Estado', estudo normativo da instituição estatal, ou seja, de seu ordenamento jurídico; a terceira é a política, de que trata a 'Teoria Política do Estado' para explicar as finalidades do governo em razão dos diversos sistemas de cultura"*. (*Teoria do Direito e do Estado*, p. 128).

responsáveis pela condução da sociedade orientadas pelo sentido de realização do projeto de existência comum e de objetivação continua e gradual do valor fonte da pessoa humana.

E a questão do poder se coloca perante a ordem jurídica estatal em termos de soberania entendida como decisão, em última instância, sobre a positividade do direito[307], retratando, assim, o momento de institucionalização da expressão ético-política da capacidade de livre organização da comunidade e de imposição universal de vontades em determinado território com o fito de concretizar uma pauta de valores.

Esse momento de pausa na dinamicidade da soberania, que se constitui pela etapa de positivação em regras jurídicas dos recortes axiológicos imprimidos pelos atos de decisão do poder no processo político-social para estruturação de seus modos de produção, permite a apreensão do modelo de Estado correspondente aos interesses, necessidades e aspirações coletivas (– leia-se – ao grau de integração social) contidos em determinado ciclo cultural.

A referida estabilização possibilita a extração da fórmula de integração envolta no modo de expressão da soberania estatal, enquanto objetivação de certas preferências axiológicas, servindo como referencial hermenêutico para construção de sentido das próprias finalidades buscadas pelo sistema de Direito Positivo na ordenação da vida social e na solução dos problemas de validade que norteiam os processos de produção de normas e significação deôntica dos modelos jurídicos.

Partindo desta compreensão histórico-cultural do sistema de Direito Positivo, composto por uma série de complexos normativos inter-relacionados e em contínuo processo de transformação, para corresponder adequadamente aos anseios dos múltiplos aspectos da experiência social que representam, o complexo normativo constitucional apresenta-se como centro originário e congruente de distribuição das esferas de poder político no plano estatal, visando à devida manifestação de soberania e permeando, assim, os demais complexos normativos existentes para lhes atribuir o respectivo fundamento de validade (vigência e eficácia).

---

[307] Ao entender que a soberania corresponde à resposta ultima acerca da positividade do Direito, reconhece-se a existência de múltiplos ordenamentos normativos autônomo na realidade social, que se diferenciam em razão do grau de positividade de suas determinações, encontrando na figura da entidade estatal seu centro de referencias e, simultaneamente, de garantia comum, o que conduz à célebre afirmação de Miguel Reale de que "o Estado representa o lugar geométrico da positividade jurídica" (*Teoria do Direito e do Estado*, p. 319).

Portanto, o âmbito de validade dos modelos que compõem o ordenamento jurídico encontra-se circunscrito aos limites estabelecidos pelo complexo normativo constitucional[308], que, disciplinando a forma de organização e distribuição do poder, com a repartição de competências, descreve, juridicamente, a fórmula de integração adotada na estruturação do modelo de Estado vigente em cada época histórica presenciadas pelas civilizações.

Por decorrência lógica, assim como estabelece o fundamento de validade de cada modelo jurídico, influenciando a construção de seu sentido como unidade de regulamentação de condutas, o complexo normativo constitucional acaba por estabelecer o âmbito de validade do próprio macromodelo constituído pelo ordenamento jurídico, irradiando seus efeitos na determinação de suas finalidades, o que acaba por reforçar a argumentação no sentido de se situar a formula de integração estatal no conteúdo das prescrições contidas no modelo constitucional.

Na medida em que submete o fundamento de validade dos modelos jurídicos aos seus ditames, possibilitando a organização da convivência social em uma unidade de poder, a fórmula de integração expressa pelo complexo normativo constitucional estrutura o teor das possíveis ações futuras do Estado e dos membros da comunidade, para ser dinamicamente objetivada como valores condicionantes das condutas exteriorizadas perante a dimensão histórico-cultural da realidade social.

Ao preencher a temática dos comportamentos sociais, direcionando-os ao atendimento de certas finalidades, a fórmula de integração constitui-se por um conjunto de valores que são alçados paulatinamente ao complexo normativo constitucional no decurso do processo histórico, para marcar os rumos do poder e caracterizar o perfil atribuído à entidade estatal em dadas coordenadas de espaço e tempo.

Recapitulando: a fórmula de integração significa momento jurídico de estabilização dos fatores sociais, políticos e jurídicos que atuam na composição do Estado e na forma de expressão da soberania, realizada no plano normativo constitucional, a partir do processo seletivo de um corpo axiológico, que deve considerar em primeiro plano o valor fonte da

---

[308] Com muita propriedade, Miguel Reale confirma o necessário condicionamento da validade dos modelos jurídicos aos preceitos determinados no plano normativo constitucional: *"todos os modelos jurídicos só podem valer, isto é, ter vigência e eficácia no âmbito de validade traçado ou consentido pelas normas constitucionais que distribuem originariamente as esferas de competência"*. (*Lições Preliminares de Direito*, p. 195).

pessoa humana e, posteriormente, as invariantes axiológicas que, reveladas à consciência histórica de cada civilização, incorporam-se ao patrimônio ético de sucessivas gerações, tais como liberdade, igualdade e, atualmente, solidariedade.

Este conjunto de valores eleitos na composição da fórmula de integração estatal e que são englobados pelo ordenamento jurídico positivo, para serem reciprocamente objetivados no conteúdo das relações intersubjetivas, representa o seu fundamento ideológico[309], o qual se entende como sistema de opções políticas que devem denotar a devida correspondência entre interesses individuais e coletivos para melhor atender ao bem comum.

Esclareça-se, desde logo, que no plano da experiência concreta se convive com uma multiplicidade de ideologias (idéias políticas), em virtude da própria natureza social humana, que somente concebe a realização pessoal, de seu "ser" enquanto "dever ser", em termos intersubjetivos, o que implica na coexistência de diferentes formas de justificação das inclinações sociais, como bem leciona Miguel Reale: *"nenhum eu é real a não ser em relação com outros eus, nenhuma subjetividade é tal senão como intersubjetividade, ou socialidade, determinando e legitimando a pluralidade das ideologias"*[310].

Ocorre que, em contato direto com a experiência cultural, deve ser integrado ao plano jurídico-normativo o conjunto de idéias políticas matrizes que mais se compatibiliza com o consenso das esperanças sociais, com o projeto de ações destinadas à realização das preferências axiológicas

---

[309] Miguel Reale assevera que a ideologia constitui *"uma expressão do dever-ser político, ou, por melhor dizer, dos valores políticos-sociais que, segundo nossa livre convicção, deveriam nortear o ordenamento legal em vigor nas relações sociais, determinando o sentido e os fins legítimos da cidadania em razão do bem comum"*. (*O Estado Democrático de Direito e o Conflito das Ideologias*, p. 10).

[310] *O Estado Democrático de Direito e o Conflito das Ideologias*, p. 10.

[311] Releva salientar, com base na lição de Tércio Sampaio Ferraz Júnior, que ao pressupor a existência de uma ordem de valores norteando a composição de determinado modelo de Estado no plano normativo constitucional, entende-se que existem um rol de pretensões a serem efetivamente realizadas e que submetem as manifestações de poder/soberania à concretização deste projeto: *"pressupondo-se que uma Constituição apresente no seu corpo normativo um sistema de valores, o modelo de Estado que ela institui se torna uma realização de valores e exige essa realização. Na verdade, ela não estabelece um Estado, mas propõe a realização de um Estado"*. (*Direito Constitucional: Liberdade de Fumar, Privacidade, Estado, Direitos Humanos e Outros Ensaios*, p. 444).

existentes no cotidiano das civilizações, e que constituem os valores nucleares presentes na estruturação de seu correspondente modelo de Estado.

Destarte, a ideologia se apresenta como um dos elementos componentes da fórmula de integração do modelo de Estado, revelando o corpo político-axiológico que se insere no complexo normativo positivo de organização e distribuição do poder, para devida manifestação da soberania como instrumento de transformação da experiência social em prol da consecução do projeto de existência comum, principalmente, no processo de validação da produção de normas jurídicas e significação deôntica de seus respectivos modelos.

Assim, a compreensão da formação do Estado como produto histórico-cultural não se dá apenas pelo momento de estabilização jurídica da soberania, como série de normas jurídicas que versam sobre a disposição do poder em uma comunidade, o que restringiria a sua pesquisa a aspectos meramente formais, resultando na obtenção de uma fórmula abstrata, vazia; mas deve pressupor, concomitantemente, a participação decisiva de um sistema de valores recolhidos no campo da realidade social e que representam seu fundamento ideológico, que concerne ao substrato material das finalidades a serem alcançadas neste momento do processo de institucionalização do poder[311].

Nesse passo, ao que se denomina fórmula de integração deve ser necessariamente acrescentada a palavra "ideológica", pois seu conceito constitui parte essencial deste processo que envolve o relacionamento concreto e dinâmico de fatores sociais, políticos e jurídicos para composição axiológico-normativa do modelo de Estado, sem o qual não se poderiam determinar o sistema de valores que pretende realizar e o conteúdo ético de suas finalidades, os quais restariam totalmente desconexos da realidade social que pretendem orientar[312].

---

[312] Pablo Lucas Verdú conceitua a fórmula política expressa pelo complexo normativo constitucional como sendo *"uma expressão ideológica, fundada em valores, normativa e institucionalmente organizada, que descansa em uma estrutura sócio-econômica"*. (*Curso de Derecho Político*, p. 36 – tradução livre). E seguindo estes ensinamentos Willis Santiago Guerra Filho pondera que: *"Enquanto manifestação de uma opção básica por determinados valores, característicos de uma ideologia, a fórmula política inserida na Constituição se apresenta como um programa de ação a ser partilhado por todo integrante da comunidade política, e por isso, responsável a um só tempo pela sua mobilidade e estabilidade"*. (*Processo Constitucional e Direitos Fundamentais*, p. 17).

A fórmula de integração ideológica do modelo de Estado, compreendida no complexo normativo constitucional, demonstra tanto a composição estrutural originária do poder, com a ordenação e distribuição de competências, segundo diferentes esferas de expressão de soberania; quanto o seu corpo político-valorativo, que, por estarem diretamente vinculados ao plano da experiência histórica, deve representar as invariantes axiológicas que atuam em determinado ciclo cultural, além de obrigatoriamente reconhecer o valor da pessoa humana como valor fonte, do qual emergem todos os demais valores, constituindo, assim, a base de fundamentação, preservação e efetivação dos direitos humanos[313].

Compartilhando das idéias até então demonstradas, Miguel Reale explica a relação de implicação complementaridade existente entre soberania e ideologia na composição do modelo de Estado, revelando os elementos presentes na fórmula de integração ideológica, a saber:

"A formação do Estado é o resultado de um processo de integração social e política, cujo momento culminante é dado, concomitantemente e complementarmente, pela correlação necessária entre a soberania estatal, de um lado (como expressão da personalidade jurídica conferida à Nação), e, de outro, a posição dos cidadãos como titulares de direitos públicos subjetivos, em razão da personalidade que lhes é conatural e própria"[314].

Utilizando a fórmula de integração ideológica, pode-se identificar, por exemplo, o modelo correspondente ao Estado de Direito, que, estruturado sobre as bases do ideário político liberal consagra os direitos humanos de primeira geração, tendo como invariante axiológica dominante o valor da liberdade e adotando postura de caráter não intervencionista, para garantir no conteúdo de suas prescrições positivadas apenas a

---

[313] Com a precisão que lhe é peculiar, Miguel Reale confirma a identificação entre a ideologia que participa da formação do Estado com o teor axiológico dos direitos humanos, destacando sua base originária de fundamentação, o valor da pessoa humana: *"É claro que o fundamento do processo ideológico coincide com os chamados direitos humanos, em visão dos quais se constitui um leque das opções políticas julgadas mais idôneas para realização concomitante do bem individual e do bem comum. A meu ver esse fundamento, tanto dos direitos humanos como das ideologias que se contendem o privilégio de melhor garanti-los e desenvolvê-los, é representado pelo valor da pessoa humana".* (*O Estado Democrático de Direito e o Conflito das Ideologias*, p. 99/100).

[314] *O Estado Democrático de Direito e o Conflito das Ideologias*, p. 110/111.

certeza e segurança necessárias ao respeito incondicional das esferas de individualidades dos cidadãos e, conseqüentemente, da propriedade privada, encontrando na lei o instrumento jurídico adequado para expressar o consentimento, conteúdo da vontade geral.

Por outro turno, na fórmula de integração ideológica referente ao modelo de Estado Social nota-se uma abertura ao coletivismo, marcada pelo advento dos direitos sociais, ou direitos humanos de segunda geração, imediatamente influenciados pela invariante axiológica da igualdade, em que o Poder Público assume papel positivo perante o setor privado, para interferir em seu campo de interesses e transformá-lo no sentido de corrigir eventuais injustiças entre distintos segmentos da sociedade, bem como de aprimorar, por meio da realização de ações políticas concretas, as condições de vida de todos os cidadãos.

Diante de tais considerações, compara-se o conteúdo das fórmulas de integração ideológica dos modelos de Estado de Direito e de Estado Social, para se compreender, ainda que brevemente, a correlação existente entre a estruturação do poder e a temática das invariantes axiológicas em suas respectivas coordenadas históricas: enquanto no Estado de Direito, que notadamente privilegia o valor da liberdade, o poder se organiza de tal modo a não invadir o campo da vida privada, garantindo a esfera de segurança necessária ao exercício da propriedade, no Estado Social, o valor igualdade exige que o poder se mostre politicamente ativo para agir perante a disposição das estruturas econômicas e sociais com o exercício de medidas de cunho distributivo destinada ao atendimento efetivo das necessidades dos membros da comunidade[315].

Pode-se concluir este tópico dizendo que o alcance da fórmula de integração ideológica de determinada civilização permite a verificação de seu respectivo modelo de Estado, abarcando a estrutura de sua personalidade jurídica correlacionada com as invariantes axiológicas descritas no seu complexo normativo constituinte, que condicionam o âmbito de validade do processo de produção de normas jurídicas e de significação deôn-

---

[315] Jorge Miranda compila as idéias apresentadas sobre as invariantes axiológicas atuantes na fórmula de integração ideológica dos modelos liberal e social de Estado: *"Na concepção liberal, a liberdade de cada um tem como limite a liberdade dos outros; na concepção social, esse limite prende-se com igualdade material e situada. Os direitos constitucionais de índole individualista podem resumir-se num direito geral de liberdade, os direitos de índole social num direito geral à igualdade"*. (Manual de Direito Constitucional Tomo IV – Direito Fundamentais, p. 103).

tica de seus respectivos modelos, os quais passam a ser construídos em harmonia com tais valores, para atuar no direcionamento das relações sociais, voltando-as ao atendimento do projeto de respeito à coexistência de liberdades individuais e realização do bem comum.

1.1.1. *Modelo de Estado Democrático de Direito*

Como visto, a fórmula de integração ideológica possibilita o reconhecimento do modelo de Estado pertinente a dado ciclo histórico-cultural, o que se obtém com o estudo do complexo normativo constitucional caracterizador da respectiva época, o qual, na experiência jurídica referente ao atual sistema de Direito positivo nacional, expressa a instauração e realização de modelo correspondente ao denominado Estado Democrático de Direito.

A afirmação anterior pode ser perfeitamente confirmada pelas disposições constantes do Texto Constitucional vigente, especialmente, em seu Preâmbulo e artigo 1°, que propõem expressamente a formação de um Estado Democrático de Direito, sendo que a composição temática dos elementos caracterizadores de sua fórmula de integração ideológica deverá ser depurada ao longo do conteúdo do mencionado complexo normativo, haja vista que, construída a partir da experiência concreta vivenciada por cada ordenamento jurídico, impõem seus próprios referenciais hermenêuticos para a compreensão das demais regras constitucionais, bem como do processo de validação/significação das normas e modelos jurídicos.

Neste sentido, cabe asseverar que a plataforma ideológica contida no Preâmbulo da Constituição vigente expõe a instalação de *"um Estado Democrático, destinado a assegurar o exercício dos direitos sociais e individuais"*, orientados pela realização de *"valores supremos de uma sociedade fraterna"*, ou seja, reconhece a instituição de Estado constituído por representantes do povo e com finalidades predeterminadas. E, em seguida, o artigo 1°, reforça tal proposta de ação, ao dispor que a República Federativa do Brasil constitui-se em Estado Democrático de Direito, fundado no princípio da dignidade da pessoa humana, que consiste na dimensão jurídico-normativa, por excelência, do valor originário da pessoa humana[316].

---

[316] No entender de Miguel Reale, o Texto Constitucional não se contentou em compor um Estado de Direito e ao acrescentar o adjetivo "Democrático" pretendeu *"indicar o*

E a constatação a ser realizada acerca desta fórmula de integração ideológica reconhecida pelo complexo normativo constitucional vigente é a de que a estrutura positivada do modelo de Estado Democrático de Direto pretende atender a um sistema de valores imediatamente orientados pelo valor fonte da pessoa humana, que compatibilize e aperfeiçoe, simultaneamente, as garantias próprias da liberdade, oriundas da configuração do Estado de Direito, com as da igualdade, típicos da forma de Estado Social, conforme assevera Willis Santiago Guerra Filho:

> *"a fórmula do Estado Democrático se firma a partir de uma revalorização dos clássicos direitos individuais de liberdade, que se entendem jamais ser demasiadamente sacrificados em nome da realização de direitos sociais. O Estado Democrático de Direito, então, representa uma forma de superação dialética da antítese entre os modelos liberal e social ou socialista de Estado"*[317].

---

propósito de passar-se de um Estado de Direito, meramente formal, a um Estado de Direito e Justiça Social, isto é, instaurado concretamente com base nos valores fundantes da comunidade. 'Estado Democrático de Direito', nessa linha de pensamento, equivaleria, em última análise, a 'Estado de Direito e de Justiça Social'". (*O Estado Democrático de Direito e o Conflito de Ideologias*, p. 2), o que denota nitidamente o preenchimento dos elementos contidos na fórmula de integração ideológica do Estado, quais sejam estruturação do poder e sistema político-axiológico em contato direto com o plano da experiência cultural da Nação.

[317] *Processo Constitucional e Direitos Fundamentais*, p. 24. Os compromissos assumidos pelo modelo de Estado Democrático de Direito, que pretende reunir e harmonizar os aspectos jurídico-valorativos tanto do Estado de Direito, quanto do Estado Social, são explicados por Marco Aurélio Greco, ao comentar o histórico das distintas concepções ideológicas inseridas na Assembléia Nacional Constituinte, a saber: *"A Assembléia Nacional Constituinte foi palco de um grande conflito ideológico formado, de um lado, pelo chamado Centrão que defendia posições mais protetivas e que foram àquela época rotuladas de conservadoras e, de outro lado, estavam as chamadas forças progressistas que defendiam um Estado de perfil mais social, interventivo. Instaurou-se um conflito de concepções de Estado, o Centrão defendendo que o Estado tivesse perfil não intervencionista, protetor dos valores liberdade, propriedade, etc. e as chamadas forças progressistas defendendo um Estado intervencionista, controlador da economia, que postulava a melhoria das condições sociais, a redução das desigualdades sociais, a instauração de valores modificadores da realidade e assim por diante. O produto final deste confronto ideológico não foi nem um Estado de Direito meramente protetivo (o mencionado 'Estado vigilante noturno') nem um Estado Social meramente intervencionista. O produto final deste confronto ideológico está retratado no artigo 1º que estabelece ser o Brasil um Estado Democrático (=social) de Direito (=protetivo). Isto significa que a Assembléia Nacional Constituinte não optou entre linhas ideológicas opostas; ao contrário, assumiu*

Ao sintetizar, no âmbito do complexo normativo constitucional, concomitantemente, conjunto de valores de proteção da liberdade, caracterizadores do Estado de Direito, e de valores sócio-transformadores, próprios do Estado Social, o modelo de Estado Democrático de Direito passa a ser concebido como instrumento de concretização de esperanças individuais e coletivas, submetendo as decisões de poder à realização do programa social, jurídico e político por ele abarcado, o qual encontra sentido ético no espírito da invariante axiológica que imediatamente orienta a concepção de sua fórmula de integração ideológica, qual seja o valor da solidariedade social.

Ora, o artigo 3.º do Texto Constitucional, ao elencar os objetivos fundamentais da República Federativa do Brasil, revela, claramente, no teor de seus dispositivos, a opção de orientação pela via da solidariedade social na fórmula de integração ideológica do modelo de Estado Democrático de Direito[318], condicionando a atividade de interpretação dos demais mandamentos constitucionais e subordinando toda dinâmica do processo nomogenético de produção e validação de normas jurídicas, assim como de construção de significado deôntico de seus respectivos modelos à constante objetivação do complexo axiológico que permeia o valor solidariedade social[319].

---

uma decisão de compromisso no sentido de acolher ambas as visões. Isto fez com que o texto aprovado (a Constituição de 1988) resultasse da fusão das duas linhas ideológicas dando vida a essa figura híbrida que é o Estado Democrático de Direito". (Marco Aurélio Greco, *Planejamento Tributário*, p. 48).

[318] A importância da definição dos objetivos do modelo de Estado Democrático de Direito proposto no artigo 3.º da Constituição Federal, sua vinculação ao valor da pessoa humana e atuação perante o ordenamento jurídico, é entendido por Marco Aurélio Greco da seguinte forma: *"O viés humano da disciplina constitucional é reforçado pelo seu artigo 3.º quando explicita os objetivos fundamentais da República. A indicação de objetivos não é mera declaração de boas intenções; ela assume o papel de condicionante dos mecanismos e instrumentos que vierem a ser criados e utilizados à vista das competências constitucionais. Isto significa que, dentre alternativas teoricamente possíveis (à vista de determinada situação e formalmente compatíveis com a norma de competência) estará prestigiada aquela que estiver em sintonia com o objetivo constitucional, no sentido de contribuir para sua obtenção".* (*Solidariedade Social e Tributação*, p. 172).

[319] Partindo da estrutura tridimensional do direito, os atos decisórios de poder se debruçam sobre a experiência social para selecionar axiologicamente os fatos componentes das normas jurídicas, sendo que o pressuposto de validade de tal processo, na perspectiva do modelo de Estado Democrático de Direito, estruturado pelo complexo normativo constitucional, deve ser plenamente orientado pelo valor solidariedade social.

O objetivo contido no inciso I do artigo 3.º da Constituição Federal prevê a construção de "sociedade livre, justa e solidária", retratando a primeira dimensão da solidariedade social como vetor guia do modelo de Estado Democrático de Direito, com atuação direta na própria organização e distribuição do poder, na medida em que, nesta perspectiva, o valor solidariedade, compreendido em relação de implicação recíproca com a justiça e liberdade, consagra os laços de interdependência recíproca que devem existir entre os membros de uma comunidade, traduzindo o ideal de cooperação intersubjetiva que deve se realizar com a manifestação de soberania, para o alcance do projeto de coexistência social e respeito incondicional aos direitos humanos.

Com isso o modelo de Estado Democrático de Direito pressupõe a repartição dos encargos comunitários com a atribuição de direitos e deveres recíprocos aos membros da comunidade e para si mesmo, de tal arte que permeados pelo sentimento de solidariedade, nesta hipótese, entendida como cooperação intersubjetiva, todos os participantes da vida social devem "garantir o desenvolvimento nacional", artigo 3.º, II da Constituição Federal, comungando esforços para a concretização do programa de ação traçado no plano normativo constitucional e que reflete a necessidade aperfeiçoamento contínuo das relações sociais em certo momento histórico, visando ao melhor atendimento do bem comum.

No inciso III, o objetivo a ser realizado consiste em "erradicar a pobreza e a marginalização e reduzir as desigualdades sociais", fazendo com que o Estado, além de agir nas tarefas de estruturação do poder e exteriorização da soberania, assuma o compromisso de realizar intervenção positiva na ordem econômica e social, com a adoção das medidas políticas e jurídicas necessárias para garantir condições minimamente satisfatórias de vida a todos os membros da comunidade; e estes, por sua vez, arcam com sua parte, conscientizando-se da importância do cumprimento dos deveres de colaboração a eles estatuídos seja no desenrolar de suas relações com o Poder Público ou com demais entes privados, para garantir o funcionamento da rede de cooperação comunitária que permeia constantemente os objetivos da solidariedade social.

Nos mesmos termos, deve se entender a configuração dos modelos jurídicos, que, por meio do agrupamento de normas para formação de unidade de sentido, se destinam a regrar certos comportamentos humanos, tendo o alcance de suas finalidades orientadas pelo referencial estabelecido pelo valor solidariedade social.

Tal postura descrita no modelo de Estado Democrático de Direito possibilita a composição dos direitos sociais assistenciais, herdados do Estado Social, e, reflexamente, a atribuição de deveres fundamentais, que denotam uma nova perspectiva do valor igualdade com interferência direta da solidariedade social, para envolver não somente o Estado, mas a totalidade dos participantes da vida comunitária na divisão das responsabilidades decorrentes da coexistência coletiva[320], que deve propiciar os meios adequados ao pleno desenvolvimento das potencialidades da pessoa humana, com a busca incessante da atribuição de igual dignidade no âmbito social.

E, finalmente, com a descrição do objetivo enunciado pelo inciso IV, "promover o bem de todos, sem preconceitos de origem, raça, sexo, cor, idade e quaisquer outras formas de discriminação", mergulha-se definitivamente na concepção axiológica da solidariedade social, ao se conceber tal valor com o sentimento de alteridade e comunhão ética a ser buscado na realização do bem comum, em que cada membro da sociedade coloca-se na posição do outro reconhecendo a sua dignidade na de seu semelhante para definir seu próprio agir individual, direcionando-o ao esforço contínuo de criação de condições morais e materiais suficientes para desenvolvimento integral das liberdades pessoais com a formação do rol mínimo de bens morais e materiais para fruição de vida satisfatoriamente digna.

Resgatam-se, assim, nos objetivos do artigo 3.º da Constituição Federal, as raízes axiológicas da solidariedade social, fundadas imediatamente no valor originário da pessoa humana, com a construção e realização do projeto de dignidade social inerente ao modelo de Estado Democrático de Direito, que pretende consagrar, em um ambiente de cooperação recíproca,

---

[320] Destacando esta nova dimensão dos direitos sociais, que conjuga os valores igualdade e solidariedade, Tércio Sampaio Ferraz Júnior ensina que: *"A experiência constitucional atual parece pressupor porém que os preceitos constitucionais estão submetidos a certas finalidades que exigem realização não na forma de um Estado protetor, mas de uma sociedade que deseja prescindir da tutela estatal. Algumas dessas finalidades são de ordem normativa estrutural. Assim, os preceitos dirigidos à participação e prestação positiva do Estado Social são leis imperfeitas, leges imperfectae, isto é, não são imediatamente realizáveis sem uma atuação do próprio Estado, mas que, por sua vez, não se esgotam nessa atuação. Daí a exigência de que a própria sociedade deve então prover uma identificação dos meios sociais a fim de que a norma possa ser efetiva".* (*Direito Constitucional: Liberdade de Fumar, Privacidade, Estado, Direitos Humanos e Outros Ensaios*, p. 445).

direitos, deveres e medidas concretas destinadas ao comprometimento ético para com a promoção de assistência a quem dela necessitar[321], atuando na correção de desajustes sociais e no combate às causas que o produziram em função da justiça, bem como na garantia e ampliação do acesso a todos os setores da sociedade a valores como igualdade e liberdade, para que não se tornem mera abstração teórica perante a ordem jurídica positivada.

Sempre importa destacar: a solidariedade social, ainda que se encontre positivada no conteúdo dos objetivos do artigo 3.º da Constituição Federal, em razão da extensão de sua abrangência axiológica perante o modelo de Estado Democrático de Direito, transcendem o conteúdo das finalidades expostas neste dispositivo, para abarcar uma série infinita de possibilidades de atuação perante a experiência jurídica, o que confirma a presença dos atributos de inesgotabilidade e inexorabilidade em seus constantes processos de objetivação perante a realidade histórico-cultural.

Destarte, a fórmula de integração ideológica do modelo de Estado Democrático de Direito, ao consagrar no complexo normativo constitucional seus objetivos, expressamente declara seu posicionamento no sentido de orientar a obtenção de suas finalidades com pauta no valor da solidariedade social, reciprocamente implicado com os demais valores que lhe são próximos, prescrevendo o balanceamento entre a proteção às liberdades individuais e os modos de cooperação intersubjetiva, especialmente, para conscientizar a sociedade do comprometimento em relação ao dever constitucional de colaboração na garantia das condições mínimas de existência humana digna a todos[322].

---

[321] No mesmo sentido, Daniel Sarmento explicita o conteúdo da concepção de sociedade solidária contida no Texto Constitucional: *"A construção de uma sociedade solidária, tal como projetada pelo constituinte, pressupõe o abandono do egocentrismo, do individualismo possessivo, e a assunção, por cada um das responsabilidades sociais em relação à comunidade, e em especial em relação àqueles que se encontrem numa situação de maior vulnerabilidade".* (*Direitos Fundamentais e Relações Privadas*, p. 339).

[322] Este pensamento é compartilhado por Alberto Nogueira, ao tecer comentário sobre a efetiva atuação do membro da comunidade nos objetivos do Estado Democrático de Direito: *"O Estado Democrático de Direito surge como modalidade mais avançada do chamado Estado de Direito, incorporando conteúdos da etapa anterior (Estado Social de Direito) e fazendo recair a tônica sobre o aspecto da participação dos cidadãos na realização de seus fins".* (*Teoria dos Princípios Constitucionais Tributários: A Nova Matriz da Cidadania Democrática na Pós-Modernidade Tributária*, p. 273).

Por outro lado, além da conscientização de seus deveres de colaboração, compete a cada membro da comunidade uma posição atuante consistente em exigir do Estado a resposta pelo cumprimento de seu dever, que acaba convergindo, basicamente, a um ponto comum: o respeito às liberdades individuais e ao ordenamento jurídico, bem como o atendimento, por meio da realização de ações concretas, aos objetivos constitucionais guiados pela solidariedade social e demais valores fundamentais da pessoa humana[323].

Não é demais lembrar, que, historicamente contextualizada, a fórmula de integração ideológica do Estado Democrático de Direito revela-se como modelo adequado para solucionar a complexidades dos problemas inerentes à era da pós-modernidade, na medida em que seu modo de organização demonstra aproximação continua e harmônica dos valores contidos no plano da experiência e que se disseminam entre os múltiplos interesses dos agrupamentos sociais existentes, permitindo uma maior abertura institucional para efetivação dos enlaces de interdependência recíproca na comunidade, com o alcance do consenso e da unidade política pela conciliação das diversidades axiológico-coletivas.

Os próprios direitos humanos de terceira geração são entendidos como direitos de solidariedade, em razão da revelação histórica da invariante axiológica da solidariedade no período relativo ao início da pós-modernidade. Sendo prudente recordar que, no decurso da era pós-moderna, o valor solidariedade se aperfeiçoa, segundo as novas exigências sócio-culturais, para ampliar seus horizontes axiológicos e denotar outras perspectivas de ação integradas ao valor fonte da pessoa humana e às demais invariantes axiológicas, as quais são refletidas perante a experiência jurídica com a atribuição, por exemplo, de deveres de colaboração, o que já foi objeto de exposição no presente trabalho.

---

[323] Ressaltando o necessário envolvimento social ativo que deve existir na consecução do esquema de ação trazido pelo modelo de Estado Democrático de Direito no plano constitucional, Miguel Reale acaba por manifestar sua legitimação axiológica no ideal de solidariedade social: *"mais que relevante do que todo o aparelho institucional é o comportamento dos próprios cidadãos, quer por seus atos, quer por sua vigilância constante e corajosa em prol dos valores democráticos. Cabe, com efeito, a cada um de nós cumprir espontaneamente as leis, bem como denunciar as tentativas de substituição da vontade da lei pelo arbítrio dos líderes partidários ou dos órgãos governamentais"*. (*O Estado Democrático e o Conflito de Ideologias*, p. 12).

Por certo, a importância da estruturação normativa conferida ao ideal de solidariedade social pelo ordenamento jurídico positivado, constituído sob o modelo de Estado Democrático de Direito, projeta este valor no conteúdo de suas finalidades e o objetiva na forma de princípio geral de direito, como modelo jurídico com *status* constitucional e de conteúdo aberto, representante de invariante axiológica que expressa diretamente dimensão de valores essenciais da pessoa humana, apta a surtir efeitos e abarcar todos os setores da incidência, servindo de ponto de partida, de valor guia na tarefa de captação de sentido dos outros princípios jurídicos e de composição de faixas normativas para formação de unidades de regulamentação das condutas humanas.

Desta feita, a solidariedade social preenche o substrato axiológico exigido pela fórmula de integração ideológica concernente ao modelo de Estado Democrático de Direito estruturado no complexo normativo constitucional vigente, orientando toda essência de seu programa de ação contido nos objetivos positivados no artigo 3.º, ao se conjugar concomitantemente a valores fundamentais como liberdade, igualdade, justiça e segurança e que também participam ativamente da ordenação jurídica, para estabelecer diretriz a ser seguida na fundamentação das normas jurídicas e compreensão de seus modelos, inclusive, no que diz respeito ao sistema pertinente à tributação[324].

1.2. Tributação e Estado Democrático de Direito

A concepção de Estado Democrático de Direito, trazido pela fórmula de integração ideológica contida no complexo normativo constitucional, exige deste modelo postura eminentemente ativa perante o contexto social, encarregando-o do cumprimento de certas metas que manifestam o projeto de vida comum pautado no ideal solidariedade e suas respectivas dimensões axiológicas, carecendo para o atendimento de tais demandas da obtenção de recursos financeiros, que advém, essencialmente, da atividade de arrecadação de tributos, que, em suma, consiste num dever

---

[324] O pensamento exposto é confirmado por Alberto Nogueira: *"No caso brasileiro, uma vez que nosso regime se constitui num Estado Democrático de Direito (CF/88, art. 1º), resulta inarredável que não se submeta o tributo e sua forma de atuação aos fins decorrentes dessa organização"*. (*A Reconstrução dos Direitos Humanos da Tributação*, p. 186).

de colaboração atribuído aos membros da comunidade de levar parcela de suas riquezas aos cofres públicos justificado como forma de participação no alcance dos mencionados objetivos[325].

Este dever de colaboração correspondente ao dever fundamental de pagar tributos possibilita a existência do modelo de Estado Democrático de Direito, ao propiciar sua manutenção financeira e funcionamento, sendo considerada principal fonte de receitas para movimentação de sua estrutura administrativa e realização concreta de seus objetivos, o que leva a conclusão de que sem a atividade de tributação não há condições materiais para a realização do programa constitucionalmente proposto pela solidariedade social[326].

Desde logo, tem-se as primeiras impressões sobre as facetas que envolvem a vinculação existente entre tributação e solidariedade social no modelo de Estado Democrático de Direito, haja vista que o referido valor atua na composição da tributação, para estreitar os laços de coope-

---

[325] Geraldo Ataliba manifesta seu pensamento sobre a utilização do tributo como instrumento para abastecimento dos cofres públicos do seguinte modo: *"As normas tributárias, portanto, atribuem dinheiro ao estado e ordenam comportamentos – dos agentes públicos, de contribuintes e de terceiros – tendentes a levar (em tempo oportuno, pela forma correta, segundo critérios previamente estabelecidos e em quantia legalmente fixada) dinheiro dos particulares para os cofres públicos"*. (Hipótese de Incidência Tributária, p. 29). Nos mesmos termos: *"A tributação consiste, de forma singela, no comportamento dos indivíduos em levar dinheiro aos cofres públicos, a conduta humana pela qual o membro de uma sociedade política participa da formação dos interesses coletivos retirando parcela do seu patrimônio e entregando-a ao Estado, para que possa ser alcançada finalidade preconizada no ato de criação da sociedade política, o bem estar-social"*. (Ernani Contipelli, *Constituição, Federalismo e Arquétipos Tributários*, RTFP n. 65/108).

[326] Entendendo que o financiamento das atividades do Estado provém da arrecadação de tributos, diversos autores passaram a denominá-lo de Estado Fiscal, conforme posição adotada por José Casalta Nabais: *"Começa, hoje em dia, a ser trivial afirmar que o actual estado é, na generalidade dos países contemporâneos, e mormente nos desenvolvidos, um estado fiscal. Contudo, é de referir que nem a realidade que lhe está subjacente, nem o conceito que tal expressão procura traduzir, constituem uma novidade dos tempos que correm. Pois, sendo o estado fiscal cujas necessidades financeiras são essencialmente cobertas por impostos, facilmente se compreende que ele tem sido (e é) a regra do estado moderno"*. (O Dever Fundamental de Pagar Impostos, p. 191/192). Já, Ricardo Lobo Torres entendendo que o Estado Moderno pode ser concebido como Estado Financeiro, por exercer atividades relativas às finanças públicas, define o Estado Fiscal como o que *"encontra seu substrato na receita proveniente do patrimônio do cidadão (tributo)"* (A Idéia de Liberdade no Estado Patrimonial e no Estado Fiscal, p. 01).

ração recíproca entre os membros da comunidade, os quais fundamentam a exigência deste dever de colaboração; e, ao mesmo tempo, a solidariedade social depende da atividade tributária e de seu efetivo cumprimento para que tenha possibilidade de implantar seu projeto de ação traçado no âmbito normativo constitucional perante a realidade social, com a sustentação financeira dos gastos públicos.

Ou seja, o dever de colaboração com o pagamento de tributos seria o de maior relevância dentro do modelo de Estado Democrático de Direito, por condicionar sua existência, uma vez que o não cumprimento deste dever inviabilizaria a própria organização do poder estatal, o funcionamento da rede de serviços públicos e realização dos demais objetivos previstos em seu corpo político-axiológico, ocasionando o rompimento da ordenação harmônica da vida comunitária com a impossibilidade de atendimento das demandas individuais e sociais.

Porém, caso prepondere somente esta dimensão da tributação, cuja obrigatoriedade decorre do simples fato de se estar inserido em uma dada comunidade, poderia se afirmar que o Estado, devidamente legitimado pela visão formal da solidariedade social, estaria autorizado a intervir arbitrariamente na propriedade dos particulares para retirar a quantia que entender necessária ao cumprimento de suas finalidades, atitude esta que não se compatibiliza com a fórmula de integração ideológica do modelo de Estado Democrático de Direito prevista pelo complexo normativo constitucional vigente, por colocar em risco as demais conquistas históricas de cada ciclo cultural das civilizações no âmbito dos direitos humanos, que refletem suas respectivas invariantes axiológicas.

Mas, assim como a idéia de solidariedade social não se contenta com uma analise meramente superficial de seu substrato axiológico, a tributação também, pois, entendida como dever de colaboração na manutenção dos gastos públicos para a concretização do programa de ação constitucional e não como mera espécie de poder impositivo estatal[327], deve ser pesquisada em sua essência para ser adequadamente com-

---

[327] A fórmula de integração ideológica do modelo de Estado Democrático de Direito vigente altera o foco de dimensão da tributação, não a enfatizando apenas como espécie de poder voltado simplesmente para arrecadação de recursos financeiros e manifestado com base legal, para ser compreendida a partir da noção de dever de colaboração pautado na solidariedade social, decorrente da necessária conscientização de que todos devem cooperar com parcelas de suas riquezas na sustentação dos gastos públicos destinados à concretização do projeto de bem comum.

preendida em total sintonia com os objetivos axiológicos estabelecidos pelo modelo de Estado Democrático de Direito[328].

Ainda que se tenha feito tais objeções iniciais, constata-se uma grande evolução nos fundamentos da atividade de tributação pelo Estado no decorrer do processo histórico da humanidade, especialmente, em relação ao grande impacto causado pela revelação das invariantes axiológicas ligadas ao valor fonte da pessoa humana diante das concepções que envolvem esta espécie de dever de colaboração nas fórmulas de integração ideológica dos modelos de Estado Liberal e de Estado Social.

Nos quadros do modelo de Estado Liberal, os deveres de colaboração são quase nulos e a atividade tributária possuía finalidade meramente arrecadatória, utilizada para sanar as despesas públicas destinadas a garantir segurança necessária ao exercício da liberdade, sendo a propriedade gravada por tributos somente nos limites admitidos pelo próprio cidadão através de seu consentimento expresso na lei, o que demonstra as preocupações relativas ao Estado de Direito[329].

Já, no modelo de Estado Social, os deveres de colaboração ganham maior relevância e a tributação, embora continue a ser vista como instrumento de arrecadação, recebe fundamento diverso com atributos éticos,

---

[328] Raquel Cavalcanti Ramos Machado expressa seu pensamento no sentido de dimensionar o conteúdo valorativo da solidariedade em sintonia com os demais valores agregados ao modelo de Estado Democrático de Direito para preservar sua manifestação positiva no campo tributário: *"Caso se entenda a solidariedade como valor a ser contraposto à individualidade, balanceando-se ambos, mas garantindo a preservação do núcleo de cada um, então se trata de um princípio. Nessa situação, a solidariedade coincidirá com outras dimensões dos direitos e garantias fundamentais (...) Mas caso se invoque a solidariedade como algo superior à individualidade, equiparando-a às razões de Estado, então ela coincidirá com a supremacia do interesse público sobre o particular, mais precisamente com o interesse público secundário. Neste caso, evidentemente não poderá ser considerada princípio e sua invocação será inválida"*. (*Interesses Públicos e Direitos do Contribuinte*, p. 123).

[329] Cristina Pauner Chulvi explica, com muita propriedade, a relação entre deveres e tributação no modelo de Estado Liberal, a saber: *"a justificação do Estado liberal é caracterizado por um poder mínimo que se abstém de toda ingerência no âmbito de liberdade dos cidadãos. Por isto, os deveres dirigidos a estes últimos são praticamente inexistentes. Não há dúvida, de que entre estes deve mencionar o dever de contribuir aos gastos públicos estatais. Junto a ele, sempre aparece o imprescindível dever cidadão de contribuir para defesa da Nação e, de forma muito mais genérica, se exige o dever de obediência as leis"*. (*El Deber Constitucional de Contribuir ao Sostenimiento de los Gastos Públicos*, p. 38 – tradução livre).

onde se consegue notar as influências iniciais do ideal de solidariedade social, na medida em que sua justificativa passa a ser centrada na circunstância de que os cidadãos, por pertencerem a uma mesma comunidade, devem contribuir para o atendimento do bem-comum e os recursos obtidos seriam direcionados ao custeio de políticas públicas interventivas de cunho social para promoção da igualdade fática[330].

Levando-se em conta esta singela apresentação das dimensões históricas da tributação como dever de colaboração, destinado ao funcionamento e manutenção dos modelos de Estado em suas respectivas coordenadas axiológico-temporais, evidencia-se a necessidade de instauração de nova perspectiva na tributação perante o modelo pregado pelo Estado Democrático de Direito, devendo ser conjugada ao conjunto de valores contidos na fórmula de integração ideológica positivada no Texto Constitucional, que se encontra alicerçada na solidariedade social e no valor fonte da pessoa humana.

Partindo da premissa que, no modelo de Estado Democrático de Direito, a realização da proposta de bem comum necessita de recursos financeiros, a tributação não consubstancia uma mera subtração da riqueza do membro da comunidade, mas seu dever constitucional de colaboração patrimonial para assegurar o ingresso de receitas nos cofres públicos que encontra, como direito correlato, a possibilidade de exigir prestações positivas, por parte do Poder Público, voltadas a realização dos objetivos orientados axiologicamente pela solidariedade social e que se encontram descritos no Texto Constitucional[331].

---

[330] Novamente, os ensinamentos de Cristina Pauner Chulvi são utilizados para situar historicamente a questão: *"no Estado Social, o catálogo de deveres são ampliados impondo obrigações tanto para o Estado como aos cidadãos. Este Estado, que responde aos princípios sociais e de solidariedade, tem que assumir o cumprimento de certos deveres e a consecução de seus fins, Para isto, junto aos deveres que obrigam praticamente a totalidade dos integrantes do corpo social de maneira que contribuam para realização desses objetivos sociais e da coletividade, o Estado social atribuíra funções positivas ao poder público para satisfação das necessidades dos cidadãos"*. (*El Deber Constitucional de Contribuir ao Sostenimiento de los Gastos Públicos*, p. 40/41 – tradução livre).

[331] Ao tratar da vertente humanística da tributação, Regina Helena Costa estabelece como sua diretriz os objetivos retratados no artigo 3º da Constituição, a saber: *"a tributação constitui instrumento para atingimento dos objetivos fundamentais da República Federativa do Brasil, consubstanciados na construção de uma sociedade livre, justa e solidária; na garantia do desenvolvimento nacional; na erradicação da pobreza e da*

Assim, a atribuição de dever de colaboração ao membro da comunidade tem como reação lógica aquisição de direitos a serem cumpridos pelo Estado, como bem explica Marco Aurélio Greco:

"a idéia de dever fundamental não se esgota em si; ao revés, dela emana a responsabilidade que o próprio Estado tem perante a sociedade na busca de objetivos e fins por ela consagrados. Argumentar pela existência de um dever fundamental de pagar impostos não é livrar o Estado de seus compromissos juntos à sociedade, nem minimizar o poder de controle que esta possui perante os modos e meios de aplicação dos recursos assim arrecadados"[332].

Em outras palavras, a tributação, na perspectiva do modelo de Estado Democrático de Direito, insere o Poder Público na condição de titular do direito de exigir o cumprimento do dever de colaboração de pagar tributos pelos membros da comunidade e, concomitantemente, lhe atribui o dever correlato de redistribuir adequadamente estas riquezas arrecadadas em consonância com os objetivos constitucionais orientados pela solidariedade social[333].

Por conseguinte, a tributação passa a ser guiada pelo cabedal axiológico que gravita ao redor da solidariedade social e do valor fonte da

---

marginalização e na redução das desigualdades sociais e regionais; bem como na promoção do bem de todos, sem preconceitos de origem, raça, sexo, cor, idade e quaisquer outras formas de discriminação". (*Curso de Direito Tributário*, p. 05).

[332] *Solidariedade Social e Tributação*, p. 182.

[333] Releva esclarecer que o vínculo entre dever de colaboração de pagar tributo e direito de exigir (ou dever) do Estado de redistribuir adequadamente de riquezas arrecadadas não se confunde com a correlação de deveres e direitos existentes na estrutura lógica das relações jurídicas que tais figuras dão ensejo. No dever de colaboração de pagar tributo, a relação jurídica encontra no pólo do credor o Estado, detentor do direito de exigir o objeto da prestação, e como devedor o membro da comunidade, titular do dever jurídico de cumprir o objeto da prestação. Ao passo que no direito de exigir do Estado a redistribuição adequada de riquezas, os sujeitos da relação jurídica são invertidos, ou seja, na condição de credor está o membro da comunidade e como devedor o Estado. Assim, o vínculo entre dever de colaboração de pagar tributos e direito de exigir redistribuição adequada de riquezas decorre diretamente do conteúdo axiológico da solidariedade social, que exige esta correlação por força de sua objetivação no contexto social do Estado Democrático de Direito, como prestação maior devida por este valor a todos os participantes da vida social Estado, sociedade e indivíduo, que se distância totalmente da idéia de correlação existente internamente na estrutura lógica das relações jurídicas.

pessoa humana, fazendo com que a sua imposição como dever de colaboração do membro da comunidade e o correlato direito de exigir (ou dever) do Estado de redistribuir adequadamente as riquezas arrecadadas sejam cumpridos no sentido de preservar e desenvolver as condições necessárias para que os objetivos constitucionais do modelo de Estado Democrático de Direito se realizem no plano da experiência concreta.

A correlação existente entre dever de colaboração de pagar tributos/ direito de exigir redistribuição adequada de riquezas arrecadadas trata-se de verdadeira proposta de compatibilização entre a tributação e as finanças públicas arbitrada pela invariante axiológica da solidariedade social para concretização de suas metas expressas no complexo normativo constitucional[334].

Observa-se, então, inicialmente, pelo enfoque do dever de colaboração de pagar tributo, que o indivíduo desenvolve a consciência da importância de seu papel na comunidade e a responsabilidade pelo cumprimento de seus encargos sociais, em virtude da concepção de dignidade social que os circundam, na medida em que tal valor, diretamente vinculado à solidariedade e aos demais valores essenciais da pessoa humana, exige uma relação de alteridade, na qual cada membro da comunidade, ao colocar seu "ser" no "outro", condiciona a exteriorização de suas ações à cooperação mútua no atendimento do projeto de existência comum, inclusive, com a cessão de parcela de seu patrimônio para o atendimento do programa de ação firmado no Texto Constitucional.

Paralelamente, o Estado, na condição de legitimado a receber a referida parcela do patrimônio do membro da comunidade para movimentar seu aparato administrativo em prol da realização do projeto de bem comum, encontra-se obrigado a respeitar o corpo axiológico contido em sua fórmula de integração ideológica, que tem como núcleo material a solidariedade social e a pessoa humana, atentando-se a estas diretrizes nas manifestações de poder destinadas a criação e aplicação das normas jurídicas que consubstanciam o dever de colaboração de pagar tributos,

---

[334] Em abordagem muito próxima a da proposta apresentada no presente trabalho, Fernando Facury Scaff defende a necessidade de equilíbrio dinâmico entre Direito Financeiro e Direito Tributário em uma relação de complementaridade que permita que o Estado *"cumpra suas promessas de construção de uma sociedade livre, justa e solidária – palavras que não podem se constituir em um Cavalo de Tróia para a manutenção infinda do status quo, postergando a plenitude da dignidade da pessoa humana".* (*O Jardim e a Praça ou a Dignidade da Pessoa Humana e o Direito Tributário e Financeiro*. Revista do Instituto de Hermenêutica Jurídica, v. 04, p. 110).

especialmente, na preservação do padrão mínimo de existência digna, com a composição de valores como liberdade e igualdade.

No que concerne ao direito de exigir ou dever de redistribuição adequada das riquezas arrecadas pela tributação, o Estado torna-se responsável pela utilização destes recursos financeiros no cumprimento das metas previstas no Texto Constitucional, que expressam o sentido de seus valores estruturantes, para guardar correspondência lógica com as causas que motivaram a imposição do dever de colaboração de pagar tributo e evitar possíveis arbitrariedades que possam ser cometidas pelos agentes investidos de poder institucional no gerenciamento destas receitas públicas.

Já, para o membro da comunidade, o dever do Estado de redistribuição adequada de riquezas arrecadadas lhe confere o direito público subjetivo de reivindicar a otimização dos mandamentos constitucionais por meio da realização de medidas concretas por parte do Estado, que se obriga a atender, prioritariamente, as necessidades básicas da coletividade com a atribuição de vida satisfatoriamente digna a toda comunidade, criando um ambiente propício à conscientização da existência do projeto de vida comum, ao fortalecer os laços de cooperação recíproca e assegurar o pleno desenvolvimento das potencialidades de cada indivíduo.

Nestes termos, a tributação promove um balanceamento entre os valores fundamentais alçados ao plano normativo constitucional do modelo de Estado Democrático de Direito. Se por um lado, realiza o enlace dos direitos sociais assistenciais e do dever de colaboração com o pagamento de tributos, denotando a manifestação de poder/soberania estatal na redistribuição adequada de riquezas arrecadadas para intervir na ordem econômica e social em direção à consecução do projeto de bem comum; por outro, protege o exercício das liberdades individuais, ao garantir que a fixação e a exigência deste dever de colaboração se darão em função da realização dos objetivos constitucionalmente preconizados pela solidariedade social, como bem explica Ricardo Lobo Torres:

> *"A idéia de solidariedade se projeta com muita força no direto fiscal por um motivo de extraordinária importância: o tributo é um dever fundamental. Sim, o tributo se define como o dever fundamental estabelecido pela Constituição no espaço aberto pela reserva da liberdade e pela declaração dos direitos fundamentais"*[335].

---

[335] *Tratado de Direito Constitucional, Financeiro e Tributário vol. II: Valores e Princípios Constitucionais Tributários*, p. 181.

E por resultar no equilíbrio entre valores fundamentais, tendo como núcleo axiológico à solidariedade social e a pessoa humana, o sistema normativo tributário deve encontrar suas diretrizes, seus contornos básicos plasmados no Texto Constitucional, que servirão como fundamentos para validar a produção de normas jurídicas que lhe guardam referência e construção de significado deôntico de seus respectivos modelos[336].

Desse modo, preservam-se os direitos de liberdade e igualdade inerentes aos membros da comunidade, os quais não poderão ser atingidos no cumprimento de seus deveres de colaboração de pagar tributos diante da falsa pretensão de se incrementar o volume de recursos arrecadados para atendimento dos objetivos definidos no âmbito constitucional, pois os modos de expressão do poder de tributar também se encontram sistematicamente definidos neste plano normativo, devendo o Estado instrumentalizá-lo de maneira compatível com o fundamento ético de suas ações, que partem da solidariedade social em relação de implicação recíproca com os demais valores diretamente ligados a pessoa humana.

Como conseqüência, o interesse público acaba afastando posições individualistas e egocêntricas na administração e distribuição das riquezas tributadas, para servir como exemplo de respeito aos fatores de integração que permitirão a formação do Estado e que traduzem em sua composição as esperanças individuais e sociais para construção de uma vida melhor, tendo como produto final deste círculo virtuoso o desenvolvimento da consciência de que a coesão social e os vínculos de interdependência recíproca exigem que as ações de cada membro da comunidade manifestem sua parcela de cooperação na realização do bem comum, na medida em que a sua existência digna depende da existência digna de seu semelhante.

---

[336] Sobre o tema, confira-se a lição de Marco Aurélio Greco: *"A CF/88, ao instituir um efetivo Estado Democrático de Direito – vale dizer, ao consagrar concomitantemente valores protetivos e modificadores do perfil da sociedade e prestigiar valores e finalidades sociais a alcançar –, faz com que a tributação passe a ser um poder juridicizado pela Constituição, que deve ser exercido em função e sintonia com os objetivos que a própria sociedade elevou à dignidade constitucional"*. (*Solidariedade Social e Tributação*, p. 177).

2. SOLIDARIEDADE SOCIAL TRIBUTÁRIA

A influência decisiva do valor na fixação dos padrões éticos das civilizações faz com que as manifestações axiológicas consubstanciadas na suas idéias políticas matrizes sejam recolhidas na fórmula de integração ideológica dos modelos de Estado, não apenas para estruturar a disposição formal do poder, mas, principalmente, para preencher sua temática, ditando os caminhos a serem seguidos em suas formas de expressão.

Na fórmula de integração ideológica do modelo de Estado Democrático de Direito, a invariante axiológica da solidariedade social realiza este papel estruturante, atuando no campo da atividade de tributação de maneira tal a vincular a imposição válida deste dever de colaboração conferido ao membro da comunidade ao correlato direito de exigir (ou dever) do Estado de redistribuição adequada das riquezas arrecadadas.

Desse modo, a solidariedade social irradia seus efeitos axiológicos por todo sistema normativo tributário, condicionando a validação de todas as fases do processo de concreção de suas normas jurídicas e de construção de significado deôntico dos respectivos modelos ao atendimento de objetivos firmados no plano normativo constitucional em prol da consecução do projeto de bem comum.

E a tarefa desempenhada neste capítulo consiste, justamente, em tratar dos reflexos destes efeitos nas disposições componentes do sistema normativo tributário, especialmente, no âmbito das competências tributárias, que encontram seu exercício balizado pelos referenciais determinados por modelos jurídicos constitucionais (os arquétipos tributários), os quais devem levar em conta na sua composição válida tanto os pressupostos formais quanto materiais de estruturação do poder, sendo verificada a abertura de espaço necessário para manifestação dos princípios gerais de direito tributário que se relacionam diretamente com o plexo axiológico que envolve a solidariedade social, no caso, os princípios da capacidade contributiva e da afetação.

2.1. Estrutura do Sistema Normativo Tributário

O modelo de Estado contém em sua fórmula de integração ideológica uma composição de natureza histórico-cultural, a qual compreende tanto a organização e distribuição do poder, para devida manifestação da soberania, o que corresponde a sua estruturação formal, assim como sua estrutura material, que consiste no corpo de valores que orientam o sentido a ser tomado por este poder na tarefa de condução da realidade social de determinada comunidade.

A fórmula de integração ideológica do modelo de Estado Democrático de Direito encontra-se, juridicamente, situada no complexo normativo constitucional, no qual se obtém a visualização de sua estruturação formal e material, ou seja, ordenação de seu poder e dos valores que preenchem as finalidades para as quais a manifestação do poder está voltada, que, no sistema de Direito positivo vigente, guarda referencia incondicional aos ditames da invariante axiológica da solidariedade social, sem menosprezar os demais valores diretamente ligados ao valor fonte da pessoa humana.

Neste contexto, a atividade tributária corresponde a um dever de colaboração exigido dos membros da comunidade e essencial para existência, manutenção e funcionamento do modelo de Estado Democrático de Direito, haja vista que operacionaliza o ingresso de receitas financeiras necessárias para que atenda aos seus objetivos traçados no plexo normativo constitucional, por meio da imposição ao cidadão de uma conduta de cunho patrimonial, consistente em levar parcela de sua riqueza aos cofres públicos.

E moldurado pelas garantias atinentes às invariantes axiológicas da solidariedade social e da pessoa humana, o dever de colaboração de pagar tributos, como dado concreto da experiência jurídica, recebe uma série de atributos que o vinculam aos pressupostos de estruturação do modelo de Estado Democrático de Direito para ser exercido em total sintonia com os objetivos de sua fórmula de integração ideológica estabelecida no complexo normativo constitucional.

Apontando para este sentido, o dever de colaboração de pagar tributo guia-se pela cooperação recíproca, pela conscientização de cada membro da comunidade de sua condição como ser humano em relação aos outros, compreendendo sua dignidade na de seu semelhante, ao descobrir a importância de seu papel nos destinos da existência comum e se responsabilizar pelo cumprimento de seus encargos sociais, para garantir patamar igual de vida digna a todos, com o esforço contínuo para consecução do projeto de bem estar social, assegurando um padrão mínimo de bens morais e materiais essenciais ao pleno desenvolvimento da liberdade de escolha e das potencialidades do indivíduo.

Portanto, o dever de colaboração de pagar tributos em seu processo de concreção jurídica, em que a entidade estatal figura na condição de titular do direito de exigir seu cumprimento, para arrecadar a riqueza com o fim de redistribuí-la à consecução do programa de ação constitucional direcionado ao projeto de bem comum, respeita incondicionalmente ao ideal de solidariedade e aos demais valores essenciais da pessoa humana que lhe são implícita e reciprocamente correlatos.

Como conseqüência lógica, a atribuição deste dever colaboração gera a expectativa de direito ao membro da comunidade de efetivo atendimento dos objetivos propostos no modelo de Estado Democrático de Direito, que possui, em primeiro plano, a incumbência de orientar suas ações financeiras no sentido de redistribuir adequadamente as riquezas arrecadadas para assegurar a existência da solidariedade e estabelecer as condições necessárias para seu pleno exercício.

Considerando, o complexo normativo constitucional vigente, em que a revelação histórica da invariante axiológica da solidariedade social encontra-se, juridicamente, traduzida nos objetivos do modelo de Estado Democrático de Direito previstos no artigo 3.º, tal valor passa a ser retratado como princípio geral de direito imediatamente vinculado aos valores essenciais da pessoa humana, condicionando a manifestação do poder/soberania e influenciando todo processo de produção e validação de normas jurídicas e da construção de sentido deôntico de seus respectivos modelos, principalmente, no que concerne à atividade tributária, que – ressalte-se – corresponde a um dever de colaboração essencial à existência, manutenção e operacionalização do Estado Democrático de Direito.

Logo, a estruturação formal e material deste encargo social que determina a exigência ao membro da comunidade de cumprir o dever de colaboração de pagar tributos e, simultaneamente, lhe confere o direito de exigir a redistribuição adequada das riquezas arrecadadas, expressa parcela da soberania estatal e deve estar inserida nos desdobramentos da fórmula de integração ideológica do modelo de Estado Democrático de Direito, conseqüentemente, se situando nas disposições fixadas pelo complexo normativo constitucional.

Sempre importante lembrar que, na composição tridimensional, o processo de nomogênese jurídica ocorre com atos decisórios do poder, em que se integram fatos e valores para obter como resultado normas jurídicas, de tal modo que seus respectivos modelos, como unidades de regulamentação dotadas de sentido deôntico completo, podem ser construídos a partir da conexão de diferentes tipos de normas para direcionar os desdobramentos das relações intersubjetivas ao alcance de certas finalidades.

Assim, o sistema normativo tributário, para determinar o teor dos seus deveres de colaboração e de redistribuição de riquezas arrecadadas, compõe-se de normas e modelos jurídicos decorrentes de atos de decisão do poder, da manifestação de soberania estatal, a qual se encontra formal e materialmente estruturado no complexo normativo constitucional, sendo orientado pelos objetivos preconizados no artigo 3.º, que nada mais são do que consagração definitiva da invariante axiológica da solidariedade social e demais valores essenciais da pessoa humana no sistema de Direito positivo vigente.

Em outras palavras, a solidariedade social, por determinar os objetivos concernentes ao Estado Democrático de Direito, caracterizando-se como princípio geral de direito expresso no complexo normativo constitucional, revela-se como valor preponderante na produção de normas e construção de modelos jurídicos tributários, que, conjugado ao conjunto dos demais valores essenciais da pessoa humana, se considera como vetor axiológico nuclear para instituição do dever de colaboração de pagar tributos e de redistribuição das riquezas arrecadadas, influenciando todas as suas etapas de concreção perante o ordenamento jurídico.

O marco inicial para configuração das normas e modelos jurídicos integrantes do sistema tributário situa-se no plexo normativo constitucional, onde se verificam os critérios formais e materiais para se inferir a validade dos atos emanados pela entidade estatal[337], com a repartição entre distintas esferas de autoridade do poder de impor ao membro da comunidade o cumprimento do dever de colaboração de pagar tributos, bem como das diretrizes a serem tomadas na redistribuição adequada de riquezas arrecadadas.

A organização e distribuição das possibilidades de imposição legal do dever de colaboração de pagar tributos, que equivale dizer competências tributárias, bem como suas diretrizes axiológicas refletidas nos

---

[337] A dinâmica do dever de colaboração de pagar tributos tem como ponto de partida o complexo normativo constitucional, como revelado na oportuna lição de José Eduardo Soares de Melo: *"O exame da matéria tributária impõe, necessariamente, a analise e a compreensão dos postulados e regras hauridas na Constituição, como lei fundamental e suprema do Estado, conferindo poderes, outorgando competências e estabelecendo os direitos e garantias fundamentais".* (Curso de Direito Tributário, p. 12).

princípios jurídicos tributários, que atuam, reflexamente, na redistribuição adequada de riquezas arrecadadas, a partir da manifestação da soberania estatal, devem encontrar respaldo inicial no âmbito de tratativa contido expressamente no complexo normativo constitucional, para salvaguardar a funcionalidade da fórmula de integração ideológica do Estado Democrático de Direito amparada na solidariedade social e suas dimensões valorativas correlatas.

Não é demais lembrar que os encargos tributários atribuídos aos membros da comunidade podem ter como objeto o cumprimento de outros deveres de colaboração que não somente relativos à entrega de parcela de riqueza aos cofres públicos, no caso se menciona os denominados deveres instrumentais de colaboração, que auxiliam o ente estatal na verificação da ocorrência ou não da exigência do dever de colaboração de pagamento de tributos, os quais, em seu processo de imposição e concreção, devem seguir as diretrizes constitucionais fixadas pelas dimensões axiológicas da solidariedade social, principalmente, no respeito aos direitos de proteção das liberdades individuais[338].

2.2. Solidariedade Social, Competências e Arquétipos Tributários

O dever de colaboração de pagar tributos como mecanismo para balanceamento de valores fundamentais do modelo de Estado Democrático de Direito, contém seus traços iniciais presentes no bojo do Texto Constitucional com a repartição de competência tributárias entre autoridades públicas, que são personalizadas pelas entidades federativas (União, Estados, Distrito Federal e Municípios), às quais foram atribuídas as prerrogativas de criar as condições jurídicas necessárias para imposição da mencionada exigência.

---

[338] Paulo de Barros Carvalho conceitua estes deveres instrumentais como sendo *"o instrumento de que dispõe o Estado-Administração para o acompanhamento e consecução de seus desígnios tributários. Ele (Estado) pretende ver atos devidamente formalizados, para que possa saber da existência do liame obrigacional que brota com acontecimento fático, previsto na hipótese da norma. Encarados como providências instrumentais ou como imposição de formalidades, tais deveres representam o meio de o Poder Público controlar o fiel cumprimento da prestação tributária, finalidade essencial na plataforma da instituição do tributo"*. (Curso de Direito Tributário, p. 294).

A competência tributária trata-se de um poder discriminado detalhadamente no complexo normativo constitucional, o qual o Estado poderá movimentar para impor aos membros da comunidade, mediante a ocorrência de determinados acontecimentos da vida social (fatos reveladores de riqueza econômica) previstos em lei, o cumprimento do dever de colaboração de pagar tributos, se comportando de modo a levar parcela de seus respectivos patrimônios aos cofres públicos, para que sejam atendidas as diretrizes estabelecidas no projeto de bem comum.

A estrutura dos possíveis deveres de colaboração de pagar tributos, que serão repartidos entre os entes públicos a partir da delimitação de suas competências para que possam cumprir seus encargos, encontram-se genericamente contidos e protegidos nos dispositivos que formam a Carta Magna, direcionando a atuação dos operadores do sistema normativo tributário a corresponder com o conteúdo destes modelos jurídicos constitucionais[339].

Desse modo, o dever de colaboração de pagar tributos, nos termos encerrados pelo Texto Constitucional, pode ensejar o cumprimento de impostos, taxas, contribuições de melhoria, empréstimos compulsórios e contribuições especiais, figuras jurídicas correspondentes às espécies tributárias que possuem o esquema básico de seu perfil traçado no plano normativo constitucional, para guardar obediência aos propósitos axiológicos buscados pelo modelo Estado Democrático de Direito[340].

Significa dizer que a fórmula de integração ideológica do modelo de Estado Democrático de Direito, compatibilizando solidariedade social

---

[339] De acordo com os ensinamentos de Paulo de Barros Carvalho, cabe a Constituição determinar os critérios informadores do exercício da competência tributária: *"É na Lei das Leis que estão consignadas as permissões para os legislativos da União, dos Estados e dos Municípios instituírem seus tributos, como também é lá que estão fixados os limites positivos e negativos da atividade legiferante daquelas pessoas"*. (*Curso de Direito Tributário*, p. 58).

[340] A Constituição Federal, ao dispor sobre o dever de colaboração de pagar tributos, tratou de classificar as exações fiscais, estabelecendo as chamadas espécies tributárias, melhor dizendo, as possíveis modalidades de tributos existentes no ordenamento jurídico positivo, as quais possuem autonomia entre si determinada a partir do reconhecimento de certos critérios de identidade extraídos na atribuição de competências pelo próprio complexo normativo constitucional, permitindo, assim, a constatação da presença dos seguintes tributos: impostos, taxas, contribuições de melhoria, empréstimos compulsórios e contribuições especiais, cada um deles agrupados em conformidades com suas peculiaridades.

com liberdade e segurança jurídica, para proteger o direito de propriedade e ajustar seu exercício à função social, não autorizou as entidades públicas a intervir, por meio da imposição de dever de colaboração de pagar tributos, sobre todos e quaisquer eventos econômicos que envolvam a vida dos particulares, mas somente aqueles que comportem relação com as diretrizes expressamente previstas no campo de competência relativo às figuras tributárias definidas no complexo normativo constitucional, os quais revelam a existência de certos modelos jurídicos, de padrões de regulamentação denominados arquétipos tributários.

Num primeiro momento, os arquétipos tributários podem ser definidos como modelos constitucionais que revelam os aspectos a serem utilizados, pelas autoridades públicas investidas de competência, na estruturação do processo de nomogênese jurídica destinado à composição do dever de colaboração de pagar tributo, para atestar sua legitimidade de acordo com as exigências contidas no conjunto valorativo que permeia a solidariedade social.

Destarte, toda dinâmica do processo de produção de normas jurídicas tributárias, consistente no exercício das competências atribuídas à União, Estados, Distrito Federal e Municípios, submete seus atos decisórios de poder, na integração contínua de fatos e valores, ao modelo descrito no arquétipo tributário constitucional, para equacionar o significado do valor solidariedade aos de segurança e liberdade, os quais denotam verdadeiras conquistas históricas da civilização obtidas com os direitos humanos de primeira geração, próprios da fórmula de integração ideológica do modelo de Estado de Direito.

Há de se ter em mente que a fórmula de integração ideológica situada no complexo normativo constitucional estruturou o modelo de Estado Democrático de Direito vigente tendo como norte à solidariedade social, de tal sorte que as delimitações das competências e arquétipos tributários fundamentam-se materialmente no conjunto axiológico correlato ao mencionado valor, fazendo com que, em um ambiente de implicação mútua, a circunscrição de proteção formal da segurança jurídica atue perante o dever de colaboração de pagar tributos para restringir o campo de discricionariedade do legislador da entidade federativa, que, em outro plano, deverá exercer sua tarefa de produção de normas jurídicas enquadrada nas possibilidades estabelecidas por tais pressupostos constitucionais, utilizando para tanto na seleção estimativa de fatos e direcionamento de recursos o referencial hermenêutico que envolve a solidariedade social, sob pena de invalidação de seus atos jurídicos.

Sobre o tema, não se pode concordar totalmente com a opinião de Humberto Ávila quando pondera que:

"*a Constituição optou pela atribuição de poder por meio de regras especificadoras, já no plano constitucional dos fatos que podem ser objeto de tributação. Essa opção pela atribuição de poder por meio de regras implica a proibição de livre ponderação do legislador a respeito dos fatos que ele gostaria de tributar, mas que a Constituição deixou de prever. Ampliar a competência tributária com base nos princípios da dignidade humana ou da solidariedade social é contrariar a dimensão normativa escolhida pela Constituição*"[341].

Admite-se, então, que a Constituição optou por um delineamento inicial dos modelos jurídicos tributários na atribuição de competência, mas, como dito, esse delineamento se orientou pela solidariedade social e demais valores essenciais da pessoa humana com a participação conjunta e não exclusiva da segurança jurídica, o que leva à conclusão de que nesta hipótese o balizamento do campo de discricionariedade do legislador já se operou no plano constitucional com a influência compartilhada do referido conjunto axiológico.

Entender que a ampliação da competência com base em princípios contraria a dimensão normativa constitucional significa que o exercício da competência somente se realiza por força da segurança jurídica, escapando ao conteúdo de sua estruturação tridimensional, pois a competência tributária em si já se define por intermédio de valores consagrados no ordenamento jurídico, inclusive, interagindo com princípios tributários, que também guardam em suas finalidades ideais solidários[342]; e o legislador quando institui a dever de colaboração de pagar tributos leva em consideração tal competência e a integralidade de sua carga axiológica,

---

[341] *Sistema Constitucional Tributário*, 160.

[342] Para justificar o teor das considerações expostas, em que se procura demonstrar a abrangência do critério axiológico das competências tributárias, que não se resume apenas à segurança jurídica, mas ao cabedal de valores do Estado Democrático de Direito, bastaria mencionar as materialidades relativas ao imposto sobre grandes fortunas (art. 153, VI, CF) e às contribuições destinadas ao custeio da seguridade social (art. 195, CF), ou mesmo as razões de equidade que fundamentam a cobrança da contribuição de melhoria (art. 145, III, CF), que, em essência, expressam claramente as idéias de alteridade e cooperação recíproca exigidas pelo valor da solidariedade social.

para não afrontar toda base de sustentação formal e material do Estado Democrático de Direito[343].

Por esta perspectiva, a solidariedade social não poderia ser empregada para justificar a legitimidade da exigência de dever de colaboração de pagar tributo que não contivesse base de fundamentação nos modelos jurídicos constitucionais, vez que tal proposta contraria totalmente a relação de implicação recíproca que envolve a objetivação harmônica de valores fundamentais no plano da experiência jurídica de um Estado Democrático de Direito, que estrutura a forma e a temática de manifestação de seu poder no Texto Constitucional, protegendo o membro da comunidade contra possíveis interferências arbitrárias em seu patrimônio[344].

Tal correlação existente entre valores fundamentais se robustece diante da circunstância de que o complexo normativo constitucional não

---

[343] Ainda, como conseqüência, tem-se que o modelo de Estado Democrático de Direito não restringe o processo de validação de normas jurídicas tributárias veiculadoras dos deveres de colaboração de pagar tributos somente à literalidade das disposições que versam sobre competência, abrangendo simultânea e imperativamente o conjunto de valores e princípios inseridos no Texto Constitucional, como bem assevera Alberto Nogueira: *"a lei tributária (e com maior razão a exigência tributária, seja a referente ao tributo, seja relativa às chamadas obrigações acessórias) deve respeitar não apenas os preceitos constitucionais (no sentido meramente normativo, ou seja, de regras formais), mas – e principalmente – os princípios consagrados na forma expressa ou implícita (notadamente o regime democrático e social".* (*A Reconstrução dos Direitos Humanos da Tributação*, p. 189).

[344] A solidariedade social tem sido utilizada no campo da experiência jurídica tributária para legitimar a imposição de tributos incompatíveis com seu arquétipo constitucional, especialmente, no tocante às contribuições especiais, ao se considerar princípio refletor da supremacia do interesse público em relação ao particular, deturpando sua relação com a segurança jurídica e repartição de competências tributárias, o que acaba colocando por terra o propósito de objetivar tal valor em conjunto com os demais valores fundamentais do modelo de Estado Democrático de Direito. Confira-se sobre o assunto as considerações de Raquel Cavalcanti Ramos Machado: *"A Constituição Federal de 1988, ao mesmo tempo em que consagrou o princípio da solidariedade, traçou detalhadamente a competência tributária dos diversos entes, não sendo possível, portanto, invocar a solidariedade para tornar sem sentido referidas normas, em desprezo ao princípio da segurança jurídica, razão maior do detalhamento normativo".* (*Interesses Públicos e Direitos do Contribuinte*, p. 125). O único alerta a ser feito refere-se à necessidade de compreensão da relação de implicação recíproca entre valores, de modo que a objetivação da segurança jurídica se dá em conjunto com a solidariedade, em um contínuo processo de preferências formais e materiais no corpo estrutural do Estado Democrático de Direito.

cria o dever de colaboração de pagar tributos, mas apenas ordena e distribui entre as entidades estatais poder para movimentar suas próprias competências tributárias, fazendo-o por meio da edição de leis, obra do Parlamento (representantes do povo)[345], que pretendem reconhecer as particularidades advindas da experiência social em sintonia com o arquétipo constitucional, ajustando as diretrizes axiológicas do Estado Democrático de Direito às condicionantes histórico-temporais[346].

[345] Pode-se asseverar que para existir imposição legítima do dever de colaboração de pagar tributos será necessária edição de uma lei, do ente público competente, que defina o padrão de comportamento do membro da comunidade em levar dinheiro aos cofres públicos em total correspondência com o modelo jurídico constitucional tributário (seu arquétipo), conforme a lição de Roque Antônio Carrazza: *"o legislador, ao exercitar a competência tributária, deverá ser fiel à norma-padrão de incidência do tributo, prétraçada na Constituição. O legislador (federal, estadual, municipal ou distrital), enquanto cria o tributo, não pode fugir deste arquétipo constitucional"*. (*Curso de Direito Constitucional Tributário*, p. 338/339). Trata-se de circunstância lógica, pois o tributo, por envolver composição de valores fundamentais para atingir o direito de propriedade do cidadão, necessita de abstração jurídica que contenha seu consentimento em relação a tal imposição, o que somente poderá ser alcançado por edição de lei fruto da manifestação dos representantes do povo, revelando a presença de garantias históricas do Estado de Direito.

[346] Na determinação da fórmula de integração ideológica do modelo de Estado Democrático de Direito, optou-se pela organização territorial do poder na forma federativa, que pressupõe a união de entidades descentralizadas representantes das diversas vontades regionais, as quais abdicam de parte de suas respectivas capacidades de autoingerência para formação e submissão a um poder central (Constituição), devendo conservar parcela de poder para União, Estados, Distrito Federal e Municípios, nos termos estabelecidos pelo complexo normativo constitucional, ou seja, sua esfera de autonomia política. A conservação desta esfera de autonomia revela-se essencial para adequar a manifestação da soberania aos desejos sociais em suas condicionantes histórico-temporais, na medida em que permite à entidade federativa, respeitados os limites fixados na Constituição, agir em prol dos interesses peculiares da comunidade situada no espaço territorial que se encontra sob sua tutela política. Em relação ao dever de colaboração de pagar tributos e redistribuição das riquezas arrecadadas, a circunscrição de parcela de autonomia política ás entidades federativas permite a composição de segurança e solidariedade no exercício da competência tributária, pois, ao mesmo tempo, em que se exige lei para imposição do tributo, garantindo segurança, cria-se esta lei de acordo com particularidades sócio-culturais de cada comunidade, o que reforça o sentimento de conscientização da importância do cumprimento deste dever de colaboração e possibilita o emprego adequado dos recursos financeiros arrecadados no atendimento das necessidades coletivas, tudo respeitando os objetivos constitucionais do modelo de Estado Democrático de Direito que buscam realização da solidariedade social.

Dizer que a Constituição não cria tributo não significa que ela esteja excluída do processo de nomogênese jurídica tributária, ao contrário, o Texto Supremo consiste no seu primeiro estágio e todas as outras fases com ele deverão se conformar, haja vista que sua essencialidade pode ser facilmente constatada por atribuir a parcela necessária de poder para exercício da competência e determinar os referenciais valorativos para definição de seus princípios e conceitos, sem os quais a imposição do dever de colaboração de pagar tributos não poderá ser legitimamente instituída pelas autoridades estatais.

E a correspondência entre o dever de colaboração de pagar tributo e o direito à devida redistribuição das riquezas arrecadas pelo Estado passa a ser sentida no âmbito do sistema normativo tributário contido na Carta Constitucional, na medida em que, ao serem pesquisados os componentes dos arquétipos referentes a cada espécie tributária, evidencia-se a preocupação com o destino do produto de suas arrecadações, comprovando o direcionamento proposto pelo valor solidariedade na estruturação formal e material dos caracteres relativos à atividade de tributação perante o modelo de Estado Democrático de Direito.

Isto é, o complexo normativo constitucional, exercendo sua função de descrever a fórmula de integração ideológica do Estado Democrático de Direito, desenhou o conteúdo dos modelos jurídicos tributários possíveis, não se contentando somente com a previsão dos critérios relativos à imposição do dever de colaboração de pagar tributo, a partir da ordenação e repartição das competências fiscais, foi além para vincular a validade do exercício deste poder ao dever de redistribuir adequadamente as riquezas arrecadas em conformidade com as diretrizes estabelecidas em seu próprio texto[347].

---

[347] Marco Aurélio Greco, partindo da compreensão histórico-cultural da experiência jurídica, que consiste no marco teórico do presente estudo, abre a possibilidade do controle de validade das normas jurídicas tributárias com base no dever de redistribuição adequada das riquezas arrecadadas: *"Na medida em que a lei é um produto – não resulta da natureza das coisas, nem surge inexoravelmente – pode estar submetida a um controle substancial. Ou seja, o controle de validade das leis não se dá apenas pelo exame da sua regularidade formal, mas igualmente através do controle da sua compatibilidade substancial o que pode se desdobrar inclusive no exame da destinação do produto da arrecadação dos tributos"*. (*Solidariedade Social e Tributação*, p. 183). A única ressalva a ser feita, de acordo com as premissas firmadas neste trabalho, refere-se à validação do processo de produção e concreção das normas jurídicas tributárias, que sempre está condicionada ao cumprimento do dever do Estado de redistribuição adequada das riquezas arrecadadas, não se tratando de mera possibilidade.

Uma breve exposição dos dispositivos constitucionais que atuam na composição dos arquétipos das espécies tributárias pode comprovar a afirmação de que o dever do Estado de redistribuir adequadamente as riquezas arrecadadas atua como requisito para o exercício legítimo das competências tributárias, ao ser valorizado e positivado, mesmo que oscilando com maior ou menor grau de rigidez sobre as distintas modalidades de exações fiscais, para expressar correspondência com os desdobramentos temáticos que norteiam as perspectivas da tributação diante da influência do valor da solidariedade social.

Nos termos da previsão contida no inciso IV do artigo 167 da Constituição Federal, as receitas públicas auferidas com a tributação de impostos serão utilizadas para o custeio de serviços gerais de interesse da coletividade, não podendo estar vinculadas a fundo ou despesa específica do Poder Público, por possuírem destinação pública indistinta, geradora de benefícios difusos, voltando-se a todos os membros da comunidade independentemente do fato de estarem submetidos ou não ao cumprimento deste dever de colaboração[348], ou seja, diante da exigência de cumprimento do dever de colaboração de pagar impostos surge para o Estado o correlato dever de redistribuir adequadamente as riquezas arrecadas na consecução de necessidades gerais da comunidade, permitindo a validação do exercício de sua competência.

O inciso II do artigo 145 da Constituição, ao descrever as materialidades possíveis na formação dos arquétipos tributários das taxas, consistente no exercício do poder de polícia ou na prestação de serviço público específico e divisível, acaba por determinar a vinculação dos recursos arrecadados com este tributo ao atendimento das despesas efetuadas pelo Estado na realização das mencionadas atividades, que, ao serem diretamente referidas ao membro da comunidade, apontam o caráter contraprestacional vigorante nas taxas[349]. Nestes termos, a validade da instituição

---

[348] Para ilustrar a questão, são os ensinamentos de Rubens Gomes de Souza sobre a destinação dos recursos obtidos pela tributação via imposto: *"tributo que se destina a cobrir as necessidades públicas gerais, isto é, todas aquelas que interessam aos cidadãos indistintamente, sem que se possa determinar o grau de interesse que cada um tenha individualmente na existência do serviço ou atividade pública de que se trate"*. (Compêndio de Legislação Tributária, p. 164). Importa alerta, desde logo, que a discricionariedade do Estado na aplicação dos recursos obtidos com arrecadação de impostos encontra limitações, em razão da influência do valor solidariedade social, como será estudado no próximo item sobre o princípio da afetação.

[349] A taxa deve remunerar o valor desembolsado pela Administração Pública na atuação (prestação do serviço público ou no exercício do poder de polícia) que possibi-

e cobrança do dever de colaboração de pagar taxas somente se perfaz com a redistribuição adequada dos recursos arrecadados no ressarcimento do valor desembolsado pela Administração Pública na atuação que deu causa à exigência, seja prestação do serviço público ou exercício do poder de polícia, os quais se voltaram para atendimento de interesses de destinatário específico.

Segundo o disposto no inciso III do artigo 145 da Constituição Federal, as contribuições de melhoria serão exigidas em virtude de atuação estatal consistente na realização de obra pública que implique na valorização de bem imóvel, sendo o volume de recursos financeiros obtidos com sua tributação empenhados na amenização das despesas efetuadas pelo Estado quando da consecução da obra causadora da mais-valia imobiliária, o que possibilita a verificação da validade do exercício desta competência tributária em sintonia com o dever de redistribuição adequada das riquezas arrecadadas[350].

---

litou sua cobrança, como explica. Walter Alexandre Bussamara, ao ressaltar este traço característico do perfil constitucional da taxas: *"a finalidade constitucional do tributo taxa, que a par de continuar legítimo, com sua natureza jurídica intacta, terá na destinação indevida do seu produto arrecadado contornos de inconstitucionalidade, embora agora não mais interessantes ao direito tributário, mas sim ao direito constitucional financeiro. A remuneração advinda das taxas cumpre ao ressarcimento do Poder Público pelos custos decorrentes de suas respectivas atuações, diretamente referidas ao administrado"*. (*Taxas: Limites Constitucionais*, p. 31). É preciso esclarecer que, como restou claro em outras passagens deste estudo, que o destino do produto da arrecadação do tributo, diante das perspectivas ditadas pela solidariedade social na modelação do Estado Democrático de Direito, que exige correlação entre o dever de colaboração de pagar tributo ao direito de exigir (ou dever) do Estado de redistribuir adequadamente riquezas arrecadadas, passa a ser assunto de interesse da atividade tributária, na medida em que determina a validação da exigência do tributo, interferindo inclusive na determinação de sua natureza jurídica, vista em termos de construção de modelo. Justamente, neste ponto, se ousa discordar do mencionado autor. Ainda sobre a vinculação dos recursos arrecadados por taxas, colacionam-se as palavras de Leandro Paulsen: *"Nas taxas, pois, há dupla vinculação: o fato gerador é vinculado à atividade estatal e, também, necessariamente, o produto da arrecadação terá de ser vinculado à atividade que justifica a instituição do tributo. O STF, aliás, já decidiu que a 'a vinculação das taxas judiciárias e dos emolumentos a entidades privadas ou mesmo a serviços públicos diversos daqueles a que tais recursos se destinam subverte a finalidade institucional do tributo'"*. (*Curso de Direito Tributário*, p. 41).

[350] A contribuição de melhoria, assim como as taxas, possuem materialidade vinculada a uma atuação estatal, o que revela seu caráter contraprestacional, de tal modo que sua cobrança deve ser utilizada apenas na cobertura dos custos da obra pública

Nos empréstimos compulsórios, o artigo 148 da Constituição Federal determina expressamente que os recursos financeiros provenientes de sua arrecadação sejam destinados ao atendimento de despesas extraordinárias decorrentes de calamidade pública, de guerra externa ou sua iminência; ou ainda para investimento público de caráter urgente e de relevante interesse nacional, os quais, por configurarem os próprios pressupostos constitucionais autorizadores da instituição deste tributo, ou melhor, os requisitos prévios para o exercício da competência, exigem que a redistribuição adequada das riquezas tributadas seja direcionada ao saneamento do dispêndio que justificou a criação deste dever de colaboração, sob pena de invalidação de toda sua instituição e exigência[351].

Finalmente, as contribuições especiais têm por característica a redistribuição do produto de sua arrecadação para possibilitar o financiamento da atuação do Estado na consecução das finalidades determinadas pelo artigo 149 da Constituição Federal, quais sejam: custeio da seguridade social e de outras atividades concernentes à Ordem Social; interesse de categorias profissionais ou econômicas; intervenção no domínio econômico; financiamento dos regimes previdenciários de servidores públicos estaduais, distritais e municipais; e custeio do serviço de iluminação pública. Caso o dever de colaboração de pagar contribuição especial não esteja correlacionado ao dever do Estado de redistribuição da riqueza arrecadada em prol do atendimento da respectiva finalidade pré-traçada

---

valorizadora, sendo inclusive este seu limite global, nos termos da disposição contida no artigo 81 do Código Tributário Nacional, *verbis*: *"para fazer face ao custo de obras públicas de que decorra valorização imobiliária, tendo como limite total a despesa realizada e como limite individual o acréscimo de valor que da obra resultar para cada imóvel beneficiado"*. Portanto, não há como negar que o direcionamento do volume de riquezas arrecadadas com a contribuição de melhoria destina-se a repor aos cofres públicos o valor, ou senão parte do valor investido na obra valorizadora, condicionando a validade da sistemática de exigência deste tributo.

[351] Hugo de Brito Machado, ao tecer considerações sobre a aplicação vinculada dos recursos financeiros obtidos com os empréstimos compulsórios, explica que: *"A aplicação dos recursos provenientes de empréstimo compulsório será vinculada à despesa que fundamentou sua instituição. Essa é outra garantia oferecida pela Constituição aos contribuintes, contra abusos governamentais na utilização do empréstimo compulsório. Evita que o evento invocado para a instituição do empréstimo seja mero pretexto, e os recursos arrecadados sejam a final destinados ao pagamento de outras despesas públicas"*. (*Comentários ao Código Tributário Nacional*, v. 1, p. 249).

constitucionalmente, o exercício da competência constitucional para criação desta espécie tributária não poderá ser considerada válida[352].

Conclui-se que a construção de sentido dos arquétipos tributários, por exigência dos ditames do valor solidariedade social, não pode ser restrita aos aspectos concernentes ao dever de colaboração de pagar tributo, que englobam apenas as questões tocantes ao exercício legal das competências tributárias, devendo abranger também os pressupostos constitucionais que vinculam a instituição e o cumprimento deste dever ao correlato direito de exigir do Estado redistribuição adequada das riquezas arrecadadas, o direcionamento dos recursos financeiros tributados ao atendimento de finalidades predeterminadas no plano constitucional.

Se por uma perspectiva os arquétipos tributários realizam, em caráter preponderante, a composição da solidariedade com a segurança e a liberdade na estruturação formal e material das competências tributárias; por outra, vincula a solidariedade direta e imediatamente aos ditames da igualdade, para validar o dever de colaboração de pagar tributos ao correlato exercício de prestação positivas por parte do Estado no sentido de intervir na realidade econômica e social para corrigir deficiências ou mesmo equilibrar o custo operacional de suas atividades, visando à preservação do modelo de Estado Democrático de Direito, com incessante busca de atribuição do padrão mínimo existencial e proteção efetiva ao pleno desenvolvimento do cidadão.

Ao relacionar reciprocamente solidariedade, segurança e liberdade no âmbito da movimentação das competências tributárias inerentes ao Estado Democrático de Direito, pode-se notar certa prevalência da atuação de valores consagrados pelos direitos humanos de primeira geração, próprios do Estado Liberal (ou Estado de Direito), o qual prestigia a liberdade e a propriedade do cidadão, ao impedir a realização de ações arbitrárias pelo Poder Público, para tanto a imposição do dever de colaboração de pagar tributos deve ser exercido em conformidade com as diretrizes estabelecidas no Texto Constitucional.

---

[352] Comprovando o condicionamento da validade da contribuição especial ao dever de redistribuição adequada das riquezas arrecadadas ao atendimento da finalidade que determinou sua instituição, encontra-se manifestada no pensamento de Fernando Facury Scaff: *"as contribuições podem ser consideradas uma outra espécie dentro do gênero tributo. Contudo, essa é uma verdade no âmbito da arrecadação, porém não se esgota aí sua fenomenologia, que deverá estar necessariamente ligada à figura da destinação"*. (*Contribuições de Intervenção e Direito Humanos de Segunda Dimensão*, RDTA 05/50).

Em outra vertente, ao ser conjugado o dever de colaboração de pagar tributos ao direito de exigir do Estado redistribuição adequada das riquezas arrecadas, já se percebe uma maior aproximação da solidariedade com os direitos humanos de segunda geração (ou sociais) e de terceira (ou de solidariedade), ajustando a atividade de tributação aos propósitos da instalação do Estado Democrático de Direito: conciliar os valores essenciais da pessoa humana, que se revelaram historicamente à consciência da humanidade, tendo como ponto nuclear, que exerce força centrípeta necessária para promover harmonia e integração entre esses vínculos, a invariante axiológica da solidariedade social[353].

Destarte, a validade do exercício da competência tributária depende da existência de reciprocidade entre o dever de colaboração de pagar tributo, instituído por lei pelas entidades estatais, e do destino do produto arrecadado aos pressupostos determinantes dos arquétipos tributários fixados no complexo normativo constitucional, pois, compreendida nestes termos, a atividade tributária, essencial à existência, manutenção e funcionamento do modelo de Estado Democrático de Direito, obedece às orientações exigidas pela solidariedade social, que não transita isoladamente no plano jurídico, mas sim congregada de modo sistemático a outros valores ligados a pessoa humana, como visto, liberdade, segurança e igualdade.

Reafirme-se: não se pode pretender que o campo de interesses da tributação se esgote no cumprimento do dever de colaboração de pagar tributos, ou seja, com o comportamento do membro da comunidade de entregar parte da sua riqueza ao Estado; sua validade, por imperativos

---

[353] Fernando Facury Scaff expõe concepção de isonomia em que se *"busca combater um grau muito mais difuso de desigualdades existentes na sociedade (...) não é mais apenas a igualdade material aplicada socialmente entre duas ou mais pessoas, mas difusamente aplicada a todos os habitantes de um determinado país"*, a qual corresponde, na perspectiva do presente trabalho, a influência decisiva da invariante axiológica da solidariedade na orientação de sentido do referido valor. E, ao situar a tributação nesta dimensão de direitos humanos, o autor defende a necessidade de destinação dos recursos arrecadados ao atendimento dos objetivos constitucionais propostos para o modelo de Estado Democrático de Direito vigente: *"No âmbito tributário, essa construção da isonomia material e difusamente considerada passa necessariamente pelo controle na destinação das verbas orçamentárias, a fim de que seja cumprida a determinação da vontade popular quando do estabelecimento das prioridades orçamentárias, que necessariamente deverão ser elaboradas para consecução dos objetivos constitucionais"*. (Contribuições de Intervenção e Direitos Humanos de Segunda Geração, RDTA 05/45).

éticos da solidariedade social, depende da junção de outro momento, que corresponde ao dever do Estado de redistribuir esta riqueza em harmonia com a configuração constitucional conferida aos arquétipos tributários. Somente com tal postura de pensamento que a solidariedade social, invariante axiológica revelada historicamente no modelo de Estado Democrático de Direito, será compreendida em sua plenitude, em suas constantes objetivações perante os quadrantes da experiência jurídica.

2.3. Solidariedade Social e Princípios Gerais de Direito Tributário

Os princípios gerais de direito imediatamente legitimados nas diretrizes contidas nas invariantes axiológicas historicamente reveladas à consciência das civilizações são marcados pelo atributo da generalidade, ao irradiarem seus efeitos por todo ordenamento jurídico, constituindo verdadeiros alicerces deste sistema, que possibilitam sua estruturação coesa, apta a entrelaçar e compatibilizar as faixas normativas nele existentes, para validar o processo de produção e aplicação de normas jurídicas, bem como de construção de significado deôntico dos respectivos modelos.

A partir de seu processo de derivação em relação às invariantes axiológicas, os princípios gerais de direito podem ser divididos de acordo com sua graduação ou extensão: em imediatos, que representam diretamente as invariantes axiológicas e os demais valores essenciais da pessoa humana, atuando de forma decisiva na conformação dos ordenamentos jurídicos; e em mediatos, que, arquitetados em virtude de peculiaridades histórico-sociais de cada civilização, possuem seu campo abrangência restrito a determinados ordenamentos jurídicos ou mesmo setores pertencentes a estes sistemas, para atender exigências derivadas da ordenação da pratica social de cada Estado.

Não é mais preciso demonstrar em rigor de detalhes que a solidariedade social representa princípio geral de direito imediato, na medida em que o valor que a informa passou a ser compreendido historicamente como invariante axiológica vinculada ao valor fonte da pessoa humana e definidor do conjunto de aspectos valorativos que compõem fórmula de integração ideológica do modelo de Estado Democrático de Direito, inclusive, a descrita no sistema de Direito positivo vigente, como comprovado pela simples leitura dos objetivos contidos no artigo 3.º do Texto Constitucional.

Logo, o valor da solidariedade social como princípio geral de direito imediato abarca todos os campos de incidência da experiência jurídica, a fim de buscar a abrangência exigida em suas condições de realizabilidade no direcionamento do conteúdo das prescrições normativas, que influenciam os comportamentos humanos, ao atendimento das finalidades que lhe são peculiares, as quais se encontram positivadas constitucionalmente nos objetivos do modelo de Estado Democrático de Direito[354], entendendo que a solidariedade social atua como princípio geral de direito perante o sistema normativo tributário, tanto na dinâmica de instituição e concreção dos deveres de colaboração de pagar tributo, quanto do dever do Estado de redistribuir adequadamente as riquezas arrecadadas.

Como se pode observar no item anterior a atuação da solidariedade social no âmbito das competências tributárias, delineando a exigência do dever de colaboração de pagar tributo à formulação de modelos jurídicos (arquétipos tributários) que encontrem fundamento não apenas na estruturação formal do poder, na literalidade da distribuição de competências fiscais entre entidades estatais, mas, principalmente, em seus pressupostos materiais, que congregam o aparato axiológico da solidariedade social em sintonia com os demais valores vinculados à pessoa humana, em especial, segurança, liberdade, igualdade, para correlacionar a validação deste dever de colaboração ao dever do Estado (ou direito de exigir) a redistribuição adequada das riquezas arrecadadas, de acordo com as condicionantes constitucionais determinadas para cada espécie tributária.

Superadas as questões referentes às determinações exigidas pela solidariedade social para a validade do exercício das competências tributárias no modelo de Estado Democrático de Direito contido no complexo constitucional, que – ressalte-se – estabelece a correlação entre dever de colaboração/dever de redistribuição penetrados por substratos axiológicos, se torna essencial adentrar no campo definido pelos princípios gerais

---

[354] Releva consignar que os objetivos descritos pelo artigo 3.º da Constituição Federal não são exaustivos em relação às eventuais formas de objetivação jurídicas da solidariedade social, ou seja, não esgotam suas múltiplas possibilidades de atuação perante a experiência jurídica, haja vista que tal valor, ao influir decisivamente na composição da fórmula de integração ideológica do modelo de Estado Democrático de Direito vigente, excede a forma de exteriorização que lhe foi conferida pelo mencionado diploma constitucional, para orientar, no contínuo processo de transformação da realidade cultural condicionado pela pós-modernidade, o encontro de soluções normativas adequadas às novas tendências da civilização.

de direito tributário que representam, em primeiro plano, os ideais pregados pela solidariedade social e as orientações dadas por este valor a suas concreções perante o plano da experiência jurídica.

Na esteira deste pensamento, a solidariedade social, ao interceder na configuração dos princípios gerais de direito tributário, acaba por delimitar uma seara particular de objetivação da sua natureza principiológica nos quadrantes deste setor da experiência jurídica, que possibilita a apreensão indicativa de seu conteúdo e o reconhecimento de suas formulações perante a interpretação e aplicação dos modelos jurídicos tributários, ou melhor, os fundamentos de sua manifestação diante dos princípios gerais de direito tributário.

Então, para se aproximar desta idéia, deve-se buscar no complexo normativo constitucional os princípios gerais de direito tributário que traduzem as concepções axiológicas de solidariedade social contidas no modelo de Estado Democrático de Direito vigente, os quais correspondem aos princípios da capacidade contributiva e da afetação (ou vinculação de recursos arrecadados), compreendendo a interseção existente entre seus conceitos, instrumentos e modos de aplicabilidade, e, assim, estabelecendo os enlaces de reciprocidade necessários que permitem a estruturação operacional da solidariedade social tributária e seu respectivo desempenho normativo-vetorial.

2.3.1. *Princípio da Capacidade Contributiva*

A solidariedade social, como invariante axiológica diretora da fórmula de integração ideológica do modelo de Estado Democrático de Direito, ao propor ambiente de cooperação recíproca marcado pela idéia de dignidade social, assegura a participação financeira do membro da comunidade na efetivação do programa de ação constitucional destinado ao atendimento do bem comum com o cumprimento de seu dever de colaboração de pagar tributo, o qual se exige respeitando condições minimamente satisfatórias de vida.

Para respeitar esse conteúdo mínimo indispensável para existência digna, a participação do membro da comunidade no cumprimento do dever de colaboração de pagar tributo não pode ultrapassar os limites de suas forças econômicas, isto é, de sua possibilidade de suportar o impacto da carga tributária sem prejuízo de bens vitais, devendo se considerar a interferência do princípio da capacidade contributiva na graduação do montante a ser exigido como tributo[355].

Pode-se ponderar, então, que o princípio da capacidade contributiva, como representante de desdobramento axiológico do valor solidariedade social[356], faz com que o cumprimento do dever de colaboração de pagar tributo pelo membro da comunidade para contribuir ao custeio das finanças públicas seja modulado segundo suas disponibilidades econômicas, impedindo a repartição e distribuição arbitrária deste encargo público e preservando o conjunto de bens suficientes para o atendimento de necessidades básicas, o mínimo vital[357].

Assim, o princípio da capacidade contributiva volta-se para concretização do projeto de bem comum proposto pelo modelo de Estado Democrático de Direito, ganhando papel de destaque dentre as figuras que norteiam o dever de colaboração de pagar tributos, ao ajustá-lo à aptidão econômica do membro da comunidade para proteção e viabilização do mínimo vital e dos demais objetivos constitucionais guiados pelo teor axiológico que envolve a solidariedade social e os valores essenciais da pessoa humana[358].

---

[355] Com muita propriedade, Rubens Gomes de Souza entende que a modulação do valor exigido como dever de colaboração de pagar tributo com pauta no princípio da capacidade contributiva leva em conta a *"soma de riqueza disponível depois de satisfeitas as necessidades elementares da existência, riqueza essa que pode ser absorvida pelo Estado sem reduzir o padrão de vida do contribuinte e sem prejudicar as suas atividades econômicas"*. (*Compêndio de Legislação Tributária*, p. 95).

[356] Acerca da relação entre capacidade contributiva e solidariedade social na cobrança de impostos, Luís Eduardo Schoueri ensina que: *"O princípio da capacidade contributiva, que está no art. 145, nada mais é do que uma decorrência do princípio da solidariedade. Pergunta-se: por que razão uns pagam impostos e outros não? Por que uns podem mais e outros menos. É a solidariedade. E a solidariedade é fundamento do nosso ordenamento como um todo"*. (*Exigências da CIDE sobre Royalties e Assistência Técnica ao Exterior*, RET 37/144).

[357] Os bens que compõem o mínimo existencial não são aptos a integrar o dever de colaboração de pagar tributo, sendo estes excluídos do campo de mensuração da capacidade contributiva do membro da comunidade, como bem leciona Francesco Moschetti: *"a capacidade contributiva é dada por aquela parte de potência econômica, da riqueza de um sujeito, que supera o mínimo vital. Com efeito, se a capacidade significa aptidão, possibilidade concreta e real, não pode existir capacidade concorrer para com os gastos públicos quando falte ou se tenha apenas o necessário para as exigências individuais"*. (*El Principio de Capacidad Contributiva*, p. 68 – tradução livre).

[358] Defendendo a idéia de capacidade contributiva com vistas à concretização dos objetivos propostos pelo artigo 3.º da Constituição Federal, encontra-se o pensamento de

Colocado nestes moldes, o princípio da capacidade contributiva constitui o critério de definição do *quantum* relativo ao dever de colaboração de pagar tributo que se molda ao ambiente de cooperação recíproca consciente e alteridade, ditados pela solidariedade social, exigindo a participação do membro da comunidade na efetivação do bem comum com a repartição dos gastos públicos nos limites possíveis de sua riqueza manifestada.

Em outros termos, a determinação do *quantum* referente à colaboração financeira do membro da comunidade na sustentação das atuações estatais deve ser estabelecida nos parâmetros fixados pelo princípio da capacidade contributiva, para não se tornar insuportável ao ponto de afrontar o mínimo imprescindível à sua subsistência, garantindo ainda amplo acesso aos bens necessários para suprir tais necessidades e criando as condições adequadas para fruição de vida dignamente satisfatória.

Portanto, a capacidade contributiva, informada pelo complexo axiológico da solidariedade social, apresenta-se como produto da composição dos valores liberdade e igualdade, pois, ao assegurar a proteção às condições de existência digna no cumprimento do dever de colaboração, permite aos membros da comunidade agir em prol do pleno e livre desenvolvimento de suas potencialidades[359]; e, ao fixar critério de graduação, acaba por atuar na delimitação do exercício das competências tributárias, incutindo entre seus objetivos o pressuposto da progressividade, segundo

---

Helenilson Cunha Pontes: *"No Brasil, a atividade de imposição tributária, como de resto todas as demais atividades estatais, deve ser dirigida para o atingimento dos objetivos fundamentais elencados no 3º da Constituição Brasileira. Tal dispositivo prescreve os princípios jurídicos que, pela alta carga axiológica que albergam, devem nortear o processo interpretativo das demais regras e princípios constitucionais. Neste sentido, o princípio da capacidade contributiva constitui um importante instrumento constitucional para o atingimento do objetivo de construção de uma sociedade livre, justa e solidária, dever fundamental imposto à República Federativa do Brasil (art. 3º, I). O princípio da capacidade contributiva representa,, no contexto do sistema tributário nacional, a afirmação dos valores 'solidariedade' e 'justiça', que constituem objetivos fundamentais da República Brasileira, e o Estado é compelido constitucionalmente à busca destes objetivos também quando age no exercício da potestade tributária".* (*O Princípio da Proporcionalidade e o Direito Tributário*, p. 104).

[359] O mínimo existencial como condição para o exercício da liberdade é retratado por João Carlos Espada: *"É também necessário garantir que todos tenham acesso àqueles bens essenciais que se considera constituírem as condições mínimas para que se possa agir como agente moral – por outras palavras, agir livremente, ou fazer uso da liberdade".* (*Direitos Sociais de Cidadania*, p. 263).

o qual quem possui maior manifestação de riqueza deve cooperar mais ao sustento dos gastos públicos[360].

Ao dialogar com ênfase no valor da liberdade, as garantias fixadas pelo princípio da capacidade contributiva afastam a possibilidade de serem exigidas tributações com efeitos confiscatórios, na medida em que estas, ao absorverem parcela considerável da riqueza exteriorizada pelo membro da comunidade, obstam ou mesmo dificultam demasiadamente o pleno exercício de suas atividades profissionais ou empresariais, excedendo os limites de suas possibilidades econômicas e atingindo imoderadamente o direito de proteção à propriedade, ao trabalho, à livre iniciativa entre tanto outros[361].

Afirma-se que um tributo possui efeitos confiscatórios[362] quando sua exigência ultrapassa os limites colocados pelo princípio da capacidade

---

[360] José Marcos Domingues de Oliveira, logo após citar Duguit, conclui seu pensamento compatibilizando a capacidade contributiva com o conteúdo dos objetivos previstos no artigo 3.º da Constituição Federal: *"para Duguit a progressividade tributária é o 'sistema de imposição verdadeiramente conforme o princípio da igualdade', não se devendo esquecer, acrescentamos, que ela enseja a realização da justiça social, exigência fundamental das constituições contemporâneas (ver, por exemplo, os incisos I e III do artigo 3.º da Constituição brasileira de 1988)"*. (*Direito Tributário: Capacidade Contributiva – Conteúdo e Eficácia do Princípio*, p. 61/62).

[361] Regina Helena Costa sustenta que: *"A noção de capacidade contributiva afina-se com outros direitos constitucionais além do direito de propriedade, com o qual guarda relação necessária. Olvidando o respeito à capacidade contributiva, pode o legislador, também, vir a cercear ou obstar o exercício de outros direitos, tais como a liberdade de iniciativa e a liberdade de profissão"*. (*Princípio da Capacidade Contributiva*, p. 104).

[362] O confisco pode ser definido como ato punitivo que implica na transferência integral ou excessiva da propriedade do particular para o Estado, independentemente do pagamento de qualquer indenização. No que se refere à matéria tributária, o impedimento do efeito confiscatório encontra-se expressamente contido no inciso IV do artigo 150 da Constituição Federal, para salvaguardar o direito de propriedade e o regime da livre iniciativa, conforme a lição de Hugo de Brito Machado: *"Colocando entre as limitações ao poder de tributar a utilização do tributo com efeito de confisco, a Constituição em vigor evitou controvérsias a respeito da questão de saber se a garantia do direito de propriedade estaria, ou não, preservada, pelo fato de serem tributos instituídos por lei. E da questão de saber se a adoção do regime de livre empresa implica realmente, como sustentamos, uma implícita proibição ao tributo confiscatório"*. (*Os Princípios Jurídicos da Tributação na Constituição de 1988*, p. 97). Ainda que exista previsão expressa no Texto Constitucional, entende-se que a vedação ao efeito confiscatório deriva do próprio princípio da capacidade contributiva, para graduar o dever de colaboração de pagar tributo para sustento dos gastos públicos em limites razoavelmente aceitáveis de acordo com as possibilidades econômicas dos membros da comunidade e respeitando o exercício da liberdade e do direito de propriedade.

contributiva, desobedecendo a sua graduação constitucional orientada pelo valor solidariedade social e colocando em risco a manutenção e aprimoramento da riqueza geradora do dever de colaboração, considerada como sendo aquela que excede aos padrões de subsistência digna e, por conseqüência lógica, gravar a produção desta riqueza significa atingir ao mínimo vital.

Por seu turno, a progressividade, como corolário de uma maior penetração do valor igualdade na capacidade contributiva, revela-se como instrumento de caracterização das diferenciações entre os membros da comunidade em razão diretamente proporcional as suas manifestações de riqueza, para propor a elevação do quantum relativo ao dever de colaboração de pagar tributo com a imposição de alíquotas mais elevadas quanto maior a base de cálculo verificada, preceituando, assim, a busca do nivelamento do contributo cooperativo-financeiro a ser exigido em correspondência com o sinal de riqueza exteriorizado.

E a composição destes valores (liberdade e igualdade) nos seus mecanismos operacionais diante do princípio da capacidade contributiva se opera em termos de solidariedade social, na medida em que o critério de graduação progressiva do tributo limita-se nas possibilidades do membro da comunidade de colaborar economicamente para o custeio dos gastos públicos sem terem afetadas suas condições mínimas de subsistência, afastando eventuais efeitos confiscatórios e restrições ao pleno desenvolvimento de suas potencialidades.

Ocorre que a concepção axiológica da solidariedade social buscada pelo modelo de Estado Democrático de Direito exige um aprofundamento do tema, para serem alcançadas as possibilidades de utilização da capacidade contributiva na consecução de seu programa de ação previsto no complexo normativo constitucional, o que se faz com a aproximação do princípio da capacidade contributiva ao dever do Estado de redistribuir adequadamente as riquezas arrecadadas, que, como estudado, influi diretamente na validade do processo de produção de normas jurídicas tributárias e de construção de significado de seus respectivos modelos.

Situando a questão, consigna-se, novamente, que o princípio da capacidade contributiva deve ser orientado pela invariante axiológica da solidariedade social, que, conjugada aos valores de liberdade e igualdade, exige que o dever de colaboração de pagar tributos seja quantificado segundo as possibilidades econômicas do membro da comunidade, para, ao mesmo tempo, proteger o mínimo vital com o não-confisco e repartir equitativamente o contributo cooperativo-financeiro com a adoção da progressividade, direcionando-o ao atendimento das finalidades preconizadas pelo bem comum.

E este dever de colaboração de pagar tributo desenhado pelo princípio da capacidade contributiva pressupõe a atuação decisiva no seu processo de validação do correlato direito de exigir (ou dever) do Estado de redistribuição adequada das riquezas arrecadadas, em vista das perspectivas relacionadas com o conteúdo axiológico da solidariedade social e do atendimento do projeto de coexistência comum contido ao longo do Texto Constitucional.

Logo, o princípio da capacidade contributiva ganha contornos definitivos perante a orientação dada pelo valor solidariedade social, quando se compatibiliza com o dever do Estado de redistribuição adequada das riquezas arrecadadas, fazendo com que seus principais instrumentos, vedação ao confisco e progressividade, modulem o quantum a ser determinado na exigência do dever de colaboração de pagar tributo observando as diretrizes constitucionais estabelecidas para a consecução do bem comum.

Se o princípio da capacidade contributiva preserva o mínimo vital na determinação do dever de colaboração de pagar tributo, influenciado pelo dever do Estado de redistribuir adequadamente as riquezas arrecadadas, não apenas viabiliza este mínimo vital, mas também procura desenvolvê-lo ao máximo no contexto econômico-social, ao exigir na graduação do dever de colaboração espaço para o aprimoramento da riqueza do membro da comunidade, visando ao seu acumulo para permitir um crescente acesso a bens que contribuam para formação moral e material da pessoa humana, o que conduz ao maior exercício de suas liberdades[363].

Nesta perspectiva do princípio da capacidade contributiva, conjugada ao dever do Estado de redistribuir adequadamente as riquezas arrecadadas, a vedação ao confisco não restringe sua atuação somente à proteção

---

[363] Avalizado na compreensão doutrinária de Ricardo Lobo Torres, sempre importante lembrar que: *"Há um direito às condições mínimas de existência humana digna que não pode ser objeto de intervenção do Estado e que ainda exige prestações estatais positivas"*. (*O Direito ao Mínimo Existencial*, p. 08). Assim, ao dimensionar o dever de colaboração de pagar tributo, o Estado não está obrigado apenas a assegurar a existência material do mínimo vital, devendo também buscar sua constante ampliação com prestações positiva, seja com medidas administrativas ou mesmo reservando espaço suficiente para tanto na imposição da carga tributária e observando o conteúdo destas necessidades básicas para atendê-las, prioritariamente, no dever de redistribuição adequada das riquezas arrecadadas, postura esta defendida neste trabalho.

do mínimo existencial e do pleno exercício de atividades profissionais e empresariais, passando a ser orientado no sentido de desenvolvimento, ao receber nobre extensão na sua função de quantificação do dever de colaboração de pagar tributo com preservação de parcela de riqueza necessária ao aprimoramento contínuo desses desígnios sociais, como forma de atender às condições axiológicas ditadas pela solidariedade e pelo valor fonte da pessoa humana.

Paralelamente, a progressividade, como critério discriminatório utilizado para propiciar o nivelamento da distribuição dos encargos públicos observando o impacto do contributo tributário nas riquezas manifestadas pelos membros da comunidade, influenciada pelo dever do Estado de redistribuição adequada das riquezas arrecadadas, deve ser adotada como mecanismo destinado à redução das desigualdades econômicas e sociais (art. 3.º, CF), se moldando a dimensão do princípio da capacidade contributiva ora apresentada e dando cabo do projeto constitucional de bem comum marcado pelo aparato axiológico referido ao valor solidariedade social.

Desta feita, a progressividade deve utilizar fórmula de graduação em que a elevação da carga do dever de colaboração de pagar tributo inicia-se pelas maiores riquezas manifestadas, ou seja, entre os setores economicamente mais abastados da sociedade sempre levando em conta a totalidade dos seus índices de mensuração (renda, patrimônio e consumo), com a aplicação de percentuais onerosos, para gerar a maior parcela do volume de recursos financeiros necessários a cobertura dos gastos públicos, por representarem menores perdas em relação ao mínimo vital. Subseqüentemente, este esquema de progressividade deve se voltar para as menores riquezas manifestadas, com a aplicação de percentuais baixos, representando parcela inferior do volume de recursos financeiros destinados ao sustento dos cofres públicos, para não se correr o risco de atingir com maior proximidade o mínimo vital das classes sociais menos privilegiadas.

Ricardo Lobo Torres compartilha a mesma visão sobre a perspectiva a ser tomada pelo princípio da capacidade contributiva diante do conteúdo axiológico objetivado pela solidariedade social:

"A capacidade contributiva volta a ser considerada do ponto de vista da ética e do imperativo categórico. Com a virada kantiana procura-se ancorá-la nas idéias de solidariedade e benefício. A solidariedade entre os cidadãos deve fazer com que a carga

tributária recaia sobre os mais ricos, aliviando-se a incidência sobre os mais pobres e dela dispensando os que estão abaixo do nível mínimo de sobrevivência; é um valor juridicizável que fundamenta a capacidade contributiva e que sinaliza para necessidade de correlação entre direitos e deveres fiscais"[364].

Ao surtir efeitos sobre o princípio da capacidade contributiva, a invariante axiológica solidariedade social relaciona-o, reciprocamente, ao dever do Estado de redistribuir adequadamente as riquezas arrecadadas e ao dever de colaboração de pagar tributo para condicionar referencial a ser estipulado na graduação deste contributo financeiro-cooperativo, ajustando na atividade de tributação meios e fins, melhor dizendo, ao mesmo tempo, protege e desenvolve o mínimo vital, assim como exige participação em razão das desigualdades sociais e busca sua efetiva redução, se valendo dos mecanismos da vedação ao confisco e progressividade em sintonia com os objetivos propostos pelo modelo de Estado Democrático de Direito.

Victor Uckmar, ao fundamentar a progressividade segundo o princípio da capacidade contributiva, apresenta, entre as teorias possíveis, a do sacrifício mínimo, a qual parece se ajustar com grande precisão aos ditames inerentes ao valor da solidariedade social por propor a distribuição dos encargos tributários numa dimensão comunitária, buscando o menor sacrifício global:

> *"os impostos deveriam gravar antes de mais nada aqueles que têm uma utilidade marginal mínima, isto é, os very rich; quando sua renda fosse trazida ao nível daquele dos rich, também estes deveriam ser tributados; por fim, seria a vez daqueles que estivessem em condições econômicas inferiores: estes deveriam ser tributados quando os de maiores posses, em razão da exigência fiscal, viessem a se encontrar no seu nível"*[365].

---

[364] *Normas de Interpretação e Integração do Direito Tributário*, p. 167.

[365] *Princípios Comuns de Direito Constitucional Tributário*, p. 92. Com muita propriedade, Marciano Seabra de Godoi ilustra uma das possibilidades de utilização da progressividade: *"se o governo necessita obter determinada quantia com a tributação, ele deve retirar tal quantia dos indivíduos de modo a causar a menor perda global possível. Segundo esta teoria, por exemplo, se o governo precisa arrecadar R$ 100.000,00, ele deve começar a arrecadar quantia pelos ricos, pois os reais assim arre-*

A progressividade, informada pela concepção de capacidade contributiva retratada, passa a se valer da roupagem dada ao dever de colaboração de pagar tributos para objetivar as diretrizes axiológicas da solidariedade social, firmadas no plano normativo constitucional, especialmente, – ressalte-se – na erradicação da pobreza e da marginalização e na redução das desigualdades econômicas e sociais (art. 3.º, CF), adotando formula de graduação que permite efetivamente o equacionamento da relação envolvendo riqueza manifestada e igual participação nos encargos públicos em termos coletivos.

Cabe asseverar, ainda, que o Texto Constitucional consagra expressamente o princípio da capacidade contributiva no §1º do artigo 145, restringindo seu campo de aplicação apenas aos impostos. Entretanto, restou demonstrado que o princípio da capacidade contributiva, por se caracterizar como extensão axiológica da solidariedade social e demais valores essenciais da pessoa humana, especialmente liberdade e igualdade, justificando a existência de conceitos como preservação do mínimo vital, vedação ao confisco, progressividade, entre outros de extrema relevância para o ajuste da experiência jurídica tributária ao modelo de Estado Democrático de Direito, não há como negar sua plena atuação perante todos os tributos, comportando variações quanto a sua extensão de acordo com a espécie tratada para determinação de seus critérios quantitativos.

Sobre a extensão dos efeitos do princípio da capacidade contributiva a todas as espécies tributárias, José Maurício Conti ensina que:

"o princípio da capacidade contributiva é aplicável a todas as espécies tributárias. No tocante aos impostos, o princípio é aplicável em toda sua extensão e efetividade. Já no caso dos tributos vinculados, é aplicável restritivamente, devendo ser respeitado apenas

---

cadados representam a perda de menos utilidade, e somente quando a utilidade dos reais arrecadados dos ricos se igualar à utilidade dos reais dos pobres, é que estes deverão ser tributados". (*Justiça, Igualdade e Direito Tributário*, p. 217). Com mesma linha de pensamento, Fernando Facury Scaff tece interessante comentário sobre a progressividade: *"a pior injustiça ocorrerá quando o maior ônus tributário recair sobre os que menos possuem, seja através da imposição de mais pesada carga tributária sobre eles, seja através da desoneração dos mais ricos, ou mesmo – suprema ironia – da concessão de benefícios ou subsídios a estes, o que se dá através de mecanismos financeiros, e não rigorosamente tributários"*. (*O Jardim e a Praça ou a Dignidade da Pessoa Humana e o Direito Tributário e Financeiro*, Revista do Instituto de Hermenêutica Jurídica 04/102).

os limites que lhe dão os contornos inferior e superior, vedando tributação do mínimo vital e a imposição tributária que tenha efeitos confiscatórios"[366].

Deveras, o maior campo de aplicação do princípio da capacidade contributiva, para determinar os critérios de graduação dos tributos, pode ser encontrado nos impostos, em razão do teor de suas possíveis materialidades. Isto não significa que o referido princípio não atue nos fatores de quantificação das taxas, contribuições de melhoria, empréstimos compulsórios e contribuições especiais, em relação a tais espécies tributárias a extensão do princípio da capacidade contributiva diminui para dar espaço ao princípio da afetação e com ele se relacionar no equacionamento da correlação entre dever de colaboração de pagar tributo e direito de exigir (ou dever) do Estado de redistribuir adequadamente as riquezas arrecadadas, seguindo as diretrizes axiológicas determinadas pela solidariedade social.

2.3.1.1. *Extrafiscalidade*

Fixadas as premissas relativas ao estudo do princípio da capacidade contributiva, pode-se enfrentar a questão envolvendo a extrafiscalidade, que, ao autorizar o Estado a conceder favorecimentos fiscais ou mesmo impor tratamentos onerosos a determinados membros ou grupos da comunidade, acaba por possibilitar a utilização da atividade tributária não apenas para consecução de fins meramente arrecadatórios (abastecimento dos cofres públicos), mas, principalmente, direcionada ao cumprimento

---

[366] *Princípio da Capacidade Contributiva e da Progressividade*, p. 65. Ao tratar da possibilidade de aplicação do princípio da capacidade contributiva em relação às taxas, Sacha Calmon Navarro Coelho faz importantes considerações: *"o princípio da capacidade contributiva não se liga tão-somente à técnica da progressividade, cujo objetivo é tributar mais quem mais tem, senão quem fomenta institutos tributários de variada índole. Cabe exemplificar com as isenções subjetivas em matéria de taxas. As leis, com freqüência, isentam os pobres em relação a inúmeras taxas, reconhecendo, assim, a incapacidade contributiva dos mesmos. A taxa judiciária e as custas são dispensadas dos litigantes sem recursos ou presumidamente sem recursos, por serem pobres em sentido legal. O fundamento de todas as isenções, por isso legítimas, nas taxas, é justamente a incapacidade contributiva (formulação negativa do princípio)"*. (*Curso de Direito Tributário Brasileiro*, p. 162).

de função de cunho interventivo, de objetivos ordinatórios relativos ao estímulo ou desestímulo de certos comportamentos perante setores estratégicos do contexto sócio-econômico[367].

Entendida a atividade tributária como dever de colaboração, que, no âmbito do Estado Democrático de Direito, por força da orientação axiológica dada pela solidariedade social, se vincula ao dever do Estado de redistribuição adequada das riquezas arrecadadas, a perspectiva de capacidade contributiva apresentada se ajusta perfeitamente à idéia de função extrafiscal do tributo, a qual tem por escopo se valer da imposição deste dever de colaboração para alcançar certas finalidades relacionadas ao bem comum, autorizando elevação ou diminuição da carga fiscal para concretizar estes objetivos.

Neste sentido, reafirma-se que o dever de colaboração de pagar tributos sempre se volta para a realização de determinadas finalidades relacionadas ao bem comum, até porque sua validade se encontra correlacionada ao dever do Estado de redistribuir adequadamente as riquezas arrecadadas, e a capacidade contributiva, como uma das vertentes principiológicas da solidariedade social no plano da tributação, não pode escapar a esta regra, sendo pertinente visualizar a extrafiscalidade como mecanismo que tende ao revigoramento do alcance destes objetivos cons-

---

[367] Sobre a função extrafiscal, Hugo de Brito Machado ensina que: *"O objetivo do tributo sempre foi o de carrear recursos financeiros para o Estado. No mundo moderno, todavia, o tributo é largamente utilizado com o objetivo de interferir na economia privada, estimulando atividades, setores econômicos ou regiões, desestimulando o consumo de certos bens e produzindo, finalmente, os efeitos mais diversos na economia. Aliás, registros existem da utilização do tributo, desde a Antigüidade, com a finalidade de interferir nas atividades econômicas, mas os autores em geral apontam o uso do tributo com essa finalidade como um produto do moderno intervencionismo estatal. A esta função intervencionista do tributo dá-se o nome de função extrafiscal"*. (*Curso de Direito Tributário*, p. 81). Como exemplo da utilização da função extrafiscal, cite-se a tributação via Imposto sobre Operações Financeiras (IOF), em que a alíquota poderá ser majorada, nos termos do artigo 153, §1º da Constituição Federal, para proceder à regulação de operações de câmbio, visando desestimular a procura a determinada moeda estrangeira, por tornar sua aquisição mais gravosa em virtude da tributação elevada. Ainda, mencione-se a concessão de incentivos fiscais, a criação de zona franca para desenvolvimento de determinada região, que consistem em instrumentos mediante os quais o Estado estimula os membros ou grupos inseridos na comunidade a realizarem uma conduta oportuna ao seu desenvolvimento em diversos setores de interesse social, como a instalação de indústria em região carente do território nacional, promoção de eventos culturais, entre outras situações possíveis.

titucionais no momento de exigência do dever de colaboração de pagar tributos e não apenas na consagração do dever de redistribuição adequada de riquezas, devendo se compatibilizar com seus outros mecanismos de valoração para delimitar seu campo de atuação.

Assim, de acordo com a conotação extrafiscal que se pretende atribuir ao dever de colaboração de pagar tributo, tem-se a concessão de favorecimentos fiscais, a qual se volta ao estímulo de certos comportamentos com a redução do montante exigido como tributo, haja vista que, por circunstância lógica, se conclui que o ato incentivado, em verdade, auxilia o Estado na tarefa de cumprimento dos objetivos constitucionais direcionados ao bem comum, os quais, em uma compreensão sistemática, deveriam ser realizados com o dever de redistribuição adequada de riquezas arrecadadas.

Por outro turno, a extrafiscalidade pode ocorrer com a elevação da carga tributária, para atribuir maior onerosidade a este dever de colaboração, visando ao desestimulo de certos comportamentos. A restrição a tais condutas também importa em auxílio ao Estado na tarefa de cumprimento dos objetivos constitucionais do bem comum, com a grande diferença de que, nestes casos, o dever de redistribuição adequada das riquezas arrecadadas não seria suficiente para prover o Estado dos meios efetivos para coibir pratica dos atos por meio de medidas concretas, vez que são permeados por certas garantias constitucionais e a função interventiva deve com elas se compatibilizar para que não ultrapasse os limites de sua legitimidade.

Do ponto de vista do princípio da capacidade contributiva, compreende-se que a extrafiscalidade favorecedora destinada à concessão de benefícios e vantagens fiscais ao membro ou grupo da comunidade não seria dotada de efeitos confiscatórios, muito menos entraria em conflito com o mínimo vital e, conseqüentemente, com o ideal de vida satisfatoriamente digna para o desenvolvimento das potencialidades humanas, de qualquer modo deve ser observada na hipótese de sua instrumentalização a obediência aos valores constitucionais ligados à solidariedade social e

---

[368] A extrafiscalidade favorecedora é retrata por Roque Antônio Carrazza nos incentivos fiscais, que devem ser concedidos segundo diretrizes teleológicas constitucionais e as regras de competência tributária: *"os incentivos fiscais que se traduzem em mitigações ou supressões da carga tributária só são válidos se, observados os limites constitucionais, surgirem do exercício ou do não-exercício da competência tributária da pessoa política que os concede"*. (Curso de Direito Constitucional Tributário, p. 817).

ao valor fonte da pessoa humana, mormente, a igualdade[368]; já a extrafiscalidade repressora que impõe restrições fiscais às relações desenvolvidas no âmbito sócio-econômico, poderia ser aparentemente problematizada em relação a estes desígnios, especialmente, no que se refere aos limites de sua atuação, exigindo analise mais detalhada de seus aspectos.

Ora, se as metas propugnadas pela função extrafiscal atendem aos interesses de toda a comunidade, manifestando o ideal de bem comum, ao guardar absoluto respeito aos objetivos constitucionais do modelo de Estado Democrático de Direito, a utilização deste mecanismo deve, logicamente, se ajustar ao mínimo vital, às condições econômicas básicas dos membros e dos grupos inseridos nas comunidades, servindo ao princípio da capacidade contributiva[369], para prevalecer relação de implicação reciprocidade entre valores nucleados pela invariante axiológica da solidariedade social e pelo valor fonte da pessoa humana.

Significa dizer, então, que o Estado deve se valer da extrafiscalidade no dever de colaboração de pagar tributo, inclusive, influenciado negativamente a pratica de determinados atos, por se tratar de função auxiliar

---

[369] Exemplo marcante de função extrafiscal exercida em sintonia com a preservação e estímulo ao aprimoramento do mínimo vital refere-se ao atributo da seletividade, mediante a qual os tributos apresentam alíquotas distintas para certos produtos, mercadorias ou serviços, que se diferenciam em virtude de suas próprias qualidades, possibilitando ao Estado, além da arrecadação, a interferência em determinadas atividades econômicas. Aliomar Baleeiro, ao dissertar sobre a seletividade, leciona que: *"trata-se de dispositivo programático endereçado ao legislador ordinário, recomendando-lhe que estabeleça as alíquotas em razão inversa da imprescindibilidade das mercadorias de consumo generalizado. Quanto mais sejam elas necessárias à alimentação, ao vestuário, à moradia, ao tratamento médico e higiênico das classes mais numerosas, tanto menores devem ser. O discricionarismo honesto do legislador, fiel ao espírito da Constituição, fará a seleção das mercadorias e a relatividade das alíquotas".* (*Direito Tributário Brasileiro*, p. 206). A seletividade encontra-se expressamente prevista no Texto Constitucional em relação ao Imposto sobre Produtos Industrializados (IPI), artigo 153, §3° ("seletivo em função da essencialidade do produto"), e ao Imposto sobre Circulação de Mercadorias (ICMS), artigo 155, §2°, III ("seletivo, em função da essencialidade das mercadorias e serviços"). Portanto, para consagração da seletividade deve-se considerar o conceito de essencialidade, que representa as condições básicas necessárias para padrão de vida minimamente digno, de tal modo que a possível variação alíquotas dotada de extrafiscalidade deverá proteger e estimular o desenvolvimento deste mínimo vital, se moldando à compreensão de capacidade contributiva anteriormente demonstrada, a qual, na perspectiva da solidariedade social, poderia propor graduação dos percentuais em: ínfimos para produtos essenciais ao atendimento da subsistência; comedidos para produtos úteis, mas não essenciais; e expressivos para produtos supérfluos.

a realização de seu programa constitucional de ação, mas a utilização se dá com reservas, vez que não se pode compreender este instituto como exceção ao princípio da capacidade contributiva, mas, ao contrário, como seu complemento, que se realiza perante o plano social para possibilitar o exercício da função interventiva estatal, encontrando como limite o mínimo vital, os efeitos confiscatórios, expressão de valores supremos da liberdade, igualdade e solidariedade, que se integram em última instância na preservação incondicional da aptidão espiritual da pessoa humana de inovar, de transformar culturalmente a realidade em que vive em uma relação de cooperação recíproca e de respeito mútuo com seus semelhantes, cabendo ao Estado e a toda comunidade a tarefa de criar as condições necessárias para a concretização e desenvolvimento destas metas, o que não se pode conceber com a afronta do mínimo vital, elemento indispensável para fruição de vida satisfatoriamente digna[370].

Analisando o tema que envolve a extrafiscalidade, pode-se imaginar, em um primeiro momento, que exista uma polarização entre possibilidade

---

[370] Paulo de Barros Carvalho manifesta seu pensamento no mesmo sentido: *"Há tributos que se prestam, admiravelmente, para introdução de expedientes extrafiscais. Outros, no entanto, inclinam-se mais ao setor da fiscalidade. Não existe, porém, entidade tributária que se possa dizer pura, no sentido de realizar tão só a fiscalidade, ou, unicamente, a extrafiscalidade. Os dois objetivos convivem, harmônicos, na mesma figura impositiva, sendo apenas lícito verificar que, por vezes, um predomina sobre o outro. Consistindo a extrafiscalidade no emprego de fórmulas jurídico-tributárias para obtenção de metas que prevalecem sobre os fins simplesmente arrecadatórios de recursos monetários, o regime que há de dirigir tal atividade não poderia ser aquele próprio das exações tributárias, deverá o legislador pautar-se, inteiramente, dentro dos parâmetros constitucionais, observando as limitações de sua competência impositiva e os princípios superiores que regem a matéria, assim os expressos que os implícitos. Não tem cabimento aludir-se a regime especial, visto que o instrumento jurídico utilizado é invariavelmente o mesmo, modificando-se tão-somente a finalidade de seu manejo"*. (*Curso de Direito Tributário*, p. 235/236). Segue rumo idêntico a lição de José Juan Ferreiro Lapatza, ao compreender a extrafiscalidade como modalidade de intervenção estatal instrumentalizada pela tributação, ressaltando seu dever de obediência ao princípio da capacidade contributiva e aos demais preceitos constitucionais, que norteia sua finalidade: "o 'sustento da despesa pública' permite que o legislador estabeleça tributos com fins distintos da simples arrecadação, isto é, com fins neste exato sentido, 'extrafiscais', sempre que, como já dissemos, se respeitem as exigências mínimas do princípio da capacidade contributiva; que os fins desejados pelo legislador sejam também desejados e protegidos pela constituição; que as consecução esteja recomendada por ela ao Estado e aos demais entes públicos; e que consecução influa ou se reflita, direta ou indiretamente, no nível de despesa pública ou em sua distribuição" (*Direito Tributário: Teoria Geral do Tributo*, p. 25).

econômica do membro ou grupos da comunidade contida no princípio da capacidade contributiva e o ideal de cooperação recíproca, em razão do considerável aumento sofrido na carga tributária para o cumprimento de função interventora estatal. No entanto, é preciso ter em mente que a solidariedade social, como invariante axiológica, vai muito além deste ideal de cooperação recíproca, para conjugar em seu conteúdo valorativo um cabedal de idéias e conceitos em prol da objetivação do valor originário da pessoa humana.

A extrafiscalidade se compatibiliza com o princípio da capacidade contributiva a partir da busca de conscientização do membro da comunidade para o conceito dignidade social, no qual sua própria dignidade depende da de seu semelhante, e a elevação de sua carga tributária ocorre em razão disto, tem esta finalidade, para que seu comportamento esteja voltado aos interesses propugnados pelo bem comum, se valendo o Estado da exigência do dever de colaboração de pagar tributo para despertar seu sentimento de solidariedade social.

Compreendida nestes moldes, a função extrafiscal tem seus limites determinados pelo sentimento de solidariedade, sendo certo que sua finalidade consiste, justamente, em abrir os olhos do membro ou grupo da comunidade para a realização deste ideal, tornando seus atos harmônicos em relação ao bem comum, realçando a concepção de dever de colaboração que permeia a atividade tributária, que não se restringe somente à determinação de condutas para obtenção de recursos financeiros direcionados à sustentação de gastos públicos, fazendo apelo ao senso de solidariedade para que sejam tomadas iniciativas comportamentais auxiliadoras no cumprimento de metas sociais, econômicas e políticas, as quais dificilmente seriam realizadas apenas com o financiamento de prestações positivas estatais.

Conseqüentemente, a mensuração da extrafiscalidade deve ser balizada de maneira tal a atingir o sentimento de solidariedade social, de cooperação recíproca que exige respeito ao mínimo vital, ao não-confisco e, logicamente, ao princípio da capacidade contributiva, que se afasta de perspectiva meramente individual para alcançar dimensão comunitária, centrada no âmago da natureza social humana, ajustada à pretensão de igual dignidade social, o que conduz ao conceito solidário de capacidade contributiva e extrafiscalidade[371].

---

[371] Como ilustração, destas perspectivas solidárias da capacidade contributiva e da extrafiscalidade, pode ser analisada a progressividade urbanística do IPTU, contida no §1º

2.3.2. Princípio da Afetação

Como introdução ao tema, importa reafirmar que a solidariedade social revela-se historicamente como invariante axiológica que determina a fórmula de integração ideológica do modelo de Estado Democrático de Direito, representando, em relação de implicação recíproca com os demais valores essenciais da pessoa humana, valor norteador do conteúdo das relações intersubjetivas desenvolvidas perante a experiência social, plano este em se que pretende criar condições propícias para sua objetivação.

Desse modo, a invariante axiológica da solidariedade social exige do modelo de Estado Democrático de Direito a execução do seu programa

---

do artigo 182 do Texto Constitucional, que autoriza, mediante lei específica, a cobrança progressiva no tempo deste imposto em relação aos proprietários de bem imóveis não edificados subutilizados ou não utilizados, com vistas à promoção de seu adequado aproveitamento. De antemão, releva esclarecer que a propriedade de bem imóvel urbano cumpre sua função social quando exercida segundo as exigências de ordenação do Município contidas em seu plano diretor, que expressa sua política social de desenvolvimento urbano para utilização racional do solo para garantir o bem-estar de toda população, ajustando-se perfeitamente ao cumprimento das metas constitucionais guiadas pela solidariedade social. Nestes termos, não se deve compreender a progressividade urbanística do IPTU como modalidade de tributação excessiva com efeitos confiscatórios que teria por finalidade precípua retirar a propriedade do bem imóvel do particular para transferi--la ao Estado. Pelo contrário, este instrumento extrafiscal, com previsão constitucional expressa, que retrata claramente os objetivos buscados pelo modelo de Estado Democrático de Direito vigente, visa despertar o sentimento de solidariedade social do proprietário do bem imóvel para que exerça adequadamente seu uso racional. Esta conclusão pode ser constatada na compreensão global do dispositivo em comento, que possibilita como ultima hipótese para o cumprimento da função social da propriedade a desapropriação do bem imóvel e, veja bem, não seu confisco, o que somente poderá ser feito após a verificação efetiva do uso inadequado da propriedade urbana e da realização de outras medidas como parcelamento, edificação ou utilização compulsórias, com prévia e pessoal notificação, sendo conferido prazo pra apresentação de projeto e início de obra para ajuste, e a própria adoção da extrafiscalidade, encontrando o percentual de 15% como alíquota máxima aplicável, conforme regulamentação dada pela Lei n. 10.257/01, todo este procedimento para apelar ao sentimento de solidariedade social do membro da comunidade. Todos estes cuidados para com o exercício das liberdades individuais e do direito de propriedade e somente evidenciam a dimensão solidária que deve ser conferida ao princípio da capacidade contributiva e à extrafiscalidade na imposição do dever de colaboração de pagar tributo e que ganha seus contornos iniciais retratados no complexo normativo constitucional com a instituição da progressividade urbanística do IPTU.

de metas, o que acaba por repercutir no âmbito da atividade de tributação, que, nesta perspectiva, tende a se afastar de sua tradicional concepção como forma de manifestação do poder de império para se aproximar da idéia de dever de colaboração do membro da comunidade destinado ao atendimento dos objetivos traçados no complexo normativo constitucional com a sustentação dos gastos públicos para alcance efetivo do bem comum.

E a atividade tributária passando a ser compreendida como dever de colaboração de pagar tributos encontra seu correlato direito de exigir (ou dever) do Estado de redistribuir adequadamente as riquezas arrecadadas, para ajustar sua operacionalização aos ditames tridimensionais axiológicos da solidariedade social e, por decorrência lógica, do modelo de Estado Democrático de Direito vigente e de seu respectivo programa de metas, como propõe Fernando Facury Scaff:

> *"o mesmo instrumental tributário disponível no direito brasileiro – impostos, taxas, contribuições de melhoria, contribuições sociais, contribuições no interesse de categorias profissionais ou econômicas, contribuições de intervenção no domínio econômico e empréstimo compulsório – devem vir a ser usados de maneira a cumprir as finalidades estabelecidas na Constituição Federal brasileira, e não serem considerados províncias estanques, afastadas dos objetivos e fundamentos da existência da República Federativa do Brasil. Sua finalidade não é a tão-somente arrecadar, mas a de permitir que o Estado tenha recursos para fazer frente às necessidades públicas estabelecidas em nosso ordenamento jurídico"*[372].

Este encadeamento de propósitos que se traduz em um processo dinâmico tem seu marco inicial na solidariedade social, a qual faz com que o dever de colaboração de pagar tributo seja orientado em todas as suas etapas de concreção, desde o exercício da competência, com a produção de normas jurídicas e construção de sentido dos modelos, até o efetivo cumprimento, por uma dada finalidade exteriorizada no seu correlato direito de exigir (ou dever) do Estado de redistribuir adequadamente as riquezas arrecadadas para realização do programa de metas estipulado pelo modelo de Estado Democrático de Direito, ou seja, em prol da consagração das diretrizes firmadas pela solidariedade social.

---

[372] *Contribuições de Intervenção e Direitos Humanos de Segunda Dimensão*, RDTA 05/46.

Em outras palavras, a solidariedade social caracteriza-se como ponto de partida e meta a ser alcançada no processo elíptico que se desdobra infinitamente na integração e contraposição de fatos e valores no campo da experiência jurídica tributária, na medida em que condiciona a validade da exigência do dever de colaboração de pagar tributo às finalidades a ser por ele atendidas, melhor dizendo, ao princípio da afetação, que o vincula ao direito de exigir (ou dever) do Estado redistribuição adequada de riquezas arrecadadas segundo os objetivos do programa de ação constitucional determinado para consecução do bem comum.

Partindo das idéias até então expostas, o complexo axiológico que envolve a solidariedade social se embrenha nos atos decisórios de poder que exercitam as competências tributárias descritas no Texto Constitucional, para se integrar aos fatos da realidade que formam as soluções normativas correspondentes ao dever de colaboração de pagar tributo, determinando a validade deste processo a sua devida correspondência com o respectivo direito de exigir (ou dever) do Estado de redistribuir adequadamente as riquezas arrecadadas, que, ao se voltar para objetivação dos referenciais contidos na solidariedade social, delimita a esfera de influencia do princípio da afetação.

Portanto, a validação da instituição e cobrança do dever de colaboração de pagar tributo encontra-se sempre vinculada, em maior ou menor grau de especificação, às finalidades axiológicas ditadas pela solidariedade social que se pretende consagrar perante o plano social, obrigando o Estado a exigir o cumprimento deste contributo em correspondência com o seu respectivo dever de redistribuição adequada de riquezas arrecadadas nos moldes propostos no âmbito normativo constitucional.

Tem-se, então, que o princípio da afetação exige que o Estado utilize os recursos financeiros obtidos com o cumprimento do dever de colaboração de pagar tributo nas finalidades guiadas pelo valor da solidariedade social que justificaram sua instituição no momento do exercício das competências previstas no Texto Constitucional, o que, por conseqüência, implica na configuração do dever de redistribuição adequada de riquezas arrecadadas, validando toda dinâmica do processo normativo que envolve a concreção do tributo.

Ora, a estruturação das competências tributárias imprimida pelo complexo normativo constitucional confirma, ainda que com certa variação quanto ao grau de especificidade, a existência das finalidades a serem atendidas por cada espécie tributária em prol da invariante axiológica da solidariedade social, as quais influenciam decisivamente a validação do dever de colaboração de pagar tributo com a afetação dos recursos arrecadados à sustentação de certas despesas públicas, haja vista o dever do Estado de redistribuir adequadamente os recursos arrecadados[373].

Neste contexto, importa reconhecer a presença do princípio da afetação e seu grau de especificidade em relação a cada espécie tributária segundo os contornos definidos no plano normativo constitucional com referência ao complexo axiológico que permeia a solidariedade social em sua perspectiva tridimensional, a fim de que se possa compreender a composição valida de significado dos modelos jurídicos tributários, voltando seu foco para o dever do Estado de redistribuir adequadamente as riquezas arrecadadas. E a partir do reconhecimento da atuação do princípio da afetação no campo das competências tributárias, compreende-se sua composição complementar com a capacidade contributiva na determinação da quantificação de cada espécie tributária.

Nas finalidades do dever de colaboração por impostos, descrita no inciso IV do artigo 167 da Constituição, constata-se plena influência da solidariedade social, que se manifesta, principalmente, na idéia de cooperação recíproca na sustentação global das despesas e investimentos públicos, sendo o dever de redistribuição de riquezas direcionado ao oferecimento de utilidades a comunidade em geral, sem qualquer exclusão em relação às condições pessoais ou econômicas de seu membro para

---

[373] Com as devidas cautelas a serem tomadas em relação à linha de pensamento proposta neste trabalho, Arthur M. Ferreira Neto cuida da validação finalística dos tributos em pensamento próximo ao apresentado: *"todo tributo projeta em alguma medida um fim público que necessita ser promovido, mesmo quando este não vem dotado de contornos plenamente objetivos. Aliás, pensar em tributo não-finalístico é pensar em tributo desnecessário, fútil e, indubitavelmente, inconstitucional. A Constituição, por óbvio, não outorga competência tributária senão para que determinado objetivo seja alcançado. Por esta razão, inclusive aos impostos – tradicionalmente apontados como sendo tributos cobrados independentemente de qualquer atividade pública – não se poderia negar a presença de um elemento teleológico, qual seja o de carrear recursos que cubram as despesas genéricas e não-específicas inerentes à manutenção e subsistência do aparato estatal"*. (*Classificação Constitucional de Tributos: pela Perspectiva da Justiça*, p. 114). Por outro lado, Fernando Facury Scaff, ao reconhecer a existência do princípio da afetação, direciona suas atenções para questão na compreensão das contribuições, ainda assim, ilustra com grande clareza a necessidade de vinculação dos recursos arrecadados com a tributação: *"no sistema tributário brasileiro existem tipos que obrigam o Estado a agir, ou, pelo menos, a utilizar os recursos nas finalidades estabelecidas, sem que haja a possibilidade de serem usados estes recursos em fins diversos dos normativamente estabelecidos aquando de sua criação"*. (*Justiça Constitucional e Tributação*, p. 96).

arcar financeiramente com o cumprimento de seu dever de colaboração de pagar tributo, o que enseja a efetivação de todos objetivos preconizados pelo artigo 3.º da Constituição Federal, especialmente, os contidos nos incisos I (construir sociedade livre, justa e solidária) e IV (promover o bem de todos, sem preconceitos de origem, raça, sexo, cor, idade e quaisquer outras formas de discriminação).

Por certo, o imposto corresponde à espécie tributária em que o princípio da afetação possui o menor grau de especificidade, por conferir maior margem de discricionariedade ao Estado no seu dever de redistribuição adequada de riquezas arrecadadas e, paralelamente, consiste no mais importante instrumento de cooperação financeira do membro da comunidade para manutenção das despesas e investimentos públicos, na medida em que suas receitas se destinam à geração de benefícios difusos para toda comunidade.

Ainda assim, em razão das perspectivas tridimensionais determinadas pela invariante axiológica da solidariedade social, os recursos financeiros arrecadados por impostos encontram-se afetados ao cumprimento de certas metas constitucionais, obrigando o Estado a respeitar um rol de prioridades em suas leis orçamentárias para atender estas finalidades, consubstanciadas na garantia a todos os membros da comunidade de um padrão mínimo de vida satisfatoriamente digna, com a concessão, proteção e aprimoramento do conjunto de bens morais e materiais que possibilitem o pleno e livre desenvolvimento de suas potencialidades, conforme esclarece Ricardo Lobo Torres: "A proteção positiva dos direitos de liberdade em geral e do mínimo existencial em particular projeta sérias conseqüências orçamentárias, pois vincula a lei de meios, que obrigatoriamente deve conter dotações para os gastos necessários, financiados pela arrecadação genérica de impostos"[374].

Demais disso, as alterações sofridas no inciso IV do artigo 167 do Texto Constitucional somente evidenciam-se a vinculação orçamentária dos recursos financeiros obtidos com a tributação de impostos ao cumprimento efetivo dos objetivos propugnados pelo modelo de Estado Democrático de Direito vigente e guiados pela invariante axiológica da solidariedade social, haja vista que o dever do Estado de redistribuição de riquezas arrecadadas para saúde (art. 198, §2º e 3º da CF c/c art. 77 do ADCT), educação (art. 212 da CF), erradicação da pobreza (art. 80 e 82

---

[374] *O Direito ao Mínimo Existencial*, p. 116.

do ADCT), comprovam as afirmações no sentido de ser consagrado, mesmo que em grau inferior de especificidade, o princípio da afetação em relação aos impostos, para interferir no seu processo de validação tanto no momento de criação, por meio do exercício das competências tributárias, quanto no de cobrança, com a realização de atividade administrativa tributária.

Interessante anotar que a vinculação das receitas dos impostos à erradicação da pobreza realiza parte do vinculo necessário entre afetação e capacidade contributiva exigido pela solidariedade social, uma vez que, nos termos do artigo 80 e 82 do ADCT, será destinado para o Fundo Nacional de Combate e Erradicação da Pobreza por parte da União 5% da receita do IPI incidente sobre produtos supérfluos e a totalidade do produto da arrecadação do Imposto sobre Grandes Fortunas; pelos Estados e Distrito Federal 2% da receita do ICMS incidente sobre produtos e serviços supérfluos; e pelos Municípios 0,5% da receita do ISS sobre serviços supérfluos.

Assim, resta claro que a destinação destes recursos observa a capacidade contributiva do membro da comunidade que cumpriu o dever de colaboração de pagar tributo, pois, se o consumo de produtos e a utilização de serviços supérfluos, ou mesmo o fato de ter grande fortuna[375] justificam a adoção de tratamento tributário diferenciado segundo os cânones da capacidade contributiva apoiada na seletividade, justificativa para tanto se completa com respaldo na afetação destes recursos, confirmando, novamente, a sistemática ditada pela invariante axiológica da

---

[375] Diante das premissas firmadas neste estudo, em que por força das exigências da solidariedade social deve existir correspondência entre dever de colaboração de pagar tributo e direito de exigir (ou dever) do Estado de redistribuição adequada das riquezas arrecadadas, o exercício da competência tributária para instituição e cobrança do imposto sobre grandes fortunas, previsto no inciso VII do artigo 153 da Constituição Federal, se torna compulsório, para que os recursos financeiros obtidos com tal tributação sejam retirados das maiores riquezas manifestadas na comunidade, cumprindo relevante interesse social segundo a idéia de capacidade contributiva solidária, e sejam destinados ao combate e erradicação da pobreza, conforme exigência do artigo 80 e 82 do ADCT, cumprindo os objetivos constitucionais determinados pelo art. 3º da Constituição Federal, com a redução das desigualdades sociais para possibilitar o nivelamento das condições de bem-estar em todos os setores da comunidade. Portanto, não há que se falar em facultatividade do exercício das competências tributárias, que se revelam estratégica para o alcance das finalidades ditadas pela solidariedade social. Como curiosidade, na França, o imposto sobre riqueza foi revogado, sendo criado o imposto de solidariedade social, destinado à geração de recursos financeiros para eliminação de diferenças sociais.

solidariedade social com o envolvimento recíproco entre princípios na correlação entre o dever de colaboração de pagar tributo e o direito de exigir (ou dever) do Estado de redistribuir adequadamente a riqueza arrecadada.

Por outro turno, ao atuar nos critérios de quantificação dos impostos, o princípio da afetação se relaciona com maior intensidade com a capacidade contributiva para auxiliar na modulação do dever de colaboração de pagar tributo em sintonia com as diretrizes orçamentárias necessárias ao atendimento dos serviços de interesse geral da comunidade, protegendo o mínimo existencial e afastando eventuais efeitos confiscatórios, se valendo, se necessário for, dos mecanismos da progressividade para gravar as maiores manifestações de riquezas com vistas à redução de desigualdades sociais, e da extrafiscalidade, para despertar o sentimento de solidariedade dos membros e grupos da comunidade e conduzir suas ações à realização das diretrizes firmadas por tal valor.

A concepção tridimensional axiológica da solidariedade social se manifesta na redistribuição das receitas advindas das taxas, contidas nas dobras do inciso II do artigo 145 da Constituição Federal, ao proporcionar o equacionamento econômico das finanças públicas para possibilitar a maior eficiência de sua atuação na conciliação de interesses individuais aos coletivos[376], exigindo o cumprimento do dever de colaboração a quem deu ensejo à despesa ocasionada com a movimentação da máquina estatal (exercício do poder de polícia ou prestação de serviço público específico e divisível) e garantindo, assim, as condições necessárias para concretização de seus objetivos constitucionais, mormente, a construção de sociedade livre, justa e solidária e a garantia do desenvolvimento nacional (art. 3.º, I e II, da CF).

Como forma de esclarecimento, justifica-se a menção à eficiência, modalidade de princípio geral de direito (art. 37, *caput*, CF), na circunstância de que sua aplicação vincula-se à maximização de resultados nos atos da Administração Pública, os quais, sob a ótica do modelo de Estado

---

[376] Ao cuidar das finalidades da cobrança de taxas, Arthur M. Ferreira Neto demonstra sua relação com a eficiência da atuação estatal: *"O fim específico que se busca através da instituição e da cobrança das taxas está representado na necessidade de haver recursos financeiros suficientes para que os serviços públicos específicos e divisíveis e exercício do poder de polícia sejam custeados e possam permanecer sendo realizados de modo eficiente e contínuo"*. (*Classificação Constitucional de Tributos pela Perspectiva da Justiça*, p. 115).

Democrático de Direito, tem por objetivo, primordial, a melhor forma de se alcançar concretamente o cumprimento do programa de ação traçado no plano constitucional e não apenas mero efeito pontual da gestão de certa atividade realizada pela entidade estatal, vinculando-se ao dever de redistribuição adequada da riqueza arrecadada para equacionar o direcionamento das finanças públicas ao melhor atendimento dos preceitos do artigo 3.º da Constituição Federal[377], que, no caso das taxas, se dá com a particularização do financiamento da atuação estatal que tornou apta sua cobrança.

Merece atenção especial a forma de composição do princípio da afetação na instituição das taxas, o qual se opera em termos de retributividade, ou seja, esta exação deverá refletir na sua quantificação o valor desembolsado pelo Estado com a prestação de serviço público ou exercício do poder de polícia em relação ao membro da comunidade, correlacionando-se ao destino dos recursos financeiros arrecadados, que, logicamente, serão direcionados para o custeio de tais atividades que ensejaram a cobrança[378].

---

[377] Vale conferir a explicação de Marco Aurélio Greco: *"ao Estado cabe cumprir 'deveres' perante a sociedade (por ser seu instrumento) e os poderes que lhe são atribuídos limitam-se ao suficiente para viabilizá-los e em dimensão que não ultrapasse o necessário para tanto. Este perfil que a CF/88 atribui ao Estado repercute em diversos campos, inclusive ilumina os princípios que o caput do artigo 37 impõe à Administração Pública. Dentre estes, merecem menção o da moralidade (como postura responsável perante o indivíduo interlocutor do Poder Público) e o da eficiência que – num Estado instrumento da sociedade – deve ser visto não apenas da perspectiva da presteza, celeridade, continuidade etc., mas principalmente da ótica da busca dos fins constitucionalmente qualificados (...) Esta abordagem se, por um lado, amplia a margem de discricionariedade da ação estatal, por outro lado, aumenta consideravelmente a possibilidade e necessidade de controle sobre a ação do Poder Público, seja no que se refere à conduta concreta, seja no atinente aos dispêndios que faz, posto que ambos devem estar em sintonia com as melhores opções para obtenção dos objetivos da República, dentre os quais está a sociedade livre, justa e solidária".* (Solidariedade Social e Tributação: Solidariedade Social e Tributação, p. 173/174).

[378] Como se pode notar, o critério de quantificação das taxas se submete com maior ênfase ao princípio da afetação, em virtude da vinculação de sua materialidade ao custo da atuação estatal, limitando o campo de atuação do princípio da capacidade contributiva, mas sem suprimi-lo, abrindo a possibilidade de sua instrumentalização na concessão de isenções, no questionamento do excesso da tributação e mesmo com a aplicação da progressividade, na medida em que sempre deve se observar na instituição do dever de colaboração de pagar tributo as questões que envolvem a proteção do mínimo vital e da vedação ao confisco, para conciliar a solidariedade social aos outros valores fundamentais da pessoa humana, no caso, liberdade e igualdade.

Esta instrumentalização do critério de retributividade pode ser compreendida nos seguintes termos: o Estado realiza atividade direta e imediatamente referida ao membro da comunidade, para ser legitimamente exigido o cumprimento do dever de colaboração de pagar taxa, que, ao possuir caráter remuneratório da referida atuação com a afetação dos recursos arrecadados, deve expressar valor que mantenha razoável equivalência com a despesa efetuada[379].

No que concerne às contribuições de melhoria, conforme se depreende do inciso III do artigo 145 da Constituição Federal, os pressupostos axiológicos da solidariedade social marcam o destino dos recursos financeiros arrecadados com sua afetação em alto grau de especificidade, visto que, se por um lado, este dever de colaboração requer maior empenho financeiro no custeio da realização de obras públicas por parte do proprietário do bem imóvel valorizado, que sem nada ter feito, tem sua fortuna incrementada, recebendo da coletividade benefício especial, sendo aceitável que devolva parcela de seu enriquecimento injustificado ao Estado e, conseqüentemente, por via oblíqua, à própria comunidade[380]; por outro, a redistribuição adequada dos valores arrecadados à comunidade se dá com o seu direcionamento ao financiamento da própria atuação estatal que provocou a valorização imobiliária e permitiu a exigência (a obra pública), guardando correlação lógica com o pressuposto ético--solidário de cooperação recíproca que atua na configuração deste tributo, o que acaba por caracterizar a influência decisiva do princípio da afetação em seu processo de validação.

---

[379] O critério de retributividade é confirmado pelo Texto Constitucional no §2º do artigo 145 da Constituição Federal, que impossibilita a criação de taxas com bases de cálculo próprias de impostos, devendo corresponder à intensidade da atuação do Poder Público que se dirige ao membro da comunidade, refletindo a totalidade dos custos realizados a serem ressarcidos, para que exista total simetria entre a quantificação do fato que justifica a imposição do dever de colaboração e a vinculação da redistribuição da riqueza arrecadada, fazendo com que o princípio da afetação atue decisivamente na quantificação do tributo.

[380] Geraldo Ataliba enfrenta o tema da seguinte forma: *"que as obras de utilidade geral sejam custeadas por todos; as de utilidade restrita sejam por aqueles que delas extraiam proveito e as que reúnam os dois requisitos seja custeadas proporcionalmente pela comunidade e pelos beneficiários. Nesta última hipótese, grande parte dos beneficiários contempla particularmente alguns contribuintes (os proprietários de imóveis vizinhos). Os recursos com que é suportada a obra devem ser retirados parcialmente destes beneficiários (que, aliás, nada perdem, já que o valor de sua propriedade permanece intacto). O instrumento disso é a contribuição de melhoria"*. (Hipótese de Incidência Tributária, p. 176).

Desdobrando o raciocínio: o Estado, por meio de atuação geradora de benefícios difusos consistente na realização de obra pública, patrocina vantagem especial recebida por bem imóvel particular, autorizando a exigência do cumprimento do dever de colaboração de pagar contribuição de melhoria e fazendo com que o volume de riquezas arrecadadas se volte à diminuição do sacrifício financeiro demandado pela comunidade no custeio da obra valorizadora, para amenizar seu impacto sobre os cofres públicos, o que condiciona, perante estes vínculos de solidariedade social, a afetação dos valores tributados à restauração da relação de equivalência aritmética entre a mais-valia imobiliária e a despesa havida com a realização da obra pública que a provocou.

Desta feita, o critério de quantificação do dever de colaboração de pagar contribuição de melhoria deve levar em conta a proporcionalidade do benefício especial recebido com a atribuição de mais-valia imobiliária gerada por obra pública, refletindo a diferença positiva do valor da propriedade do imóvel antes e depois da obra pública, assim como a totalidade dos custos empreendidos pelo Estado na sua realização, o que exige a conjunção de eventos derivados da atuação estatal e de fato econômico da vida do membro da comunidade.

Ou seja, a modulação da contribuição de melhoria deve propiciar equacionamento entre os campos de atuação dos princípios da capacidade contributiva e da afetação, pois, se a valorização imobiliária expressa manifestação de possibilidade econômica por parte do membro da comunidade beneficiado, a vinculação dos recursos arrecadados ao custo da obra pública deve observar tal índice para definir o grau exato de sua participação financeira na sustentação de gastos públicos com a realização de atividade estatal destinada a atender toda comunidade. Nesta relação de equilíbrio, a definição do quantum pode pender para um alargamento da atuação da capacidade contributiva, quando, por exemplo, o benefício experimentado ultrapassar o valor do bem imóvel, para evitar efeitos confiscatórios[381]; ou mesmo da afetação, na hipótese de os recursos

---

[381] Sacha Calmon Navarro Coelho, ao defender a aplicação do princípio da capacidade contributiva nas contribuições de melhoria, com a possibilidade de serem concedidas remissões, isenções e reduções de caráter subjetivo aos que não demonstrarem possibilidade econômica para arcar com o valor a ser pago, dá o seguinte exemplo: *"isenção de contribuição de melhoria em relação aos miseráveis que, sem querer, foram beneficiados em suas humílimas residências por obras públicas extremamente valorizadoras. Obrigá-los a vender suas propriedades para pagar a contribuição seria impensável e inadmissível, a não ser em regimes totalitários de direta"*. (*O Tributo – Reflexão*

arrecadados serem superiores ao custo total da obra pública, o que exige redimensionamento do valor cobrado de cada proprietário beneficiado, sendo pertinente salientar que na contribuição de melhoria o dever de colaboração de pagar tributo e seu correlato direito de exigir (ou dever) do Estado de redistribuir adequadamente as riquezas arrecadadas se unem no processo de validação desta espécie tributária[382].

Na contribuição de melhoria, pode-se constatar claramente que o princípio da afetação influência o processo de validação desta modalidade de tributo, na medida em que atua tanto na proporção do quantum a ser exigido de cada beneficiado, vinculando a mais-valia imobiliária experimentada ao custo global da obra pública, quanto na obrigatoriedade de serem destinados os recursos arrecadados a cobertura das despesas efetuadas na referida obra, para amortecer seus efeitos em relação a toda comunidade, o que revela a presença da visão tridimensional do valor solidariedade social e dos demais valores essenciais da pessoa humana, ao compatibilizar os princípios da capacidade contributiva e da afetação.

Os empréstimos compulsórios, em que o grau de especificidade das finalidades a serem atendidas com os recursos financeiros arrecadados recebe contorno sólido, nos termos da previsão contida no artigo 148 da Constituição Federal, evidenciam a necessidade de existência de ambiente solidário entre os membros da comunidade com o cumprimento do dever de colaboração de pagar tributo para atender despesas extraordinárias enquanto perdurar as situações excepcionais de calamidade pública, de guerra externa ou sua iminência, e de investimento público de caráter urgente e relevante interesse nacional[383], para não ocorrer esvaziamento dos cofres públicos e prejuízo no atendimento de outras demandas sociais[384].

Multidisciplinar sobre sua Natureza: Os Princípios Gerais do Sistema Tributário da Constituição, p. 74).

[382] De acordo com o artigo 81 do Código Tributário Nacional, a cobrança da contribuição de melhoria encontra-se limitada ao custo total da obra, de modo que os valores arrecadados não poderão superar a despesa efetuada pelo Estado na sua realização e individualmente, ao acréscimo de valor que da obra resultar para cada imóvel beneficiado. Estes limites devem ser simultaneamente respeitados na criação da contribuição de melhoria, não podendo, portanto, os valores obtidos com a arrecadação ultrapassarem o custo total da obra e a cobrança de cada beneficiado ser superior à valorização emprestada ao seu imóvel, o que denota a obediência aos princípios da capacidade contributiva e da afetação.

[383] É preciso compreender adequadamente na perspectiva tridimensional ditada pela solidariedade social, os conceitos que envolvem os pressupostos autorizadores da cobrança

Por conseqüência lógica, pode-se afirmar que o ideal de solidariedade social e dos demais valores essenciais da pessoa humana vincula-se a todo período de exigência e de redistribuição de riqueza do empréstimo compulsório, vez que, primeiramente, o membro da comunidade deve auxiliar financeira, temporária e conscientemente o Estado, em razão de determinada excepcionalidade dotada de forte clamor social que exige nova repartição de encargos públicos em caráter transitório; e o Estado utiliza estes recursos na realização das ações concretas necessárias ao saneamento destas situações para reequilibrar e propiciar a plena efetivação do bem estar de todos.

dos empréstimos compulsórios. A calamidade pública não dever ser entendida apenas como eventos derivados de circunstâncias naturais, que obstem a vida normal de uma coletividade, tais como enchentes, secas, epidemias, etc., e sim como qualquer acontecimento que coloque em risco a manutenção do equilíbrio social. Já a guerra externa ou sua iminência não pode se restringir a idéia de conflito armado entre nações, devendo ser considerada a hipótese de exigência deste dever de colaboração quando o Brasil sofrer indiretamente os prejuízos econômicos decorrentes de um confronto internacional do qual não faça parte, como a elevação do preço do barril de petróleo, a queda do valor da moeda nacional, a imposição de embargos, entre outros exemplos. E o investimento público de caráter urgente e relevante interesse nacional são aqueles, que por estarem voltados à garantia do desenvolvimento da nação, necessitam em caráter emergencial da antecipação de recursos financeiros com a colaboração de determinado setor da economia. Demais disso, a redistribuição de riquezas propostas na instituição dos empréstimos compulsórios pode ser identificada com outros desdobramentos da solidariedade social da seguinte forma: o investimento público de caráter urgente e relevante interesse nacional aproximação ocorre com o objetivo do inciso II do artigo 3.º da Constituição (garantia do desenvolvimento nacional); no que tange às despesas extraordinárias decorrentes de calamidades públicas a relação se dá com inciso III do mesmo dispositivo (erradicar a pobreza e a marginalização e reduzir as desigualdades sociais e regionais), demonstrando a relação de auxílio mútuo exigida pela solidariedade social na superação de contingências sociais; e no caso de guerra externa ou sua iminência, reforçam-se dos laços de interdependência recíproca entre os membros de uma nação, para se protegerem contra as possíveis escassezes de bens essenciais à sobrevivência durante o momento de conturbação da paz com o direcionamento de recursos financeiros ao atendimento de tais necessidades.

[384] O empréstimo compulsório não poderá ser exigido após o término da despesa que o justificou, devendo sua lei instituidora efetuar a previsão de prazo determinado para sua cobrança, que deve refletir o período de tempo necessário a fim de que os recursos arrecadados sejam suficientes para sanar os gastos oriundos das excepcionalidades previstas no artigo 148 da Constituição Federal, o que impede a perpetuação do cumprimento deste dever de colaboração e realça a presença da solidariedade social em todas as suas fases de concreção.

A tese é consideravelmente reforçada com a presença do fator de restituição dos empréstimos compulsórios, na medida em que os valores aplicados no atendimento das situações excepcionais que condicionaram a criação do tributo não poderão integrar definitivamente a esfera patrimonial do Poder Público, devendo ser restituído aos particulares que arcaram com o seu cumprimento, o que revela mais uma vez o apelo deste dever de colaboração ao sentimento de solidariedade, que envolve os membros da comunidade em um verdadeiro "pedido de socorro" do Estado, manifestado no suporte financeiro conseguido com cessão temporária de parcela de riquezas para auxiliar na solução de graves crises sociais.

Ora, as ponderações anteriores, referentes ao grau de especificidade da vinculação do produto da arrecadação do empréstimo compulsório contido no complexo normativo constitucional, possibilitam a compreensão da extensão do campo de tratativas do princípio da afetação nesta espécie tributária, que além de justificar a criação deste dever de colaboração, atua especialmente, no exercício da competência para seleção dos fatos a serem tributados em sintonia com o princípio da capacidade contributiva, bem como nos critérios para determinação do prazo de cobrança e de devolução dos valores tributados.

O princípio da afetação nos empréstimos compulsórios atribui ao Estado o dever de redistribuir adequadamente as riquezas arrecadadas no atendimento de situações excepcionais que refletem a necessária existência de um ambiente solidário entre os membros da comunidade, de tal arte que o exercício da competência tributária, para eleição das materialidades que participarão da instituição deste dever de colaboração, deve encontrar as manifestações de riquezas que efetivamente possibilitem a geração de receitas suficientes para o atendimento das finalidades que justificaram a criação do tributo, respeitando as diretrizes firmadas pelo princípio da capacidade contributiva em sua perspectiva tridimensional atribuída pela solidariedade social, com a utilização de critérios seletivos para exigir maior esforço econômico de camadas financeiramente privilegiadas da comunidade, que, logicamente, não sofrerão maiores prejuízos em relação ao mínimo vital e possíveis efeitos confiscatórios[385].

---

[385] O Texto Constitucional, ao não fazer qualquer referencia aos possíveis eventos eleitos para compor as materialidades dos empréstimos compulsórios, compatibiliza o exercício desta competência tributária a sua natureza essencialmente solidária, para

Restando devidamente selecionadas as fontes geradoras de riquezas, o princípio da afetação exige que na instituição do empréstimo compulsório seja definido o volume de recursos arrecadados para atendimento das finalidades, com a estipulação de prazo determinado para cumprimento do dever de colaboração, e quando encerrada a excepcionalidade, com a conseqüente estabilização do período de contingência social, deve ocorrer devolução dos valores obtidos ao membro da comunidade, sem prejuízo dos cofres públicos[386].

Conclui-se, então, que o princípio da afetação nos empréstimos compulsórios realiza os liames ditados pelo valor da solidariedade social para atestar a validade deste dever de colaboração, agindo reciprocamente com a capacidade contributiva na seleção das materialidades e impondo condicionantes ao exercício da competência tributária, ao exigir a previsão de duração da exigência e a forma de restituição dos valores ao membro da comunidade, a fim de que a tributação não se desnature em relação ao sentido que lhe é atribuído pelo Texto Constitucional.

Por fim, encontram-se as contribuições especiais, que, ao se caracterizarem pela destinação constitucional do produto de sua arrecadação, para possibilitar ao Estado a obtenção de recursos financeiros necessários para atuar, em caráter permanente, na realização de uma série de finalidades especificadas pelo Texto Constitucional (art. 149)[387], representam

---

permitir que os atos decisórios de poder selecionem os fatos valorando-os segundo as reais possibilidades de atendimento das contingências sociais que autorizaram esta tributação, se valendo para tanto da dimensão solidária da capacidade contributiva, que, como visto anteriormente, deve observar globalmente as riquezas manifestadas no plano social, levando em consideração os setores da comunidade que sofrerão menor impacto no mínimo vital.

[386] O prazo estipulado na lei instituidora do empréstimo compulsório deve refletir o período de tempo necessário para que os recursos financeiros arrecadados sejam suficientes para suprir os cofres públicos no atendimento efetivo das despesas que justificaram a criação do tributo. Ademais, a mesma lei deverá dispor sobre as condições para o resgate dos valores tributados, que, por uma questão lógica, realizará tal previsão na mesma em que ocorreu a arrecadação, ou seja, em dinheiro, como bem esclarece Roque Antonio Carrazza: *"a restituição do empréstimo compulsório há de ser feita em moeda corrente, já que em moeda corrente é exigido. É, pois, um tributo restituível em dinheiro. A União deve restituir a mesma coisa emprestada compulsoriamente: dinheiro. Não pode, portanto, a União tomar dinheiro emprestado do contribuinte, devolvendo-lhe outras coisas (bens, serviços, quotas etc.)"*. (*Curso de Direito Constitucional Tributário*, p. 543).

[387] Levando-se em consideração que o traço característico das contribuições especiais gravita em redor de suas finalidades específicas traçadas pelo Texto Constitucional,

de forma imediata os objetivos propostos pela invariante axiológica da solidariedade social na fórmula de integração ideológica do modelo de Estado Democrático de Direito vigente[388].

para as quais são destinados os recursos financeiros obtidos com o cumprimento deste dever de colaboração, pode-se afirmar que a partir do reconhecimento de tais fins restam identificadas as modalidades de contribuições especiais instituídas, o que permite o estabelecimento de subclassificação desta exação. Como subespécies de contribuição especial, mencionam-se, primeiramente, as contribuições sociais (art. 149, *caput*, CF), as quais são voltadas à promoção das finalidades preconizadas pela Seguridade Social, gerando recursos financeiros para promoção da saúde, previdência e assistência social (art. 194 e 195, CF), além de abranger todas as demais metas concernentes à Ordem Social, previstas no Título VIII da Constituição Federal, como educação, habitação, entre outros, o que evidencia, sem qualquer esforço de raciocínio, o caráter axiológico solidário deste dever de colaboração em sintonia com todos os objetivos contidos no artigo 3º do Texto Constitucional. Em seguida, encontram-se as denominadas contribuições de intervenção no domínio econômico (art. 149, *caput*, CF), que se destinam ao cumprimento de funções nitidamente extrafiscais, com a correção de eventuais falhas de mercado, estimulando e desestimulando comportamentos, ou à realização de ações de fomento, com o direcionamento do produto de sua arrecadação para concessão de benefícios fiscais, incentivos financeiros ou mesmo prestação de serviços de apoio a certos setores estratégicos da econômica nacional, guardando referência aos princípios que regem o campo de atuação dos agentes econômicos (art. 170, CF), os quais são englobados pelos objetivos constitucionais solidários. Prosseguindo, verifica-se a existência das contribuições de interesse de categorias profissionais ou econômicas (art. 149, *caput*, CF), também denominadas de contribuições corporativas, que tem como finalidade precípua a obtenção de recursos financeiros para o custeio de pessoas jurídicas de direito público ou privado que desempenham a função de fiscalizar e regular o exercício de determinadas atividades profissionais, assim como representar e defender o interesse de tais categoriais, como os conselhos de fiscalização profissional e os sindicatos, expressando a necessária proteção a instituições de cunho democrático que objetivam os valores sociais do trabalho e que representam as raízes históricas da solidariedade social. Os últimos subgrupos de contribuições especiais representam as voltadas ao financiamento dos regimes previdenciários próprios dos servidores públicos estaduais, distritais e municipais (art. 149, §1º, CF), destinada ao estabelecimento de um sistema de proteção social a esta categoria funcional para prover meios necessários de subsistência quando não tiverem condições de proporcioná-la, bem como as destinadas ao custeio do serviço de iluminação pública (art. 149-A, CF), a qual se caracteriza pelo fato de ser ofertado à população em geral nas vias e logradouros públicos.

[388] Segundo Marco Aurélio Greco o fundamento das contribuições especiais encontra-se determinado pela idéia de solidariedade, a saber: *"a idéia de grupo de 'pertencer a', de 'fazer parte de', é que justifica, em ultima análise, a figura das contribuições (...) E por se tratar de um 'pertencer a' um grupo, o elemento solidariedade aos demais integrantes é imanente".* (*Solidariedade Social e Tributação*, p. 181). No entanto, não se

Desse modo, o exercício da competência tributária para instituição valida das contribuições especiais deve guarda absoluto respeito ao seu grau de especificidade para com o princípio da afetação, com a vinculação dos recursos arrecadados ao atendimento das finalidades previamente estabelecidas em seu arquétipo constitucional e *"sendo a destinação uma característica fundamental deste tipo de exação, afastá-la de sua conceituação significa castrá-la, impedir seu conhecimento integral"*[389].

E as contribuições especiais, por serem justificadas nas próprias finalidades constitucionais que lhe foram atribuídas, consistindo em mecanismo de participação financeira destinado ao provimento do Estado com as receitas necessárias ao custeio das atividades voltadas à persecução dos mencionados fins, são validamente exigida de membros ou grupos específicos da comunidade, que de modo indireto recebem bene-

---

pode limitar a atuação da solidariedade social aos laços de interdependência recíproca entre os membros de um mesmo grupo, seu aparato axiológico transcendem esta concepção para abranger e orientar em relações de implicação recíproca os demais valores essenciais da pessoa humana. Justifica-se sim a exigência das contribuições especiais com embasamento na solidariedade, mas é necessário dissecar o arquétipo deste tributo para visualizar as múltiplas possibilidades de significado que a solidariedade social pode comportar diante de sua estruturação constitucional.

[389] Fernando Facury Scaff, *Contribuição de Intervenção e Direitos Humanos de Segunda Dimensão*, RDTA 05/51. E, ao aprofundar suas considerações sobre o destino do produto da arrecadação nas contribuições especiais, Fernando Facury Scaff explica que: *"O aspecto fundamental é o destinação, que as faz poder ser enquadradas como instrumento de arrecadação de valores para cumprir as finalidades estatais no domínio econômico, dentre elas as sociais, de intervenção no domínio econômico e no interesse de categorias profissionais e econômicas. Ou seja, tais contribuições se caracterizam como um instrumento de arrecadação tributária com a finalidade específica de implementar os direitos humanos de segunda geração, quais sejam, aqueles que estabelecem prestações positivas a serem desenvolvidas pelo Estado, que se configuram como implementação do princípio da isonomia entre os homens, tratando-os de maneira desigual, na medida de suas desigualdades. Cumpre as contribuições, portanto, essa função específica no âmbito da arrecadação tributária. Desta forma, não podem ser completamente entendidas de maneira apartada da destinação de sua arrecadação"*. (*Contribuições de Intervenção e Direitos Humanos de Segunda Dimensão*, RDTA n. 05/51). Para respeitar as propostas até trazidas no presente estudo, releva manifestar o entendimento de que as finalidades a serem atendidas pelos recursos arrecadados com as contribuições especiais não se subsumem aos direitos humanos de segunda dimensão, mas abarcam a integralidade do aparato axiológico representado pela solidariedade social, atingindo e compondo, portanto, todas as dimensões de direitos humanos.

fício especial, provocando incremento de gastos públicos em decorrência da atuação estatal[390].

Tal circunstância faz com que apenas membros ou grupos específicos da comunidade que possuam relação com a finalidade que embasa a instituição da contribuição especial sejam legitimamente submetidos ao cumprimento deste dever de colaboração, por receberem benefício especial oriundo da destinação dos recursos arrecadados em tal tributação, o que evidencia seu caráter sinalagmático, na medida em que não se pode considerar sua exigência válida sem a devida configuração da contrapartida advinda de seu cumprimento, o que acaba por surtir relevantes efeitos nas concepções de capacidade contributiva e de afetação aplicáveis a esta espécie tributária.

Diante destas considerações, a criação de contribuição especial apresenta-se diretamente influenciada por finalidades específicas, devendo refletir nas normas jurídicas veiculadoras deste dever de colaboração tais inclinações em toda extensão de suas etapas de concreção, seja com a escolha de materialidades e, principalmente, dos membros ou grupos específicos da comunidade a serem tributados, que usufruem das vantagens decorrentes do benefício especial, seja na sua fase de cobrança com a possível delegação de capacidade tributária ativa, seja na arrecadação e gerenciamento das receitas tributadas com a conseqüente prestação positiva estatal beneficiadora.

Em outras palavras, se as contribuições especiais são marcadas por finalidades predeterminadas no complexo normativo constitucional que atingem indiretamente determinados membros ou grupos da comunidade, pretende-se que a instituição destes deveres de colaboração se volte para as manifestações de riquezas entre estes membros ou grupos da comunidade que possibilitem a geração dos recursos financeiros suficientes ao cumprimento das finalidades que os justificam, para que patrocinem o benefício especial que recebem.

---

[390] Na exigência de contribuições especiais deve existir atribuição pela entidade estatal de benefício especial direcionado a membros ou grupos específicos da comunidade, o que foi precisamente explicado pelo saudoso mestre Geraldo Ataliba: *"a contribuição é uma prestação pecuniária exigida das pessoas que causam despesa especial ou recebem benefício especial de uma atuação estatal (...) o Texto Constitucional encampa peculiaridade, que minimamente a caracteriza, consistente na circunscrição dos sujeitos passivos (contribuintes) ao círculo de pessoas que recebem especial benefício da ação estatal (financiada, suportada financeiramente pelo tributo), ou exigem tal ação causando ao estado 'especial' despesa"*. (Hipótese de Incidência Tributária, p. 178).

E o correlato direito de exigir (ou dever) do Estado de redistribuir adequadamente as riquezas arrecadadas direciona-se no sentido de aplicar os recursos financeiros obtidos nas atividades que assegurem a plena efetivação destas finalidades perante o contexto econômico social, para fazer valer as preocupações solidárias que dimensionam este dever de colaboração com a devida atribuição de benefício especial aos membros ou grupos específicos da comunidade, que arcaram com o cumprimento do contributo em questão.

Deveras, os recursos financeiros necessários para o cumprimento das finalidades específicas das contribuições especiais deverão ser buscados entre os que utilizam de seus proveitos, que gozam de seus benefícios, estes estarão legitimados ao cumprimento deste dever de colaboração e não membros ou grupos da comunidade que não fazem parte do círculo que envolve vantagem proveniente desta tributação. Pode-se dizer, então, que contribuir pressupõe o utilizar. E o raciocínio é lógico e simples: aquele que não se vale dos benefícios, das vantagens advindas pela atuação estatal não está compelido a contribuir, a suportar o cumprimento de algo do qual não participa, que não faz parte, no caso a tributação via contribuições especiais.

Pode-se afirmar que a validade da norma jurídica que determina a exigência do dever de colaboração de pagar contribuição especial somente poderá ser devidamente reconhecida se verificado sua vinculação ao cumprimento da específica finalidade prevista em seu arquétipo constitucional[391], de tal sorte que o dever do Estado de redistribuição adequada da riqueza arrecadada possui extrema importância para legitimação da competência tributária a ser exercida pela entidade estatal, especialmente, para proteção do membro ou grupo específico da comunidade que aguarda

---

[391] São esclarecedoras as palavras de Marco Aurélio Greco sobre a relação entre as finalidades específicas das contribuições especiais e o exercício da respectiva competência tributária: *"Afirmar que a finalidade é traço fundamental das contribuições não significa que basta a existência de previsão de uma finalidade para que possam ser instituídas. Ao contrário, não podem ser criadas em função de qualquer finalidade. A criação de contribuições somente poderá ocorrer em relação a finalidades: a) previstas constitucionalmente; e b) relativamente às quais a própria Constituição tenha autorizado a criação de contribuições".* (Contribuições (uma Figura 'sui Generis'), p. 229). Na hipótese contrária, se a lei que institui uma contribuição especial atribuir destinação diversa daquela que confere suporte à sua criação valida ou mesmo for omissa em relação a tal ponto, estará ausente necessária correspondência entre sua cobrança e a finalidade que a justifica, restando configurada a invalidade da exação.

a prestação de benefício especial, evitando que ocorra deturpação do destino do produto obtido com a cobrança da exação e mesmo a falta de motivação concreta para se proceder a sua instituição.

Então, deve existir nas contribuições especiais critério de referibilidade entre a finalidade que justifica sua criação e os membros ou grupos específicos da comunidade que procedem ao seu cumprimento, o que pode ser identificado a partir da existência de benefício especial, para que este tributo possa ser instituído validamente[392]. Caso contrário, não restará assegurada a realização das diretrizes contidas em seu arquétipo constitucional, principalmente, em razão da possibilidade de, sem causa legítima, serem atingidos setores da comunidade, que sofrerão indevidamente o impacto da tributação sobre seus respectivos patrimônios por não estarem envolvidos nesta relação.

Em relação ao sentido do princípio da afetação, seria justo ponderar apenas que a redistribuição adequada das riquezas arrecadadas destina-se ao cumprimento das finalidades que justificaram o cumprimento do dever de colaboração, obrigando o Estado a realizar prestações positivas para conferir benefício especial prometido aos membros e grupos da comunidade que o financiaram.

Ocorre que, por força do critério de referibilidade, o princípio da afetação deve acrescentar à vinculação dos recursos arrecadados a presença do benefício especial, para estabelecer elo com o princípio da capacidade contributiva, legitimando a correlação entre dever de colaboração e direito de exigir (ou dever) do Estado de redistribuir adequadamente as riquezas arrecadadas, de acordo com as perspectivas tridimensionais estabelecidas pela invariante axiológica da solidariedade social na determinação do quantum a ser exigido a título de contribuição especial.

Norteado pela relação de complementaridade entre os princípios da capacidade contributiva e da afetação, o processo de quantificação da contribuição especial deve, primeiramente, observar sua finalidade específica para delimitar os setores da comunidade a serem beneficiados, ressaltando, que, somente se encontram aptos a figurar na condição de

---

[392] O critério de referibilidade nas contribuições especiais é justificado por Hugo de Brito Machado Segundo da seguinte forma: *"A necessidade de o contribuinte fazer parte de um 'grupo' referido à finalidade que será custeada pela contribuição nada mais é que o reconhecimento da necessidade de referibilidade indireta. Apenas adiciona-se a essa necessária referibilidade a imposição de que a mesma ocorra em face de certas finalidades, constitucionalmente determinadas"*. (Contribuições e Federalismo, p. 97).

cumpridores deste dever de colaboração, os membros ou grupos da comunidade que receberem benefício derivado de atuação estatal manifestadora das finalidades constitucionais, dando causa à despesa especial que será suportada pelo tributo em apreço[393].

Posteriormente, pretende-se averiguar as condições econômicas dos membros e grupos da comunidade identificados com o benefício para reconhecer as manifestações de riqueza que poderão ser selecionadas para financiar a vantagem especial, estabelecendo, em conformidade com a dimensão solidária de capacidade contributiva, preferências entre os que detenham melhores possibilidades para arcar com o cumprimento do dever de colaboração sem prejuízo do mínimo vital ou da incidência de efeitos confiscatórios, podendo para tanto se valer da progressividade, da seletividade, da extrafiscalidade, entre outros instrumentos que possibilitam a objetivação do complexo axiológico que envolve a solidariedade social.

Por fim, constata-se nas contribuições especiais a exigência mútua da capacidade contributiva e da afetação, haja vista que na determinação da quantificação do valor a ser exigido considera-se a especifica finalidade descrita no Texto Constitucional para exercício da competência tributária, estimando e relacionado, mutuamente, financiadores e beneficiados, manifestações de riqueza e benefício ofertado pela atividade estatal, para se exercer tributação condizente com os ditames da solidariedade social e dos demais valores essenciais da pessoa humana.

---

[393] No mesmo sentido, Helenilson Cunha Pontes entende que: *"diante da finalidade da atuação estatal que se deve buscar o critério para eleição dos sujeitos passivos das contribuições. Se o que justifica constitucionalmente a instituição de uma contribuição é uma atuação estatal especial na busca de uma determinada finalidade, somente as pessoas direta ou indiretamente relacionadas com essa finalidade poderão figurar no pólo passivo da relação jurídico-tributária relativa à exigência de cada respectiva contribuição"*. (*O Princípio da Proporcionalidade e o Direito Tributário*, p. 161).

CONCLUSÃO

Partindo da consideração de que o ser humano "é enquanto deve ser", fundamento do personalismo axiológico de Miguel Reale, compreende-se o conceito de pessoa humana como fonte originária de todos os demais valores, na medida em que pertence a essência do homem a objetivação de intencionalidades que se expressam por meio de ações futuras transformadoras e inovadoras da realidade, manifestações da sua capacidade espiritual sintética-nomotética de realizar livremente escolhas que atingem a causalidade imperante no plano do ser para lhe atribuir sentido, satisfazer finalidades, voltando-o para realização de valores, constituindo bens e firmando as bases para construção do mundo da cultura.

A experiência existencial humana apresenta-se, então, cercada por um contínuo processo de seleção de estimativas, de preferências estabelecidas entre a multiplicidade de valores que se desenvolvem, se disseminam e se moldam às exigências históricas de cada civilização em escalas hierárquicas, adquirindo parcela própria de temporalidade, para ganhar consistência, relevância de significação e se revelar à consciência das comunidades com força cogente, determinando seus padrões éticos, a fisionomia de sua estruturação social e alcançando o status de constantes ou invariantes axiológicas.

Estas constantes ou invariantes axiológicas, por não se tratarem de meras entidades absolutas pertencentes a um mundo ideal, sendo concebidas como parte do processo histórico da humanidade e representando a forma de organização espaço-temporal dos valores projetados em uma comunidade para estabelecer suas diretrizes determinantes, passam a influenciar todos os setores da convivência social, direcionando a motivação das condutas individuais e coletivas à realização de seus objetivos num dado ciclo cultural.

E, assim, a forma de se conceber e interpretar os valores varia segundo as distintas constelações axiológicas compreendidas em cada época da civilização, demonstrando a existência de diferentes *"sinais de prevalência de sentido"* nas ordenações ou concepções de mundo que marcam o devir histórico-cultural, o que leva à apreciação da graduação hierárquica resultante do domínio de certos valores em detrimento de outros em sua respectiva coordenada temporal, tendo sempre como fonte originária a pessoa humana.

Sendo certo que as invariantes axiológicas, ao serem dotadas de estabilidade, não desaparecem, perduram no tempo, uma vez reveladas à consciência histórica se inserem definitivamente no patrimônio cultural das civilizações, permanecendo registradas no tempo, gravadas na memória da humanidade, para servirem como heranças aos ciclos culturais que lhe são posteriores, adaptando o conteúdo de seus significados em constantes relações de implicação recíproca para transcender e superar as sucessivas gerações de valores que se manifestam diante das renovadas atualizações exigidas pelo plano da experiência social.

Entender que os valores são objetivados como obra das diferentes projeções do espírito humano ao agir sobre o plano da experiência social, que se agrupam e adquirem consistência suficiente para interferir na caracterização de determinado ciclo cultural como invariantes axiológicas, significa constatar sua estreita relação com a história, contexto no qual se apreende o conteúdo dos sentidos atribuídos ao valor em suas múltiplas acepções perante a realidade concreta ao longo dos tempos, para possibilitar o estabelecimento dos vínculos cognitivos indispensáveis a sua melhor compreensão.

Reflexo desta correspondência íntima entre valores e história pode ser perfeitamente sentido no campo da experiência jurídica com a revelação das invariantes axiológicas, que, ao ditarem as idéias modeladoras dos padrões de condutas individuais e coletivas, acabam por estabelecer os pressupostos necessários para se alcançar a convivência harmônica entre os membros de dada comunidade, devendo, portanto, serem preservadas por meio do instrumental normativo que compõem o Direito, para que seus objetivos sejam efetiva e continuamente realizados no desenrolar das relações humanas.

Nesta perspectiva, pode ser situada a estrutura tridimensional do Direito, proposta por Miguel Reale, abarcando a totalidade dos elementos constitutivos da experiência jurídica em suas manifestações dinâmicas e concretas perante o processo histórico-cultural, para considerá-los como dimensões constituintes de uma mesma realidade, que relaciona e contrapõe, dialeticamente, em relações de exigência mútua e irredutibilidade recíproca, fatos a valores para composição de normas jurídicas, vinculando o direcionamento das condutas em comunidade à obtenção de finalidades vivenciadas no mundo social.

A solução normativa encontrada pelo Direito para harmonização da convivência intersubjetiva pretende objetivar os valores ordenadores de seus modelos éticos, por meio de um processo nomogenético de seleção racional de aferição de dados estimados no plano da experiência concreta para o estabelecimento de preferências, que sofre a interferência direta de atos decisórios de poder, os quais, por sua vez, somente se legitimam, cumprindo o conteúdo de suas funções, diante da dinâmica proposta para operacionalização da experiência jurídica, quando orientados segundo as diretrizes firmadas pela invariante axiológica reinante no seu correspondente ciclo histórico-cultural.

Ora, se toda ação empreendida pelo ser humano pressupõe expressão de substrato axiológico, que deriva da reunião de uma pluralidade de fatores dispostos no plano existencial, o processo nomogenético que compreende as etapas de concreção da experiência jurídica encontra-se permeado por valores em todas as suas formas de manifestação, seja no momento de integração com fatos para produção de normas jurídicas, seja no momento de interpretação e aplicação destas regras para construção dos respectivos modelos.

Por decorrência lógica, há de se considerar que os atos decisórios de poder que interferem na composição da experiência jurídica também se submetem a escala de valores compreendida em determinado ciclo cultural. E se a sua função básica consiste em estimar dados da realidade para retirar os comportamentos possíveis para ordenação da vida social, estes atos decisórios de poder apenas serão considerados materialmente válidos caso respeitem o núcleo dos fundamentos éticos dirigentes da comunidade, a invariante axiológica que, em correlação com o valor originário da pessoa humana, compõe a fórmula de integração ideológica do modelo de Estado, entidade responsável pela positividade do ordenamento jurídico.

A fórmula de integração ideológica do modelo de Estado retrata em estruturas jurídicas as principais inspirações político-sociais que representam o sentido da invariante axiológica vigorante em seu correspondente ciclo cultural, para determinar o modo adequado de produção do poder condutor dos comportamentos dos participantes da vida social em prol da realização concomitante do projeto de bem individual e comum, com sua organização e distribuição segundo distintas esferas de manifestação de soberania, as quais se encontram originariamente descritas no plano do complexo normativo constitucional, que serve como referencial hermenêutico para definição do âmbito de validade do processo nomogenético de produção de normas jurídicas e de construção de significado deôntico de seus respectivos modelos.

Ao descrever originariamente nas dobras do complexo normativo constitucional a estruturação formal e material do poder em correspondência com as diretrizes estabelecidas por invariantes axiológicas e demais valores essenciais da pessoa humana, a fórmula de integração ideológica possibilita o reconhecimento do modelo de Estado compreendido em um dado ciclo cultural, o que pode ser evidenciado a partir da análise contextual histórica de valores predominantes em que cada período da civilização.

No modelo de Estado Liberal (ou de Direito) pode-se identificar a liberdade como valor dirigente da fórmula de integração ideológica, apresentando foco temático centrado nos direitos humanos de primeira geração, para privilegiar o caráter não-intervencionista do poder, como forma de reação ao Estado Absolutista, e a proteção incondicional ao direito de propriedade; ao passo que no modelo de Estado Social (ou do Bem-estar Social) a igualdade cumpre esse papel de valor determinante da fórmula de integração ideológica, devidamente representada pelos direitos humanos de segunda geração, que exigem atuação positiva do poder na correção de desajustes sociais para propiciar condições dignas de existência a todos os membros da comunidade.

O Estado Democrático de Direito, correspondente ao modelo adotado atualmente, que se origina das condicionantes históricas que marcam a era da pós-modernidade, tem sua fórmula de integração ideológica guiada pelo aparato valorativo que envolve a solidariedade social, orientando a manifestação de poder no sentido de atender aos seus objetivos, os quais, ao longo dos tempos, passaram a adquirir paulatinamente maior consistência axiológica para revelar este valor como invariante, superando sua idéia inicial, consagrada pelo pensamento disseminado pelas correntes do solidarismo sociológico e jurídico, respectivamente, representadas por E. Durkhein e Léon Duguit, que compreendiam a solidariedade social apenas em sua dimensão fática como fator decisivo na determinação dos laços de interdependência recíproca que devem existir entre membros pertencentes a uma mesma comunidade para atribuição de direitos e deveres mútuos com a divisão do trabalho social e preservação da vida comunitária se valendo para tanto da interferência do fenômeno jurídico.

A solidariedade como invariante axiológica contemporânea se relaciona com os demais valores essenciais da pessoa humana para atender as exigências oriundas da diversidade de interesses contidos na práxis social da pós-modernidade e agrega a sua concepção inicial de cooperação recíproca a comunhão ética expressa na necessidade de conscientização de cada membro da comunidade que a composição de seu próprio "ser" somente pode ser alcançada com o reconhecimento de igual dignidade em seus pares, seus semelhantes, compreendendo a importância do cumprimento de seus deveres e da exigência de direitos para com a realização do projeto de bem comum contido na fórmula de integração ideológica do modelo de Estado Democrático de Direito, pautado na relação de alteridade, respeito mútuo, proteções e garantias jurídicas ao rol de bens morais e materiais que possibilitam a fruição das condições minimamente satisfatórias de vida para pleno desenvolvimento das potencialidades humanas.

Na fórmula de integração ideológica descrita no complexo normativo constitucional vigente, pode-se comprovar a afirmação anterior, haja vista que as perspectivas axiológicas referentes ao valor da solidariedade social encontram-se genericamente retratadas no preâmbulo, nos princípios fundamentais e nos objetivos da República Federativa do Brasil, se desdobrando ao longo dos demais dispositivos constitucionais e sintetizando, concomitantemente, valores destinados à proteção das liberdades individuais e ao ordenamento jurídico, bem como valores de natureza sócio-transformadora, para condicionar a estruturação formal e a produção material do poder, a fim de que suas manifestações soberanas, com a função de criação e aplicação de normas jurídicas e construção dos significados deônticos de seus respectivos modelos, obedeçam a este programa de ação, determinando sentido ativo dos comportamentos de todos os participantes envolvidos no caminhar da vida social em prol do atendimento deste projeto do bem comum.

A tributação orientada por esta fórmula de integração ideológica do modelo de Estado Democrático de Direito, nucleada pela invariante axiológica da solidariedade social em correspondência com os demais valores fundamentais da pessoa humana, recebe nova dimensão com o desvio de seu enfoque, que, marcado tradicionalmente pela idéia de expressão do poder de império, passa a ser concebido como modalidade de dever fundamental de colaboração patrimonial do membro da comunidade para levar parcela de sua riqueza aos cofres públicos e assegurar o ingresso de recursos financeiros necessários para realização do projeto de bem-estar individual e coletivo delineado pelo complexo normativo constitucional.

Compreendido nestes termos, o dever de colaboração de pagar tributos correlaciona-se direta e imediatamente com o direito de exigir (ou dever) do Estado de redistribuir adequadamente as riquezas arrecadadas no cumprimento dos objetivos constitucionais orientados pelo valor da solidariedade social, para possibilitar sua atuação na atribuição de condições satisfatórias de vida digna a toda comunidade, criando ambiente propício à conscientização das relações de alteridade e de respeito mútuo que devem existir entre seus membros, para devida realização do programa constitucional de ação destinado ao bem comum, o que conduz, logicamente, ao fortalecimento dos vínculos de cooperação recíproca, à preservação das liberdades individuais, e à garantia do desenvolvimento das potencialidades humanas, dando cabo das metas pretendidas pela adoção de um Estado Democrático de Direito.

Ao se propor a realizar balanceamento de valores constantes da fórmula de integração ideológica do modelo de Estado, que envolve a invariante axiológica da solidariedade social em relação de implicação recíproca com os demais valores essenciais da pessoa humana, o dever de colaboração de pagar tributos e seu correlato direito de exigir (ou dever) do Estado de redistribuição adequada das riquezas arrecadadas ganham seus delineamentos jurídicos básicos no plano do complexo normativo constitucional, que define o perfil das competências tributárias e a orientação de seus princípios gerais, os quais passam a subordinar todo processo de validação das fases concreção de suas normas jurídicas e de construção de significado deôntico dos respectivos modelos.

Em sua dimensão solidária, o exercício das competências tributárias tem sua validade condicionada à existência de correspondência entre o dever de colaboração de pagar tributo e o direito de exigir (ou dever) do Estado de redistribuir adequadamente as riquezas arrecadadas, que em conjunto determinam os elementos componentes dos arquétipos constitucionais, ou seja, os modelos jurídicos possíveis de cada espécie tributária (impostos, taxas, contribuições de melhoria, empréstimos compulsórios e contribuições especiais), vinculando a instituição legal do tributo ao destino dos recursos financeiros obtidos no atendimento de finalidades previamente estabelecidas no complexo normativo constitucional.

Diante desta perspectiva, as competências tributárias aproximam os valores segurança e liberdade, expressos na formulação constitucional dos arquétipos tributários, com o fito de evitar interferências arbitrárias no patrimônio dos membros da comunidade na imposição do dever de colaboração, dos ditames da igualdade, para vincular a validade de seu exercício ao direcionamento do produto da arrecadação no financiamento de prestações positivas por parte do Estado, que se torna apto a intervir na realidade econômica e social, corrigindo desajustes ou mesmo equilibrando o custo operacional de suas atividades, obedecendo às orientações axiológicas exigidas pela solidariedade social, que não transita isoladamente no plano jurídico, mas sim de modo sistemático aos demais valores essenciais da pessoa humana, visando à preservação do modelo de Estado de Democrático de Direito com atribuição do padrão mínimo existencial e a proteção efetiva do desenvolvimento das potencialidades humanas.

Portanto, a fórmula de integração ideológica do modelo de Estado Democrático de Direito atua no campo de exercício das competências tributárias para delinear a exigência do dever de colaboração de pagar tributo à formulação de modelos jurídicos constitucionais (arquétipos tributários) que encontrem fundamento não somente na estruturação formal do poder, manifestada na distribuição literal de competências fiscais entre entidades estatais, mas, principalmente, em seus pressupostos materiais, que congregam o aparato axiológico que envolve a solidariedade social em sintonia com os demais valores ligados à pessoa humana, em especial, segurança, liberdade, igualdade, para correlacionar a validação deste dever de colaboração ao direito de exigir (ou dever) do Estado de redistribuição adequada das riquezas arrecadadas, de acordo com as condicionantes constitucionais determinadas para cada espécie tributária.

Os objetivos propugnados pela solidariedade social e as orientações dadas por este valor as suas concreções perante o plano da experiência jurídica encontram representação entre os princípios gerais de direito tributário, os quais correspondem aos princípios da capacidade contributiva e da afetação (ou vinculação de recursos arrecadados), que possibilitam a apreensão indicativa de seu conteúdo material e o reconhecimento do desempenho normativo-material de suas formulações perante o exercício das competências tributárias, bem como na construção de sentido deôntico dos arquétipos constitucionais (modelos jurídicos tributários).

Com o princípio da capacidade contributiva, que baliza a determinação do quantum a ser exigido no cumprimento do dever de colaboração de pagar tributos segundo as possibilidades econômicas do membro da comunidade, a influência da concepção da axiológica da solidariedade social apresenta-se conjugada aos valores liberdade e igualdade, para, ao mesmo tempo, proteger e aprimorar o mínimo vital e o não-confisco, visando ao seu acúmulo contínuo para permitir um crescente acesso a bens que contribuam para formação moral e material da pessoa humana; e repartir equitativamente o contributo cooperativo-financeiro tributário com a adoção da progressividade, mecanismo destinado à redução das desigualdades econômicas e sociais, que deve pautar sua fórmula de graduação na elevação da carga tributária, primeiramente, entre as maiores riquezas manifestadas na comunidade, ou seja, entre os setores economicamente mais abastados da sociedade sempre levando em conta a totalidade dos seus índices de mensuração (renda, patrimônio e consumo), por representarem menores perdas em relação ao mínimo vital, para, posteriormente, se voltar para as menores riquezas manifestadas, com a aplicação de percentuais baixos, representando parcela inferior do volume de recursos financeiros destinados ao sustento dos cofres públicos, para não se correr o risco de atingir com maior proximidade o mínimo vital das classes sociais menos privilegiadas.

Em relação à extrafiscalidade, que se destina, prioritariamente, ao cumprimento de funções ordinatórias perante setores estratégicos do contexto sócio-econômico na imposição do dever de colaboração de pagar tributos, revigorando a ação interventiva estatal no alcance de objetivos constitucionais, a capacidade contributiva, como uma das principais vertentes principiológicas da solidariedade social no plano da tributação, deve se compatibilizar com tal instrumento para despertar o sentimento de dignidade social com a elevação da carga tributária, a fim de ajustar o comportamento do membro da comunidade aos interesses propugnados pelo bem comum, guardando respeito ao mínimo vital, à vedação dos efeitos confiscatórios, expressão de valores supremos da liberdade, igualdade e solidariedade, que se integram em última instância na preservação incondicional da aptidão espiritual da pessoa humana de inovar, de transformar culturalmente a realidade em que vive em uma relação de cooperação recíproca e de respeito mútuo com seus semelhantes

Por sua vez, o princípio da afetação exige que o Estado utilize os recursos financeiros obtidos com o cumprimento do dever de colaboração de pagar tributo nas finalidades guiadas pelo valor da solidariedade social que justificaram sua instituição no momento do exercício das competências previstas no Texto Constitucional, o que, por conseqüência, implica na configuração do dever de redistribuição adequada de riquezas arrecadadas, validando toda dinâmica do processo normativo que envolve a concreção do tributo.

A partir da consagração do princípio da afetação, a validação da instituição e cobrança do dever de colaboração de pagar tributo encontra-se sempre vinculada, em maior ou menor grau de especificação, às finalidades axiológicas ditadas pela solidariedade social que se pretende realizar perante o plano social, obrigando o Estado a exigir o cumprimento deste contributo em correspondência com o seu respectivo dever de redistribuição adequada de riquezas arrecadadas nos moldes propostos no âmbito normativo constitucional.

Com o reconhecimento da atuação do princípio da afetação e seu grau de especificidade em relação a cada espécie tributária segundo os contornos definidos no plano normativo constitucional com referência ao complexo axiológico, que permeia a solidariedade social em sua perspectiva tridimensional, pode-se compreender a composição válida de significado dos modelos jurídicos tributários, voltando seu foco para o dever do Estado de redistribuir adequadamente as riquezas arrecadadas. E ao se voltar para o campo das competências tributárias, compreende-se sua composição complementar com a capacidade contributiva na determinação da quantificação de cada espécie tributária.

Equaciona-se, então, o campo de aplicação do princípio da capacidade contributiva com o da afetação, para determinar os critérios de graduação válidos dos arquétipos tributários no exercício das competências tributárias e demais etapas de concreção de suas normas jurídicas. Por exemplo, nos impostos, o princípio da capacidade contributiva encontra maior aplicação na determinação de seu *quantum*, em razão do teor de suas possíveis materialidades. Isto não significa que o referido princípio não atue nos fatores de quantificação das taxas, contribuições de melhoria, empréstimos compulsórios e contribuições especiais. Em relação a tais espécies tributárias a extensão do princípio da capacidade contributiva diminui para dar espaço ao princípio da afetação e com ele se relacionar no balanceamento da correlação entre dever de colaboração de pagar tributo e direito de exigir (ou dever) do Estado de redistribuir adequadamente as riquezas arrecadadas, seguindo as diretrizes axiológicas determinadas pela solidariedade social.

Portanto, a solidariedade social como invariante axiológica pretende sintetizar valores essenciais da pessoa humana derivados das conquistas históricas de cada etapa civilização, para lhes conferir nova roupagem semântica, apropriadas ao atendimento das necessidades impostas pela pós-modernidade. E refletido na fórmula de integração ideológica do modelo de Estado Democrático de Direito, o conteúdo desta força valorativa atinge a tributação para afastá-la de seus antigos paradigmas, abrindo caminho para sua aproximação com as finanças públicas e ajustando-a ao diálogo proposto pela solidariedade entre liberdade e igualdade, que busca o envolvimento consciente de todos os setores da comunidade na descoberta da existência do projeto de bem individual e coletivo, o qual pugna pelo reconhecimento da dignidade na alteridade, no respeito recíproco entre semelhantes, para que as ações humanas sejam direcionadas para as mesmas finalidades.

Neste panorama, a tributação, vislumbrada como dever de colaboração do membro da comunidade, que tem sua validade correlacionada ao direito de exigir (ou dever) do Estado de redistribuir adequadamente as riquezas arrecadadas, cumpre papel especial no despertar para o sentimento de solidariedade, ao financiar a operacionalização do modelo de Estado Democrático de Direito no cumprimento de seu programa de ação constitucional, objetivando sempre conciliação de valores com respeito às liberdades individuais e robustecimento dos laços de cooperações recíproca.

BIBLIOGRAFIA

ADEODATO, João Maurício. *Ética e Retórica: Para uma Teoria da Dogmática Jurídica*. São Paulo: Editora Saraiva, 2002.
ARNAUD, André-Jean. *Dicionário Enciclopédico de Teoria e de Sociologia do Direito*. Rio de Janeiro: Editora Renovar, 1999.
ARRUDA ALVIM NETO, José Manoel de. *A Função Social dos Contratos no Novo Código Civil*. "Revista dos Tribunais", nº 815, São Paulo: Editora Revista dos Tribunais, 2003.
_____. *Constituição de 1988: o Brasil 20 anos depois*. Brasília: Senado Federal, Instituto Legislativo Brasileiro, 2008.
ATALIBA, Geraldo. *Hipótese de Incidência Tributária*. São Paulo: Malheiros Editores, 1999.
ÁVILA, Humberto. *Sistema Constitucional Tributário*. São Paulo: Editora Saraiva, 2006.
AZEVEDO, Plauto Faraco de. *Direito, Justiça Social e Neoliberalismo*. São Paulo: Editora Revista dos Tribunais, 1999.
BALEEIRO, Aliomar. *Direito Tributário Brasileiro*. Rio de Janeiro: Editora Forense, 1987.
BARCELLOS, Ana Paula de. *Normatividade dos Princípios e o Princípio da Dignidade da Pessoa Humana na Constituição de 1988*. "Revista de Direito Administrativo", 221/162, Rio de Janeiro: Editora Renovar, 2000.
BARRETO, Vicente de Paulo Barreto. *Dicionário de Filosofia do Direito*. Rio de Janeiro: Editora Renovar, 2006.
BETIOLI, Antonio Bento. *Introdução ao Direito: Lições de Propedêutica Jurídica Tridimensional*. São Paulo: Editora Saraiva, 2008.
BITTAR, Eduardo Carlos Bianca. *O Direito na Pós-Modernidade*. Rio de Janeiro: Forense Universitária, 2005.
BLANCO, Pablo Lopez. *La Ontologia Jurídica de Miguel Reale*. São Paulo: Saraiva, Editora da Universidade de São Paulo, 1975.
BOBBIO, Norberto. *Estado, Governo, Sociedade: Para uma Teoria Geral da Política*. São Paulo: Editora Paz e Terra, 1999.
_____. *A Era dos Direitos*. Rio de Janeiro: Editora Campus, 1992.

BOBBIO, Norberto; MATTEUCCI, Nicola; PASQUINO, Gianfranco. *Dicionário de Política*. Brasília: Editora UNB, 2007.
BONAVIDES, Paulo. *Curso de Direito Constitucional*. São Paulo: Malheiros Editores, 2008.
_____. *Do Estado Liberal ao Estado Social*. São Paulo: Malheiros Editores, 2004.
BOURGEOIS, Léon. *La Solidarité*. Paris: Librairie Armand Colin, 1902.
BUSSAMARA, Walter. *Taxas: Limites Constitucionais*. São Paulo: Malheiros Editores, 2008.
CAMPOS, Diogo Leite de. *O Sistema Tributário no Estado dos Cidadãos*. Lisboa: Edições Almedina, 2006.
CANOTILHO, José Joaquim Gomes. *Direito Constitucional e Teoria da Constituição*. Coimbra: Edições Almedina, 2002.
CARRAZZA, Roque Antonio. *Curso de Direito Constitucional Tributário*. São Paulo: Malheiros Editores, 2006.
CARVALHO, Paulo de Barros. *Curso de Direito Tributário*. São Paulo: Editora Saraiva, 2007.
_____. *Direito Tributário: Linguagem e Método*. São Paulo: Editora Noeses, 2008.
CAVALCANTI, Teófilo. *Estudos em Homenagem a Miguel Reale*. São Paulo: Editora Revista dos Tribunais, 1977.
CELLA, José Renato Gaziero. *Teoria Tridimensional do Direito de Miguel Reale*. Curitiba: Juruá Editora, 2008.
CHULVI, Cristina Pauner. *El Deber Constitucional de Contribuir ao Sostenimiento de los Gastos Públicos*. Madrid: Centro de Estudios Políticos e Constituionales, 2001.
CICCO, Cláudio de. *História do Pensamento Jurídico e da Filosofia do Direito*. São Paulo: Editora Saraiva, 2009.
CICERO. *Dos Deveres*. São Paulo: Editora Martins Fontes, 1991.
COÊLHO, Sacha Calmon Navarro. *Curso de Direito Tributário*. Rio de Janeiro: Editora Forense, 2006.
_____. *Os Princípios Gerais do Sistema Tributário da Constituição. In O Tributo: Reflexão Multidisciplinar sobre sua Natureza*. Ives Gandra da Silva Martins (Org.). Rio de Janeiro: Editora Forense, 2007.
COMPARATO, Fábio Konder. *A Afirmação Histórica dos Direitos Humanos*. São Paulo: Editora Saraiva, 2001.
_____. *Ética: Direito, Moral e Religião no Mundo Moderno*. São Paulo: Companhia das Letras, 2006.
CONTI, José Maurício. *Princípios da Capacidade Contributiva e da Progressividade*. São Paulo: Editora Dialética, 1996.
CONTIPELLI, Ernani. *Constituição, Federalismo e Arquétipos Tributários*. RTFP n.º 65. São Paulo: Editora Revista dos Tribunais, 2005.

_____. *Aplicação da Norma Jurídica*. São Paulo: Editora Quartier Latin, 2007.

_____. e SILVEIRA, Vladimir Oliveira da. *Direitos Humanos Econômicos na Perspectiva da Solidariedade: Desenvolvimento Integral*. (www.conpedi.org/manaus/arquivos/anais/salvador/ernani_contipelli).

COSSIO, Carlos. *La Valoración Jurídica y La Ciencia Del Derecho*. Buenos Aires: Ediciones Arayú, 1954.

COSTA, Regina Helena. *Curso de Direito Tributário: Constituição e Código Tributário Nacional*. São Paulo: Editora Saraiva, 2009.

_____. *Princípio da Capacidade Contributiva*. São Paulo: Malheiros Editores, 1996.

CZERNA, Renato Cirell. *O Pensamento Filosófico e Jurídico de Miguel Reale*. São Paulo: Editora Saraiva, 1999.

DALLARI, Dalmo de Abreu. *Elementos de Teoria Geral do Estado*. São Paulo: Editora Saraiva, 2003.

DINIZ, Maria Helena. *Compêndio de Introdução à Ciência do Direito*. São Paulo: Editora Saraiva, 2004.

DUGUIT, Léon. *Fundamentos do Direito*. São Paulo: Ícone Editora, 2006.

DUPAS, Gilberto. *Economia Global e Exclusão Social: Pobreza, Emprego, Estado e o Futuro do Capitalismo*. São Paulo: Editora Paz e Terra, 1999.

DURKHEIM, Émile. *Da Divisão do Trabalho Social*. São Paulo: Editora Martins Fontes, 2008.

_____. *As Regras do Método Sociológico*. São Paulo: Companhia Editora Nacional, 1977.

ESPADA, João Carlos. *Direitos Sociais de Cidadania*. Lisboa: Imprensa Nacional, 1997.

FARIA, José Eduardo. *O Direito na Economia Globalizada*. São Paulo: Malheiros Editores, 2004.

Farias, José Fernando de Castro. *A Origem do Direito de Solidariedade*. Rio de Janeiro: Editora Renovar, 1998.

Fernandez, Eusébio. *Estudios de Ética Jurídica*. Madrid: Ed. Debate, 1990.

FERRAZ JÚNIOR, Tércio Sampaio. *A Ciência do Direito*. São Paulo: Editora Atlas, 1980.

_____. *Introdução ao Estudo do Direito: Técnica, Decisão, Dominação*. São Paulo: Editora Atlas, 1994.

_____. *Direito Constitucional: Liberdade de Fumar, Privacidade, Estado, Direitos Humanos e Outros Ensaios*. São Paulo: Editora Manole, 2007.

FERREIRA FILHO, Manoel Gonçalves. *Direitos Humanos Fundamentais*. São Paulo: Editora Saraiva, 2000.

_____. *Estado de Direito e Constituição*. São Paulo: Editora Saraiva, 1999.

FERREIRA NETO, Arthur M. *Classificação Constitucional de Tributos pela Perspectiva da Justiça*. Porto Alegre: Livraria do Advogado Editora, 2006.

FLEISCHACKER, Samuel. *Uma Breve História da Justiça Distributiva*. São Paulo: Editora Martins Fontes, 2006.

FOUILLÉ, Alfred. *La Science Sociale*. Paris: Librairie Félix Alcan, 1880.

FRONDIZI, Risieri. *Que son los valores? Introdutión a La Axiologia*. México: Fondo de Cultura Económica, 1991.

GARCÍA, Angeles Mateos. *A Teoria dos Valores de Miguel Reale: Fundamento de seu Tridimensionalismo Jurídico*. São Paulo: Editora Saraiva, 1999.

GODOI, Marciano Seabra de. *Justiça, Igualdade e Direito Tributário*. São Paulo: Editora Dialética, 1999.

GOYARD-FABRE, Simone. *Os Princípios Filosóficos do Direito Político Moderno*. São Paulo: Editora Martins Fontes, 1999.

GRECO, Marco Aurélio e GODOI, Marciano Seabra de (Orgs). *Solidariedade Social e Tributação*. São Paulo: Editora Dialética, 2005.

_____. *Planejamento Tributário*. São Paulo: Editora Dialética, 2008.

_____. *Contribuições: uma figura 'sui generis'*. São Paulo: Editora Dialética, 2000.

GUERRA FILHO, Willis Santiago. *Processo Constitucional e Direitos Fundamentais*. São Paulo: Editora RCS, 2005.

_____. *Teoria Processual da Constituição*. São Paulo: Editora RCS, 2007.

GURVITCH, Georges. *Tratado de Sociologia*. Lisboa: Iniciativa Editoriais, 1968.

HAYEK, F. A. *O Caminho da Servidão*. Rio de Janeiro: Biblioteca do Exército Editora e Instituto Liberal, 1994.

Hesse, Konrad. *Elementos de Direito Constitucional da República Federativa da Alemanha*. Porto Alegre: Sérgio Antonio Fabris Editor, 1998.

HESSEN, Johannes. *Filosofia dos Valores*. Coimbra: Edições Almedina, 2001.

LAFER, Celso. *A Reconstrução dos Direitos Humanos: Um Diálogo com o Pensamento de Hannah Arendt*. São Paulo: Companhia das Letras, 1991.

LAPATZA, José Juan Ferreiro. *Direito Tributário: Teoria Geral do Tributo*. Barueri: Manole, 2007.

LITRENTO, Oliveiros. *Curso de Filosofia do Direito*. Rio de Janeiro: Editora Forense, 1984.

LOPES, José Reinaldo de Lima. *O Direito na História: Lições Introdutórias*. São Paulo: Editora Atlas, 2008.

MACHADO, Hugo de Brito. *Comentários ao Código Tributário Nacional Volume 1*. São Paulo: Editora Atlas, 2003.

_____. *Curso de Direito Tributário*. São Paulo: Malheiros Editores, 2005.

_____. *Os Princípios Jurídicos da Tributação na Constituição de 1988*. São Paulo: Editora Revista dos Tribunais, 1994.

MACHADO NETO, A. L. *Sociologia Jurídica*. São Paulo: Editora Saraiva, 1987.

MACHADO PAUPÉRIO, A. *Introdução Axiológica ao Direito*. Rio de Janeiro: Editora Forense, 1977.
MACHADO, Raquel Cavalcanti Ramos. *Interesses Públicos e Direitos do Contribuinte*. São Paulo: Editora Dialética, 2007.
MACHADO SEGUNDO, Hugo de Brito. *Contribuições e Federalismo*. São Paulo: Editora Dialética, 2005.
MAIA, Alexandre da. *Ontologia Jurídica: O Problema de sua Fixação Téorica (com relação ao Garantismo Jurídico)*. Porto Alegre: Livraria do Advogado Editora, 2000.
MARCONDES, Danilo. *Iniciação à História da Filosofia: Dos Pré-Socráticos a Wittgenstein*. Rio de Janeiro: Jorge Zahar Editor, 2001.
MARTÍN, Carlos de Cabo. *Teoría Constitucional de la Solidaridad*. Madrid: Marcial Pons, 2006.
MARTINEZ, Gregorio Peces-Barba. *Curso de Derechos Fundamentales: Teoria General*. Madrid: Universidad Carlos III, 1995.
MARTINS, Flávio Alves. *A Idéia de Experiência no Pensamento Jusfilosófico de Miguel Reale: A Cultura Contemporânea e o Novo Modelo Jurídico*. Rio de Janeiro: Editora Lumen Juris, 2004.
MEIRELES, Ana Cristina Costa. *A Eficácia dos Direitos Sociais: Os Direitos Subjetivos em face das Normas Programáticas de Direitos Sociais*. Salvador: Editora Juspodium, 2008.
MELO, José Eduardo Soares. *Curso de Direito Tributário*. São Paulo: Editora Dialética, 2004.
MENDONÇA, Jacy de Souza. *O Curso de Filosofia do Direito do Professor Armando Câmara*. Porto Alegre: Sérgio A. Fabris Editor, 1999.
MENEZES, Anderson. *Teoria Geral do Estado*. Rio de Janeiro: Editora Forense, 2004.
MIRANDA, Jorge. *Manual de Direito Constitucional Tomo IV – Direitos Fundamentais*. Coimbra: Edições Coimbra, 2000.
MONCADA, L. Cabral. *Filosofia do Direito e do Estado: Doutrina e Crítica, vol. 2*. Coimbra: Coimbra Editora, 1966.
MONDIN, Battista. *Introdução à Filosofia: Problemas, Sistemas, Autores, Obras*. São Paulo: Editora Paulus, 1980.
MONTORO, André Franco. *Introdução à Ciência do Direito*. São Paulo: Editora Revista dos Tribunais, 2000.
Morente, Manuel García. *Fundamentos de Filosofia: Lições Preliminares*. São Paulo: Editora Mestre Jou, 1980.
Moschetti, Francesco. *El Principio de Capacidad Contributiva*. Madrid: Instituto de Estudios Fiscales, 1980.
MÜLLER, Alzira Correia. *Fundamentação da Experiência em Miguel Reale*. São Paulo: GRD, 1981.

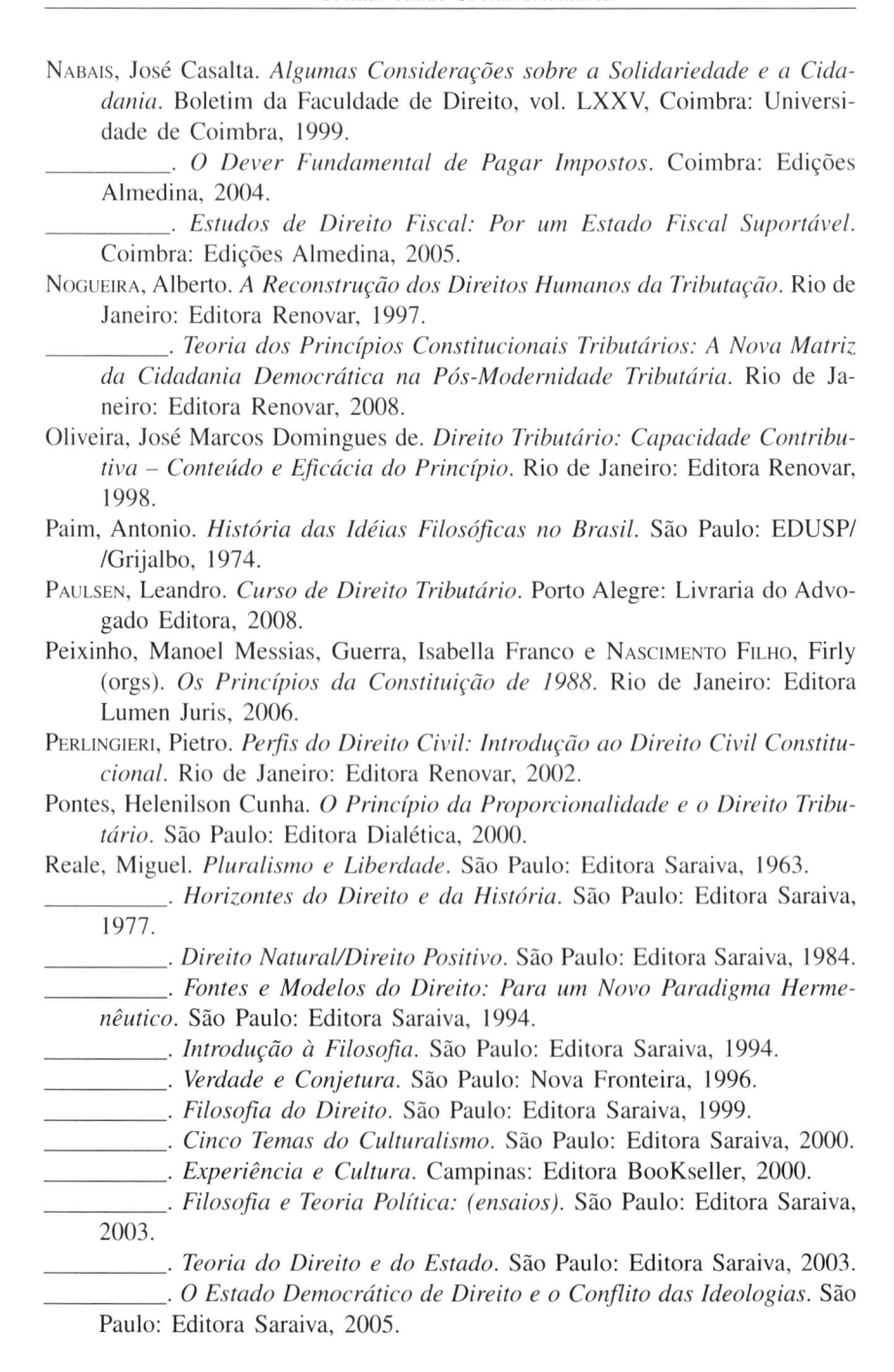

NABAIS, José Casalta. *Algumas Considerações sobre a Solidariedade e a Cidadania*. Boletim da Faculdade de Direito, vol. LXXV, Coimbra: Universidade de Coimbra, 1999.

_____. *O Dever Fundamental de Pagar Impostos*. Coimbra: Edições Almedina, 2004.

_____. *Estudos de Direito Fiscal: Por um Estado Fiscal Suportável*. Coimbra: Edições Almedina, 2005.

NOGUEIRA, Alberto. *A Reconstrução dos Direitos Humanos da Tributação*. Rio de Janeiro: Editora Renovar, 1997.

_____. *Teoria dos Princípios Constitucionais Tributários: A Nova Matriz da Cidadania Democrática na Pós-Modernidade Tributária*. Rio de Janeiro: Editora Renovar, 2008.

Oliveira, José Marcos Domingues de. *Direito Tributário: Capacidade Contributiva – Conteúdo e Eficácia do Princípio*. Rio de Janeiro: Editora Renovar, 1998.

Paim, Antonio. *História das Idéias Filosóficas no Brasil*. São Paulo: EDUSP/ /Grijalbo, 1974.

PAULSEN, Leandro. *Curso de Direito Tributário*. Porto Alegre: Livraria do Advogado Editora, 2008.

Peixinho, Manoel Messias, Guerra, Isabella Franco e NASCIMENTO FILHO, Firly (orgs). *Os Princípios da Constituição de 1988*. Rio de Janeiro: Editora Lumen Juris, 2006.

PERLINGIERI, Pietro. *Perfis do Direito Civil: Introdução ao Direito Civil Constitucional*. Rio de Janeiro: Editora Renovar, 2002.

Pontes, Helenilson Cunha. *O Princípio da Proporcionalidade e o Direito Tributário*. São Paulo: Editora Dialética, 2000.

Reale, Miguel. *Pluralismo e Liberdade*. São Paulo: Editora Saraiva, 1963.

_____. *Horizontes do Direito e da História*. São Paulo: Editora Saraiva, 1977.

_____. *Direito Natural/Direito Positivo*. São Paulo: Editora Saraiva, 1984.

_____. *Fontes e Modelos do Direito: Para um Novo Paradigma Hermenêutico*. São Paulo: Editora Saraiva, 1994.

_____. *Introdução à Filosofia*. São Paulo: Editora Saraiva, 1994.

_____. *Verdade e Conjetura*. São Paulo: Nova Fronteira, 1996.

_____. *Filosofia do Direito*. São Paulo: Editora Saraiva, 1999.

_____. *Cinco Temas do Culturalismo*. São Paulo: Editora Saraiva, 2000.

_____. *Experiência e Cultura*. Campinas: Editora BooKseller, 2000.

_____. *Filosofia e Teoria Política: (ensaios)*. São Paulo: Editora Saraiva, 2003.

_____. *Teoria do Direito e do Estado*. São Paulo: Editora Saraiva, 2003.

_____. *O Estado Democrático de Direito e o Conflito das Ideologias*. São Paulo: Editora Saraiva, 2005.

_____. *Teoria Tridimensional do Direito: Situação Atual*. São Paulo: Editora Saraiva, 2005.

_____. *Lições Preliminares de Direito*. São Paulo: Editora Saraiva, 2007.

Recaséns Siches, Luis. *Introducción al Estudio Del Derecho*. México: Porrua, 1985.

_____. *Tratado General de Filosofia Del Derecho*. México: Porrua, 1983.

Resweber, Jean-Paul. *A Filosofia dos Valores*. Coimbra: Livraria Almedina, 2002.

Robles, Gregório. *Os Direitos Fundamentais e a Ética na Sociedade Atual*. São Paulo: Editora Manole, 2005.

Roldán, Abelardo Rojas. *Derechos De Solidaridad Social*. Revista de la Facultad de Derecho de Mexico Tomo XXXIX. Cidade de México: Universidade Autonoma de Mexico, 1989.

Rosanvallon, Pierre. *A Crise do Estado-Providência*. Brasília: Editora UNB, 1997.

Rosenvald, Nelson. *Dignidade Humana e Boa-fé no Código Civil*. São Paulo: Editora Saraiva, 2007.

Sarmento, Daniel. *Direitos Fundamentais e Relações Privadas*. Rio de Janeiro: Editora Lumen Juris, 2006.

SARLET, Ingo Wolfgang. *Dignidade da Pessoa Humana e Direitos Fundamentais na Constituição Federal de 1988*. Porto Alegre: Livraria do Advogado Editora, 2004.

_____. *A Eficácia dos Direitos Fundamentais*. Porto Alegre: Livraria do Advogado Editora, 2001.

_____. *Constituição, Direitos Fundamentais e Direito Privado*. Porto Alegre: Livraria do Advogado Editora, 2003.

SCAFF, Fernando Facury e MAUÉS, Antonio G. Moreira. *Justiça Constitucional e Tributação*. São Paulo: Editora Dialética, 2005.

_____. *Contribuições de Intervenção e Direitos Humanos de Segunda Dimensão*. "Revista de Direito Tributário" da APET nº 05. São Paulo: MP Editora, 2005.

_____. *O Jardim e a Praça ou a Dignidade da Pessoa Humana e o Direito Tributário e Financeiro*. "Revista do Instituto de Hermenêutica Jurídica", vol. 04. Porto Alegre: Instituto de Hermenêutica Jurídica, 2006.

SCHOUERI, Luís Eduardo. *Exigência da CIDE sobre Royalties e Assistência Técnica ao Exterior*. Revista de Estudos Tributários nº 37. Porto Alegre: Editora Síntese, 2004.

SILVA, José Afonso da. *Curso de Direito Constitucional Positivo*. São Paulo: Malheiros Editores, 2001.

SORMAN, Guy. *A Solução Liberal*. Rio de Janeiro: Instituto Liberal, 1989.

SOUZA, Rubens Gomes de. *Compêndio de Legislação Tributária*. São Paulo: Editora Resenha Tributária.

STRECK, Lênio Luiz. *Jurisdição Constitucional e Hermenêutica: Uma Nova Crítica do Direito*. Rio de Janeiro: Editora Forense, 2004.

TELLES JÚNIOR, Goffredo. *Ética: Do Mundo da Célula ao Mundo dos Valores*. São Paulo: Editora Juarez de Oliveira, 2004.

_____. *O Direito Quântico: Ensaio sobre o Fundamento da Ordem Jurídica*. São Paulo: Editora Juarez de Oliveira, 2003.

TORRES, Ricardo Lobo (Org.). *Legitimação dos Direitos Humanos*. Rio de Janeiro: Editora Renovar, 2007.

_____. *A Idéia de Liberdade no Estado Patrimonial e no Estado Fiscal*. Rio de Janeiro: Editora Renovar, 1991.

_____. *O Direito ao Mínimo Existencial*. Rio de Janeiro: Editora Renovar, 2009.

_____. *Normas de Interpretação e Integração do Direito Tributário*. Rio de Janeiro: Editora Renovar, 2006.

_____. *Tratado de Direito Constitucional, Financeiro e Tributário v. II: Valores e Princípios Constitucionais Tributários*. Rio de Janeiro: Editora Renovar, 2005.

_____. *Tratado de Direito Constitucional, Financeiro e Tributário v. III: Os Direitos Humanos e a Tributação: imunidades e isonomia*. Rio de Janeiro: Editora Renovar, 1999.

UCKMAR, Victor. *Princípios Comuns de Direito Constitucional Tributário*. São Paulo: Malheiros Editores, 1999.

VAN PARIJS, Philippe. *O que é uma sociedade justa?* São Paulo: Editora Ática, 1997.

VERDÚ, Pablo Lucas. *Curso de Derecho Político Vol. II*. Madrid: Tecnos, 1997.

VILANOVA, Lourival. *As Estruturas Lógicas e o Sistema do Direito Positivo*. São Paulo: Editora Max Limonad, 1997.

VILLEY, Michel. *A Formação do Pensamento Jurídico Moderno*. São Paulo: Editora Martins Fontes, 2005.

WARAT, Luis Alberto e PÊPE, Albano Marcos Bastos. *Filosofia do Direito: Uma Introdução Crítica*. São Paulo: Editora Moderna, 1996.

WIEACKER, Franz. *História do Direito Privado Moderno*. Lisboa: Fundação Calouste Gulbenkian, 2004.

RESUMO

A proposta deste trabalho encontra-se centrada no estudo do valor da solidariedade social e seus desdobramentos axiológicos no âmbito do sistema normativo tributário, utilizando como base teórica das indagações a Teoria Tridimensional do Direito desenvolvida por Miguel Reale.

Assim, procura-se, inicialmente, apresentar os conceitos essenciais para compreensão da Teoria Tridimensional do Direito pensada por Miguel Reale, o que conduz aos fundamentos da sua ontologia e axiologia, que tem como núcleo o valor fonte da pessoa humana em sua perspectiva histórico-cultural, bem como ao modo de integração existente entre os elementos constituintes da experiência jurídica.

Devidamente estruturado o alicerce filosófico da tese, parte-se para análise do valor da solidariedade social com sua contextualização histórica, visando ao reconhecimento da evolução de seu significado ao longo dos tempos, para, posteriormente, ser verificada a extensão de seu conteúdo axiológico e suas relações com os demais valores ligados à pessoa humana, se valendo das concepções teóricas realeanas.

Em seguida, insere-se o valor da solidariedade social como constante ou invariante axiológica determinante da fórmula de integração ideológica do modelo de Estado Democrático de Direito descrita no complexo normativo constitucional, que influencia a validade do processo de produção de normas jurídicas, assim como da construção de significado dos respectivos modelos, atuando, inclusive, no sistema normativo tributário, para correlacionar o dever de colaboração do membro da comunidade de pagar tributos ao direito de exigir (ou dever) do Estado de redistribuir adequadamente as riquezas arrecadadas.

Por fim, pretende-se considerar os efeitos axiológicos da solidariedade social sentidos nos elementos estruturantes do sistema normativo tributário, apresentando sua penetração decisiva no exercício das competências tributárias expressas na Constituição Federal, determinando a necessária relação de implicação reciprocidade com seus ideais refletidos nos princípios gerais de direito tributário, especialmente, a capacidade contributiva e a afetação dos recursos financeiros arrecadados.

Palavras-Chave: Solidariedade Social – Teoria Tridimensional – Direito Tributário – Miguel Reale

ABSTRACT

The proposal of this work is focused on the analysis of social solidarity value and its axiological developments at the framework of the tributary normative system, using as theoretical basis of the questions the Law's Tridimensional Theory by Miguel Reale.

Initially, I intend to show the essential concepts for understanding the Law's Tridimensional Theory designed by Miguel Reale, which leads to the foundations of its ontology and axiology, that finds its nucleus on the value source of the human being in its historic and cultural perspective, as well as on the way of integration between the constitutive elements of legal experience.

Once is structured the philosophic foundation of the thesis, it goes to analyze the social solidarity value on its historical contextualization, towards the recognition of the evolution of its meaning over time, to subsequently check its axiological content and its relationship with other values linked to the human person, taking into account the theoretical concepts of Miguel Reale.

Besides, I will show social solidarity value as constant or invariant axiological determinant of the formula for ideological integration of the model of the Democratic State of Law described on the constitutional normative complex, that influences the validity of the legal enactment process, as well as the construction of significance of their models, acting in tax normative system, for correlate the duty of collaboration of the community member to pay tax with the right of require for the (or duty of) State of redistribute properly the received riches.

Finally, the aim is to consider the axiological effects of the social solidarity directions in the structuring elements of the tax normative system, presenting your decisive penetration in the exercise of the tax powers expressed on the Federal Constitution, determining the necessary relation of reciprocity implication with the ideals reflected in the general principles of the tax law, especially, the contributive ability and the linking of the financial resources.

Key-words: Social Solidarity – Law's Tridimensional Theory – Tax Law – Miguel Reale

ÍNDICE

Prefácio 9

Introdução 11

Parte I

1. Teoria dos Valores 19
   1.1. Considerações Iniciais 19
   1.2. Ontologia e Axiologia 22
   1.3. Características do Valor 31
      1.3.1. Bipolaridade 32
      1.3.2. Implicação Recíproca 34
      1.3.3. Referibilidade 35
      1.3.4. Preferibilidade 36
      1.3.5. Graduação Hierárquica 38
      1.3.6. Incomensurabilidade 42
      1.3.7. Objetividade 42
      1.3.8. Inesgotabilidade e Inexorabilidade 44
      1.3.9. Historicidade 45
           1.3.9.1. Constantes ou Invariantes Axiológicas 50
2. Teoria Tridimensional do Direito 54
   2.1. Termo "Direito": Perspectiva Histórica 55
   2.2. Tridimensionalidade: Elementos Constitutivos 59
   2.3. Teorias Tridimensionais (Genérica e Específica) 63
   2.4. Tridimensionalismo de Miguel Reale 69
      2.4.1. Dialética de Complementaridade 72
      2.4.2. Nomogênese Jurídica 75
           2.4.2.1. Dialeticidade e Nomogênese Jurídica 78
           2.4.2.2. Fontes de Direito 70
           2.4.2.3. Modelos Jurídicos 82
      2.4.3. Princípios Gerais de Direito 89

Parte II

1. Histórico da Solidariedade Social 97
   1.1. Contextualização Histórica Preliminar 98
       1.1.1. Solidarismo Sociológico 110
       1.1.2. Solidariedade Social segundo E. Durkheim 112
       1.1.3. Solidarismo Jurídico 116
           1.1.3.1. Solidarismo Jurídico em Duguit 118
   1.2. Concepção Contemporânea de Solidariedade Social 122
       1.2.1. Culturalismo Jurídico e Solidariedade Social 134
2. Axiologia e Solidariedade Social 141
   2.1. Conteúdo Axiológico da Solidariedade Social 142
   2.2. Características do Valor Solidariedade Social 160
       2.2.1. Historicidade e Invariantes Axiológicas 168

Parte III

1. Tributação e Estado Democrático de Direito 179
   1.1. Estado e sua Fórmula de Integração Ideológica 180
       1.1.1. Modelo de Estado Democrático de Direito 187
   1.2. Tributação e Estado Democrático de Direito 194
2. Solidariedade Social Tributária 203
   2.1. Estrutura do Sistema Normativo Tributário 203
   2.2. Solidariedade Social, Competências e Arquétipos Tributários 207
   2.3. Solidariedade Social e Princípios Gerais de Direito Tributário 219
       2.3.1. Princípio da Capacidade Contributiva 221
           2.3.1.1. Extrafiscalidade 231
       2.3.2. Princípio da Afetação 236

Conclusão 257

Bibliografia 267

Resumo/Abstract 275

RR DONNELLEY

IMPRESSÃO E ACABAMENTO
Av Tucunaré 299 - Tamboré
Cep. 06460.020 - Barueri - SP - Brasil
Tel.: (55-11) 2148 3500 (55-21) 3906 2300
Fax: (55-11) 2148 3701 (55-21) 3906 2324

IMPRESSO EM SISTEMA CTP